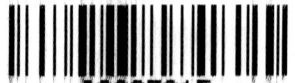

EL GOLPE DE ENERO EN VENEZUELA
(DOCUMENTOS Y TESTIMONIOS PARA LA HISTORIA)

Asdrúbal Aguiar
(Compilador)

EL GOLPE DE ENERO EN VENEZUELA
(Documentos y Testimonios para la Historia)

Colección Estudios Políticos
N° 6

Editorial Jurídica Venezolana
Caracas, 2013

COLECCIÓN ESTUDIOS POLÍTICOS

Títulos publicados

©   Asdrúbal Aguiar
     Email:asdrubalaguiar@yahoo.es

     Depósito Legal: lf54020133402636
     ISBN: 978–980–365–202–9

     Editorial Jurídica Venezolana
     Avda. Francisco Solano López, Torre Oasis, P.B., Local 4, Sabana Grande,
     Apartado 17.598 – Caracas, 1015, Venezuela
     Teléfono 762.25.53, 762.38.42. Fax. 763.5239
     http://www.editorialjuridicavenezolana.com.ve
     Email fejv@cantv.net

     Diagramación, composición y montaje
     por: Francis Gil, en letra
     Time New Roman 10,5 Interlineado 11 Mancha 18 x 11.5

"De lo que aquí se trata es de averiguar cómo tantos hombres, tantas ciudades y tantas naciones se sujetan a veces al yugo de un solo tirano, que no tiene más poder que el que le quieran dar; que solo puede molestarles mientras quieran soportarlo; que solo sabe dañarles cuando prefieren sufrirlo que contradecirle"

Étienne de la Boétie,
Discurso sobre la servidumbre, 1548

ÍNDICE GENERAL

PRELIMINAR

SOBRE LA ILEGITIMIDAD CONSTITUCIONAL DE NICOLÁS MADURO MOROS

Durante 14 años he escrito sobre el régimen político y "constitucional" que se instala en Venezuela desde 1999. Se trata de una suerte atípica de "demo–autocracia" más allá de sus ribetes socialistas, bolivarianos, cubanos, o populistas, bautizada como Socialismo del siglo XXI.

Tal categoría –obra de la anomia social y política corrientes en buena parte de América Latina y Europa– identifica al gobernante que personaliza el ejercicio del poder y lo ejerce de modo absoluto; cuyas decisiones no son atacadas, limitadas, o frenadas con eficacia por otras fuerzas dentro del mismo Estado o la sociedad, las que se le subordinan; y las hace valer sin más ante los ciudadanos y sus mismos colaboradores.

La moderna separación de los poderes públicos y la sujeción de éstos a la ley, características de la república, las aprecia de formulismos estériles, hijas de su voluntad y amoldables bajo su voluntad; a cuyo efecto hace dogma y con carácter extensivo la denominación constitucional que se le otorga al mismo gobernante como Jefe del Estado. Pero, he aquí lo novedoso, ejerce su autocracia una vez como la valida mediante el voto popular en elecciones de corte fundamentalmente plebiscitario y sin propósitos de alternabilidad.

El maestro Norberto Bobbio (1909–2004) diría que se le puede calificar de cualquier manera, menos como demócrata, pues en democracia hasta las mayorías encuentran como límite las exigencias de la misma democracia y su sostenimiento.

Se afianza así, en la actualidad, una modalidad posmoderna y atípica de dictadura por los caminos de la democracia. Se usan y manipulan sus formas hasta vaciarlas de contenido. Democráticamente se le da partida de defunción a la democracia o acaso se la sostiene, nominalmente, perturbando y haciendo de su lenguaje una Torre de Babel. Sus valores y principios – que paradójicamente anudan con las libertades y los derechos humanos y con el Estado de Derecho – son reinterpretados a conveniencia por la Justicia constitucional sometida, para encubrir a la autocracia y minar las resistencias de la opinión pública democrática. Los textos legislativos y sus palabras acusan significados variables, según lo dicten las circunstancias y necesidades de este "modelo" que el ex presidente ecuatoriano, Osvaldo Hurtado Larrea, prefiere llamar "dictadura del siglo XXI".[1]

No cuenta dentro de la misma la ética de la democracia, a cuyo tenor los fines legítimos reclaman de medios legítimos y viceversa. Se impone, en apariencia, la llamada dictadura de las mayorías u oclocracia, situada por encima y más allá de la Constitución; pero a la sazón encarnan tales mayorías en el mismo autócrata, quien habla y decide por ellas y hasta por encima de ellas.

Su falta de transparencia – que es de suyo la característica que la domina y cuyos fautores la practican hoy con cínica impudicia – no permite siquiera emparentar dicho fenómeno actual de la política con la tradicional experiencia, de neta estirpe bolivariana, del "gendarme necesario", que describe a cabalidad la sociología de Laureano Vallenilla Lanz, autor de Cesarismo democrático (1919).

Simón Bolívar, en efecto, ataca de modo directo el ideario republicano y liberal que prende, en el caso de Venezuela, durante los años 1810 y 1811. Desde Cartagena, en 1812, a la caída de la Primera República, afirma que "nuestros conciudadanos no se hallan en aptitud de ejercer por si mismos... sus derechos"[2], a contracorriente de las creencias de nuestros Padres Fundadores, en su mayoría, cabe decirlo, egresados de la Universidad de Santa Rosa de Lima y Tomás de Aquino e integrantes de la primera Ilustración venezolana.

Luego, en 1819, desde Angostura, propone en su defecto la constitución de un Senado hereditario – con los hombres de armas quienes nos dan la Independencia y a quienes todo, para siempre, les debe la patria – y anima la designación de un presidente vitalicio, a la manera del monarca británico. De allí que – como lo recuerda en 1895 el juez y jurista Alejandro Urbaneja[3]– siendo 1811 el parto de hombres "ilustrados, progresistas, más adelantados que su época" y su Constitución "el granero de las ideas democráticas y federalistas", prefiere Bolívar en su defecto un gobierno fuerte y uno, de laureles, no de levitas.

1 Osvaldo Hurtado, *Dictaduras del siglo XXI: El caso ecuatoriano*, Quito, Paradiso Editores, 2012, passim.

2 Simón Bolívar, *Discursos, proclamas y epistolario político*, Madrid, Editora Nacional, 1975, p. 43.

3 Alejandro Urbaneja, "El derecho constitucional venezolano", en *Primer libro Venezolano de literatura, ciencias y bellas artes*, Caracas, Tipografía El Cojo, 1895, pp. CLXI–CLXVIII.

Esto ha sido así hasta ayer, no más

La "heterodoxia" democrática, sin embargo, llega recién a su final en Venezuela y la cobertura engañosa de sus formas cede a cabalidad. Le sucede en lo adelante un régimen abiertamente ilegítimo, quizás despótico en su intención, el de Nicolás Maduro Moros y el de su sostén militar, el teniente Diosdado Cabello, presidente de la Asamblea Nacional; y ello ocurre mediante golpes sucesivos, nunca más encubiertos como hasta ayer, al orden constitucional y republicano. Al efecto los tribunales al servicio de éstos se encargan de hacerle decir a la Constitución aquello que claramente no dice. Releen sus normas – cosa distinta de mal interpretarlas a conveniencia – de forma inversa y aviesa para apuntalar a dichos sucesores.

Veamos los hechos, pues son anteriores a las elecciones presidenciales del 14 de abril pasado, cuestionadas en lo nacional e internacional, cuya victoria le es otorgada a Maduro Moros.

A Hugo Chávez Frías, soldado golpista en sus orígenes, hábil traficante de ilusiones, autócrata que pasa por demócrata, afianzado por el petróleo venezolano, capaz de licuar el agua y el aceite y exportar su experiencia hacia América Latina, lo vence la fatalidad luego de hacerse reelegir – arguyendo su curación total del cáncer que padece – durante las penúltimas elecciones presidenciales del 14 de octubre de 2012.

En la hora postrera sorprende a los suyos e incluso a sus adversarios, e intenta amarrar el futuro del país con relativo apego a la ortodoxia: "Si como dice la Constitución… si se presentara alguna *circunstancia sobrevenida*, así dice la Constitución, que a mí me inhabilite… para continuar al frente de la Presidencia de la República Bolivariana de Venezuela, *bien sea para terminar*, en los pocos días que quedan… ¿un mes? … Nicolás Maduro no sólo en esa situación *debe concluir, como manda la Constitución, el período*; sino que mi opinión firme… – en ese escenario que obligaría a *convocar como manda la Constitución de nuevo a elecciones* presidenciales – ustedes elijan a Nicolás Maduro como Presidente…" (cursivas nuestras), son sus palabras exactas al caminar hacia su Gólgota el 8 de diciembre pasado, en una suerte de aparente contrición y enmienda ante la disyuntiva de su desaparición mortal.

Quizás Chávez recrea, para el caso y en su instante agonal, el ideario de Bolívar vertido sobre su célebre Constitución de Chuquisaca, de 1826; cuyo tenor y en tono de protesta contra el texto de ésta lo explica Tomás Lander, amigo de Miranda y miembro que es de la Secretaría del mismo Libertador: "Los artículos 76 y 79 de la Constitución dictada en Chuquisaca por el Libertador Presidente para la República de Bolivia, es lo que ha sobresaltado nuestro celo, porque S.E. la ha considerado adaptable a Colombia, y como tal recomendándola para su establecimiento a los hombres públicos de ella". Sin embargo – continúa Lander – "los mencionados artículos erigen un Presidente *vitalicio e irresponsable* con la facultad de nombrar su sucesor en la persona del Vicepresidente,…".[4]

Sea lo que fuere, la vigente Constitución de 1999, en la parte pertinente de su artículo 233 dispone que "si la falta absoluta se produce durante los dos últimos años del período constitucional, el Vicepresidente Ejecutivo… asumirá la Presidencia de la República hasta completar dicho período"; que conforme al artículo 230 *ejusdem* "es de seis años" y se inicia y concluye, de manera fatal, el día diez de enero. Según el artículo 231 siguiente, en esa fecha precisa, "el candidato elegido… tomará posesión del cargo de Presidente". Mas la misma Constitución prohíbe, expresamente, la elección de "quien esté en ejercicio del cargo de Vicepresidente Ejecutivo…", como lo indica su artículo 229.

La hipótesis de la eventual conclusión del sexenio por el Vicepresidente Maduro, empero, pierde su efectividad por vía de las manipulaciones inconstitucionales ocurridas y el ocultamiento de las realidades. Se afirma que Chávez fallece el día 29 de diciembre, a las 4.45 pm, en la ciudad de La Habana, y llega muerto a Caracas – tal y como lo confiesa su Jefe de Estado Mayor Presidencial, general Jacinto Pérez Arcay – el 18 de febrero, una vez fenecido el período constitucional, sin juramentarse para otro.

El vicepresidente Maduro, el presidente de la Asamblea Nacional citado, y la presidenta del Tribunal Supremo de Justicia, Luisa Estela Morales, desde antes le cierran el camino a la sucesión presidencial constitucionalmente ordenada; e incluso, sabiendo ellos del carácter terminal de la enfermedad del Presidente, obvian la posibilidad de declarar su falta absoluta "por incapacidad física… certificada por una junta médica designada por el Tribunal Supremo, con aprobación de la Asamblea", tal y como lo manda el artículo 233 constitucional. En cuyo caso, a Maduro le correspondía concluir el período constitucional como Presidente en plenitud, según el artículo 233 *in fine* de la Constitución.

Lo cierto es que llega el 10 de enero de 2013 y el presidente Chávez, teóricamente en ejercicio hasta ese instante, cuando deja de ser tal y a la espera de que en su calidad sobrevenida, como presidente reelecto, preste su juramento, no lo hace finalmente. No asiste a la Asamblea Nacional para ello.

Sus delfines citados, Maduro y Cabello, quienes hoy manejan el aparato de poder en Venezuela con el auxilio tutelar de los cubanos – deciden mantenerlo a distancia e invisible. Lo ocultan y sostienen alejado de intrusos o terceros interesados en clarificar el asunto de la sucesión política que plantea la circunstancia. La declinación física de Chávez, bajo el tormento de un doloroso padecimiento, deriva en cosa secundaria. Asegurar una sucesión conveniente es lo que importa a los primeros, sobre todo a los hermanos Castro y a sus gobernantes aliados o cómplices de América del Sur.

---

4   Congreso de la República (Editor), *La doctrina liberal: Tomás Lander*, Pensamiento Político Venezolano del siglo XIX, tomo 4, Caracas, 1983.

En el interregno hablan y deciden por él y fingen que es él quien decide y hasta firma los actos de gobierno, con lucidez, desde su lecho de moribundo en La Habana. Se afirma que a diario camina como si nada. Tanto que, llegado el 15 de enero, sin todavía juramentarse como gobernante para un nuevo período constitucional, designa como ministro de relaciones exteriores a su antiguo vicepresidente, Elías Jaua, cuyo decreto otorga, paradojalmente, en Caracas, en el Palacio de Miraflores, mientras muere o se encuentra ya muerto a 2.000 kilómetros de distancia. Es decir, Chávez vive y muere a la vez para seguir viviendo. Logra desdoblar su espíritu y estar en Cuba y Venezuela al mismo tiempo. Lo presentan los suyos, a propósito y deliberadamente, como una suerte de Cristo transfigurado o Ser atemporal para lo sucesivo.

¡Y es que la "demo–autocracia" que crea y recrea Chávez – y es lo primero que cabe advertir al margen del fraude a la Constitución que se consuma por etapas – ahora muda, paulatinamente, lo hemos dicho, en despotismo.

De nada valen el testamento del presidente moribundo, ni la precisión de las normas constitucionales que disponen lo necesario para los casos de ausencia temporal o definitiva de los presidentes electos o reelectos. La revolución y sus intereses mercaderiles coaligados quedan por encima.

Hacia la deriva despótica

El despotismo –lo explican las obras de historia clásica y política– predica un ejercicio del poder más ominoso que la autocracia y su forma renovada reciente, la "demo–autocracia". No se limita al antiguo dominio que el patrón griego –despotēs– ejerce sobre sus esclavos y dentro de sus tierras. Es el poder que se ejerce movido por la pasión. Es el gobierno sin frenos, dominado por los caprichos, que todo lo arrasa y arrastra a todos, y que abate los ánimos sembrando desaliento en el más débil sentido de la dignidad humana, dada la vocación servil que se forja en los gobernados. El déspota se cree o se le presenta como al Sumo Sacerdote, quizás el chamán o hechicero de nuestro tiempo inmemorial americano, y se le trata como a Dios o su descendiente o enviado.

De modo que, mediando un artificio jurídico – su solución – que anuncia previamente Maduro ante el país el 4 de enero, como Vicepresidente Ejecutivo y que luego homologa la escribana presidenta de nuestro Tribunal Supremo y de su Sala Constitucional, a partir del 10 de enero, in articulo mortis, Chávez es mito en ciernes, hombre sobrenatural, libre de ataduras constitucionales y mundanas.

Sus herederos, bendecidos por José Miguel Insulza desde la OEA y hasta por Marco Aurelio García, a nombre de Brasil, se hacen de una sentencia que para los repúblicos y demócratas implica, más que un golpe por el Estado, una burla o mutación constitucional dentro del mismo Estado, con fines despóticos; y para sus hacedores es la garantía – así lo creen – de que Venezuela no abandonará su adquirida condición de colonia cubana en pleno siglo XXI y para que, si es el caso y resulta necesario, rija en ella, ahora sí y sin

subterfugios, un régimen fundado sobre el iluminismo: "Chávez se me apareció en forma de pajarito y me bendijo", declara Maduro llegado el 2 de abril.
La dualidad o el matrimonio morganático – dictadura más democracia – ya no
es posible sostenerla. Su artesano ha fallecido.

El primer paso, en tal sentido, ocurre justamente el día 9 de enero anterior,
a pocas horas de llegar el gobierno del mismo Chávez a su final y antes de su
anunciada renovación. El Tribunal Supremo de Justicia, mediante sentencia,
le exige al gobernante enfermo y quizás muerto mantenerse como tal, como
llama de la revolución; como factor movilizador más allá de su agonía y voluntad testamentaria que se cumple, pero a empujones y con trapisondas.

No requiere, según lo indica la sentencia de marras, jurar como presidente
electo; pues desde antes y para lo sucesivo es presidente. Seguirá siéndolo sin
jurar, o jurando lealtad constitucional cuando lo considere posible, a su arbitrio, afirman los jueces supremos.

"Puede volver cuando le dé la gana", alguna vez y desde antes espeta José
Vicente Rangel, también ex Vicepresidente, cuando el gobernante de marras
es sometido a las primeras intervenciones quirúrgicas de su cáncer en La
Habana. Es la respuesta del régimen a la opinión pública democrática que
demanda entonces, sin haber llegado las cosas hasta donde llegan luego, la
designación de un encargado de la Presidencia, en pocas palabras, que el
Vicepresidente, de acuerdo con la Constitución y sin más, *ope legis*, supla al
Presidente. Pero éste se lo impide entonces.

El orden de facto que nace el 10 de enero es constitucionalmente irrecono-
cible. Es la negación de los valores éticos de la democracia y de la propia
república que imaginamos los venezolanos en 1811 y nos dimos a partir de
1830, en defecto de una monarquía despótica. El cinismo de los albaceas
testamentarios no encuentra límite: "El presidente de Venezuela, Hugo
Chávez, sigue respirando asistido a través de una cánula traqueal, pero esto
no impide que dicte órdenes de gobierno por escrito", agrega el propio Maduro ante el país el 24 de febrero.

La sentencia del 9 de enero, un galimatías

He aquí el primer mensaje – ser y no ser a la vez – que dejan para la historia nuestros jueces supremos, arrodillados, reescribiendo la Constitución:
"Hasta la presente fecha, el presidente Hugo Rafael Chávez Frías se ha ausentado del territorio nacional, por razones de salud, durante lapsos superiores a
"cinco días consecutivos". No debe considerarse que la ausencia del territorio
de la República configure automáticamente una falta temporal en los términos
del artículo 234 de la Constitución de la República Bolivariana de Venezuela,
sin que así lo dispusiere expresamente el Jefe de Estado mediante decreto
especialmente redactado para tal fin".

Luego, esos mismos jueces, obviando que es la Constitución y sólo ella la
que fija y determina la ocurrencia de las causales de una falta absoluta del

Presidente (muerte, renuncia, destitución, incapacidad) y sobre cómo proveer al respecto o acerca de sus ausencias temporales, que son hechos objetivos sin más, optan por agregar de modo insólito otra causal, en términos negativos, para decir lo que es, con todo respeto, una verdadera insensatez jurídica, otro galimatías: "A diferencia de lo que disponían los artículos 186 y 187 de la Constitución de 1961, que ordenaban que en caso de existir un desfase entre el inicio del período constitucional y la toma de posesión, el Presidente saliente debía entregar el mandato al Presidente del Congreso... la Carta de 1999 eliminó expresamente tal previsión, lo cual impide que el término del mandato pueda ser considerado una falta absoluta...".

El despropósito judicial queda en evidencia. Varía la naturaleza de la reelección presidencial y muda en un simple mecanismo administrativo de ejercicio del cargo o para el ejercicio del cargo; desvirtuándosela como institución del derecho político y como derecho político del funcionario que ejerce un cargo electivo, a fin de postularse como candidato para un nuevo período o mandato.

Si acaso fuese posible tal absurdo, como lo declara bien ante el país el ex magistrado supremo Román J. Duque Corredor, la reelección de Chávez ocurrida el 7 de octubre de 2012 fue un simple plebiscito según los actuales jueces supremos. Ellos insisten y declaran, por lo mismo, que: "a pesar de que el 10 de enero próximo se inicia un nuevo período constitucional, no es necesaria una nueva toma de posesión en relación al Presidente Hugo Rafael Chávez Frías, en su condición de Presidente reelecto, en virtud de no existir interrupción en el ejercicio del cargo"... "En consecuencia, el Poder Ejecutivo (constituido por el Presidente, el Vicepresidente, los Ministros y demás órganos y funcionarios de la Administración) seguirá ejerciendo cabalmente sus funciones con fundamento en el principio de la continuidad administrativa".

Por si fuese poco, dando a entender algo distinto de lo que dispone la Constitución, a saber, que llegado el día de la juramentación y no pudiendo hacerlo el Presidente electo ante la Asamblea – acaso por no encontrarse reunida o tener problemas para su instalación – puede éste hacerlo ante el Tribunal Supremo de Justicia, la sentencia consuma su golpe desde el Estado o una mutación constitucional en los términos siguientes: "La juramentación del Presidente reelecto puede ser efectuada en una oportunidad posterior al 10 de enero de 2013 ante el Tribunal Supremo de Justicia, de no poder realizarse dicho día ante la Asamblea Nacional, de conformidad con lo previsto en el artículo 231 de la Carta Magna. Dicho Acto será fijado por el Tribunal Supremo de Justicia, una vez que exista constancia del cese de los motivos sobrevenidos que hayan impedido la juramentación"; es decir, cuando lo indique el propio gobernante.

La solución constitucional

Es indiscutible que los períodos constitucionales y sus mandatos tienen entidad propia e identidad temporal, no siendo por ello susceptibles de prórroga o reconducción por exigencias de la tradición constitucional republicana y no monárquica, hecha aquélla de mandatos temporales y alternativos. Dado lo cual se obliga al Presidente de la República en ejercicio "resignar sus poderes" de manera fatal en la fecha del término de su mandato, con independencia de que pueda volver a ejercerlos durante otro período constitucional inmediato o posterior.

Como lo muestran los textos constitucionales venezolanos desde el primero que aprueba el Congreso de Valencia al separarnos de Colombia, tanto los que prohíben la reelección presidencial (1830, 1858, 1864, 1874, 1881, 1891, 1893, 1901, 1904, 1936, 1945) como los que la permiten de forma inmediata (1857, 1909, 1914, 1922,1925, 1928, 1929, 1931, 1953) o los que la aceptan de forma diferida (1947 y 1961), todos a uno señalan que la "resignación de poderes" ha lugar – a manera de ejemplos – a manos del Presidente electo una vez juramentado (1961), y caso de no tomar éste su juramento y posesión en el día constitucional previsto y mientras lo hace, el primero – el Presidente en ejercicio – asume en lo inmediato la condición de Encargado de la Presidencia (1936, 1945 y 1953) o resigna sus poderes en el Presidente de la Corte Suprema de Justicia (1947) o en la persona llamada a suplirlo provisionalmente en caso de falta absoluta, a saber, el Presidente del Congreso (Constitución de 1961).

La circunstancia de coincidir el nombre del Presidente en ejercicio y del Presidente electo, en consecuencia, de modo alguno varía las apreciaciones anteriores, ya que de lo contrario se atentaría contra la Constitución y hasta se permitiría el absurdo, como lo es que el Presidente en ejercicio, al término de su período constitucional prorrogue su mandato a la espera de que el Presidente electo – si fuere otro y no él – tome juramento el día previsto por la Constitución y no lo haga por cualquier razón sobrevenida.

La toma de posesión del cargo de Presidente de la República sólo ha lugar mediante el juramento constitucional, que es una exigencia sacramental sustantiva e inexcusable para el inicio de la función de gobierno; como lo indican el artículo 231 constitucional y lo ratifica luego, por cierto, la misma Sala Constitucional del Tribunal Supremo de Justicia que ahora cambia de rumbo y que en su sentencia de 26 de mayo de 2009 precisa que la juramentación "es formalidad esencial para la toma de posesión del cargo y condición inseparable del acto previo de elección popular".

En los precedentes constitucionales inmediatos a la vigente Constitución de 1999 se reconoce la figura de la "ausencia temporal" del Presidente electo (1947 y 1961), en cuyo caso y mientras puede juramentarse asume como Encargado de la Presidencia el Presidente de la Corte Suprema de Justicia (1947) o el Presidente del Congreso (1961); y es sólo la Constitución reeleccionista que rige durante el gobierno de Marcos Pérez Jiménez (1953) la única que dispone considerar la "ausencia absoluta" del Presidente electo quien no tome posesión y juramento de su cargo en la fecha prevista por la misma Constitución.

Es elemental que al no haberse hecho presente el Presidente electo de la República, Hugo Rafael Chávez Frías, para tomar posesión de su cargo mediante juramento ante la Asamblea Nacional en la fecha constitucionalmente establecida; al encontrarse regularmente reunida y constituida la citada Asamblea, en cuyo caso no se da el "motivo" que puede autorizar al Tribunal Supremo de Justicia para tomar el juramento del Presidente electo en defecto de aquélla y de acuerdo a lo que señalan el citado artículo 231 y las enseñanzas del Derecho comparado constitucional; y no estando permitida la extensión del mandato del Presidente en ejercicio ni la de su Vicepresidente Ejecutivo, quien le suple durante su ausencia temporal, era inevitable la puesta en marcha de los mecanismos constitucionales que impiden la ocurrencia de un vacío de poder en Venezuela y resuelven claramente, sin atajos, la cuestión de la continuidad administrativa que, en apariencia, es lo que preocupa ahora al citado Tribunal Supremo.

La sana interpretación constitucional indica –atendiendo a nuestros antecedentes– que la resignación de poderes, de no acudir para su juramentación el Presidente electo, ha de ocurrir transitoriamente a manos de la persona llamada a encargarse de la Presidencia de la República en los supuestos de falta absoluta del Presidente electo, de acuerdo a lo que prevé el párrafo segundo del artículo 233 constitucional. De modo que, a partir de la citada fecha, 10 de enero de 2013, debió asumir como Encargado de la Presidencia de la República el Presidente de la Asamblea Nacional en ejercicio. Y no fue así.

El mismo, como Encargado de la Presidencia de la República, tenía que proveer en lo inmediato, llenando las vacantes sucedidas del Poder Ejecutivo –designando un Encargado de la Vicepresidencia y encargados de los despachos ministeriales– hasta tanto se resolviese, de acuerdo con las indicadas previsiones constitucionales, sobre la situación del Presidente electo; quien, como cabe repetirlo, no acude al acto de su juramentación y toma de posesión para el período constitucional que se inauguraba.

En el caso, también correspondía a dicho Encargado de la Presidencia de la República requerir del Tribunal Supremo de Justicia la designación de la junta médica que certificase la incapacidad permanente o no del Presidente electo, en dictamen que debía ser aprobado por la Asamblea Nacional, según lo previsto en el artículo 233 constitucional. De modo que, si ello hubiese dado lugar a la hipótesis de una "falta temporal" del Presidente electo – con fundamento en la certificación médica en cuestión – y la misma se prolongara por más de noventa días, no prorrogables, como lo indica el artículo 234 *in fine*, la Asamblea Nacional estaba así mismo en la obligación de declarar si la consideraba absoluta, y sucesivamente, de acuerdo a la misma previsión constitucional del artículo 233, si cabía proceder "a una nueva elección universal, directa y secreta dentro de los treinta días consecutivos" siguientes.

Elecciones bajo un régimen de facto

Las cosas tampoco ocurrieron así. Vuelve por sus fueros, como era de esperarse, el fingimiento electoral, a fin de sostener los mínimos formales de una democracia fingida y no concitar vientos encontrados, mientras se afianza el proyecto despótico convenido y que ejecutan, de conjunto, los albaceas y herederos del fallecido presidente electo – quien muere en Caracas, según el informe oficial, el día 5 de marzo, a las 4,25 horas de la tarde. A renglón seguido el mismo Tribunal Supremo, otra vez y en línea con lo dispuesto por el causante fallecido, se encarga de blindar la candidatura presidencial de Maduro Moros. Pero lo hace, una vez más, a contrapelo y con desprecio de la Constitución. Otra sentencia se dicta para el despropósito antidemocrático.

Llegado el 12 de marzo e iniciado el día 10 de enero el nuevo período constitucional sin juramentación del Presidente electo, luego fallecido; a pesar de que el artículo 233 de la Constitución dispone que ante la falta absoluta de éste "mientras se elige y toma posesión el nuevo Presidente..." se encargará de la Presidencia de la República el Presidente de la Asamblea Nacional; pero admitiendo la irregularidad constitucional del principio de continuidad administrativa del gobierno, Maduro en calidad de vicepresidente de un presidente que ya no es ni existe y quien mal le ha podido renovar su condición de tal, pasa a ejercer la "encargaduría" presidencial como Vicepresidente. Sin embargo, para no atentar contra la voluntad del testador, la Sala Constitucional hace mutar de nuevo a las normas fundamentales de la República.

El Vicepresidente deja de ser lo que es y es – sutilmente – ya no "encargado de la Presidencia" sino "Presidente" Encargado de la República. Es anulado, en los hechos, el artículo 229 constitucional a cuyo tenor "no podrá ser elegido Presidente... quien esté en ejercicio del cargo de Vicepresidente Ejecutivo..., en el día de su postulación o en cualquier momento entre esta fecha y la de su elección".

Nicolás Maduro Moros, así las cosas, pasa a ejercer de facto el poder en Venezuela y lo sostendrá *sine die* – con todo lo que ello implica en cuanto al uso y abuso de los recursos del poder – para hacerse elegir de forma inconstitucional y ostentando la doble cualidad de Presidente en ejercicio y a la par candidato presidencial.

No huelga repita, como síntesis, las premisas constitucionales del caso, a saber, la primera, que no llega a ejecutarse y a cuyo tenor, según el artículo 233 constitucional, "si la falta absoluta (del Presidente) se produce durante los dos últimos años del período... el Vicepresidente... asumirá la Presidencia de la República hasta completar dicho período" y lo hace, en la hipótesis que no se realiza, como gobernante a cabalidad; y la segunda, la que acontece finalmente, a cuyo tenor "si la falta absoluta del Presidente...se produce durante los primeros cuatro años del período constitucional, se procederá a una nueva elección (y)...mientras se elige y toma posesión el nuevo Presidente..., se encargará de la Presidencia de la República el Vicepresidente"; quien al efecto y por lo mismo no deja de ser lo que es, Vicepresidente encargado de la Presidencia, según el mismo artículo citado.

El empate técnico y el golpe del parlamento

Ahora bien, bajo un típico régimen de facto y en circunstancias alejadas de los estándares de toda elección en democracia, que reclaman ser realizadas de manera libre y justa, bajo condiciones de objetividad, imparcialidad y transparencia, como lo indican los artículos 3, 24 y 25 de la Carta Democrática Interamericana, ocurren en Venezuela nuevos comicios presidenciales el último 14 de abril.

A dicha elección concurren, en condiciones asimétricas manifiestas, el candidato del gobierno, Maduro Moros, a despecho del citado obstáculo constitucional que se le opone y remueve en su favor el TSJ mediante una sentencia dictada el 8 de marzo; y como candidato de la oposición, el actual gobernador del Estado Miranda, Henrique Capriles Radonski, respaldado por la Mesa de la Unidad Democrática, quien antes enfrenta a Chávez en sus elecciones postreras y al efecto se separa de su ejercicio como gobernador del Estado Miranda, en acatamiento de mandato constitucional que se lo impone y en su caso violenta Maduro.

El fallo judicial es lacónico: "Ocurrido el supuesto de hecho de la muerte del Presidente de la República en funciones, el Vicepresidente Ejecutivo deviene Presidente Encargado y cesa en el ejercicio de su cargo anterior. En su condición de Presidente Encargado, ejerce todas las atribuciones constitucionales y legales como Jefe del Estado, Jefe de Gobierno y Comandante en Jefe de la Fuerza Armada Nacional Bolivariana;... El órgano electoral competente, siempre que se cumpla con los requisitos establecidos en la normativa electoral, puede admitir la postulación del Presidente Encargado para participar en el proceso para elegir al Presidente de la República por no estar comprendido en los supuestos de incompatibilidad previstos en el artículo 229 constitucional".

Maduro, en fin, inhabilitado por la Constitución, es el candidato oficial, como lo ordena Chávez antes de su muerte; y asume en calidad de ilegítimo, por lo mismo, su opción presidencial. Lo que luego ocurre en el ámbito de lo comicial es apenas una secuela del cuadro de ilegitimidad precedente, consolidada a partir del 10 de enero por obra de una justicia arrodillada y en ejecución de un típico golpe del o desde el Estado.

Las elecciones se realizan luego de una brevísima campaña electoral de dos semanas, pues según el citado artículo 233 constitucional, tal elección ha de realizarse dentro de los treinta días consecutivos siguientes a la falta absoluta declarada – por muerte, pero que era absoluta desde antes, por grave enfermedad – del Presidente de la República. El tiempo constitucional, no obstante, es administrado a conveniencia de los interesados, en comandita que se forma entre Caracas y La Habana.

Previamente, como cabe recordarlo, las elecciones presidenciales que determinan la reelección de Chávez, previstas a realizarse en diciembre de 2012, son adelantadas a conveniencia por el Poder Electoral y situadas antes de que se haga evidente la incapacidad física de dicho gobernante para mantenerse en el ejercicio del poder. La mentira hace de las suyas y se muestra una vez más como política de Estado.

Las exequias fúnebres del presidente electo fallecido, quien vence a Capriles en los comicios del 7 de octubre – el primero haciendo crecer su votación en 10% y el segundo en 57% – son dispuestas abiertamente para el cometido simbólico necesario, es decir, nutrir al despotismo en emergencia que se cocina a fuego pleno en los días previos al arranque de la justa presidencial que ha de repetirse. Durante la campaña, a través de los medios de comunicación, no habla el candidato Maduro. Habla Chávez desde la tumba – apoyado en los recursos virtuales del siglo XXI – y cuando el primero lo hace habla con torpeza y en tono falaz, tanta que le gana el apodo popular de "mentira fresca".

Se repiten las prácticas electorales características de la vocación hegemónica de la "demo–autocracia" instalada en Venezuela a partir de 1999. La Fuerza Armada hace pública su adhesión al credo socialista revolucionario y dispone su aparataje para apuntalar al candidato oficial; las listas de quienes son funcionarios del Estado o beneficiarios de dádivas gubernamentales o programas sociales se distribuyen entre los "comisarios" y milicias armadas de la revolución, quienes se encargan de presionar y "asistir" personalmente a los más remilgos de los votantes; los grupos armados de motorizados al servicio del partido de gobierno – el Partido Socialista Unido de Venezuela – siembran miedo en los centros electorales, ante la pasividad de los guardianes militares y la indiferencia de los "acompañantes" internacionales, quienes asisten eufóricos a los actos de campaña organizados por el gobierno; los medios de comunicación estatales – atando a la menguada radio y televisión privadas conforme al mecanismo de las cadenas de propaganda oficial que impone la ley – usan sin límites de tiempo el espectro radioeléctrico para sostener al candidato Maduro; los dineros y recursos materiales de la industria petrolera fluyen para apuntalar las exigencias del continuismo, ahora con vocación despótica; en fin, el Poder Electoral, cuatro de cuyos cinco miembros militan en las filas de la revolución, hacen lo necesario para sostener la ficción y no le dan cabida a las denuncias y quejas de la oposición caprilista.

Lo relevante, en todo caso, es que la estrategia electoral escatológica no surte el efecto esperado y a pesar de las asimetrías las fuerzas democráticas se sobreponen a los temores y chantajes. Casi un millón de seguidores de la revolución cambia de autobús y apoyan con sus votos al candidato opositor.

Ha lugar, así, a un virtual empate técnico dentro del descrito contexto eleccionario. Pero sin resolverse aún sobre las denuncias ni contabilizarse los votos sufragados en el exterior, el Poder Electoral, presuroso y comprometido, anuncia la ajustada victoria de Maduro asignándole un punto porcentual de diferencia sobre su adversario. El guion preestablecido sigue su curso, a pesar de la sorpresa ingrata que mina al "designado" y al resto de los suyos.

La protesta de Capriles se hace sentir el mismo día y en la misma noche de los comicios al apenas concluir, y a pesar de que Maduro en su euforia – sorprendido por una victoria que sabe comprometida – acepta el reconteo de votos que le pide su contendor. Pero el encargado de la Presidencia regresa sobre sus pasos bajo el dictado de los "productores" de la trama tramposa. La revolución lo tiene como candidato presidencial, pero la jefatura, muerto Chávez, cuenta con trastiendas que llegan más allá de nuestras fronteras y cuya dirección final no ha sido resuelta hasta el presente.

La presidenta del organismo electoral, Tibisay Lucena, antigua subalterna del jefe del comando de campaña de Maduro, Jorge Rodríguez, corre hacia adelante. Cuestiona públicamente al candidato Capriles por no reconocer ni acatar su intempestivo acto de proclamación de Maduro como presidente electo; por pedir aquél lo que resulta elemental dentro de toda elección democrática, a saber, la auditoría de cierre posterior, electrónica y manual de los resultados electorales; por reclamar, en suma, sean despejadas las dudas presentes por la salud de la democracia, para el sostenimiento de la paz y el sosiego entre los electores, y dado el empate técnico que muestran los resultados: Nicolás Maduro, 7.505.338 votos (50,66 %), y Henrique Capriles Radonski, 7.270.403 votos (49,06 %).

A contrapelo de lo que surge evidente –a saber, que la mayoría de los venezolanos, pasados 14 años de pedagogía cubana y marxista, sostienen aún su raizal vocación libertaria– los dientes del despotismo en curso de instalación y sobrepuesto a la ficción democrática o "demo–autocracia" antes sostenida, son mostrados por los herederos de Chávez, en lo inmediato, sin dilación, con torpeza inocultable.

El declarado Presidente electo de la República, Nicolás Maduro Moros, de espaldas al orden constitucional y democrático, ante el anuncio del candidato Capriles de que concurriría acompañado de sus seguidores ante el Poder Electoral para solicitar formalmente la verificación de las elecciones celebradas, llegado el 16 de abril ordena la prohibición de toda reunión o manifestación opositora e instruye a tal efecto la Fuerza Armada, sin encontrarse Venezuela en una situación de suspensión de garantías. Asimismo, amenaza con llevar a la cárcel al candidato opositor mientras son detenidos y torturados numerosos estudiantes y opositores por la policía al servicio del régimen, auxiliada por los comisarios cubanos. Y le dice a la comunidad internacional que el fascismo opositor se ha dado a la tarea de quemar los CDI o centros de salud donde los médicos cubanos atienden a los venezolanos; pero se trata de centros que una vez quemados, como lo hace suponer el propio Maduro, al visitarlos la prensa, 24 horas después, observan que siguen como estaban antes, funcionando sin novedades.

Tal decurso lleva a un acto todavía más grave e inconstitucional. Se prosterna abiertamente a la soberanía. El mencionado Cabello, presidente de la Asamblea y vicepresidente del partido gubernamental desconoce, acompañado de su bancada, la voluntad popular que elige y hace sus representantes, luego de las elecciones de diciembre de 2010, a los diputados opositores con el 52% de los votos. En sesión del mismo día 16 de abril, transmitida desde la sede del parlamento y a través de las radios y televisoras estatales y privadas, anuncia y hace efectiva su decisión de no permitir, como cabeza del parlamento, el uso de la palabra por los diputados quienes, antes, no hagan público su reconocimiento a Nicolás Maduro Moros. La misma exigencia se la hacen a los centenares de manifestantes detenidos, para otorgarles su libertad. Y no bastando ello, procede Cabello a destituir a los opositores quienes ejercen las presidencias de las distintas comisiones que forman a la Asamblea Nacional.

La presidenta del Tribunal Supremo de Justicia, Luisa Estela Morales, quien el 9 de enero y el 8 de marzo precedentes firma las sentencias que inconstitucional e ilegítimamente le permiten a Maduro ejercer la Presidencia de la República como encargado y a la sazón, siendo Vicepresidente en ejercicio, participar como candidato presidencial, ahora y en comparsa, sin mediar sentencia alguna, anuncia el 17 de abril que quedan cerradas las puertas al reclamo de recuento manual de votos pedido por el candidato Capriles. Abona a través de los medios de comunicación social en favor de su persecución. Afirma que el mismo engaña a los venezolanos por hacerles ver como posible lo imposible, la variación del resultado electoral o una verificación manual que es contraria – según ella, pero no según nuestro Texto Fundamental – a la constitucionalidad en vigor.

El 30 de abril ocurre lo insólito. Se repite el "día del fusilamiento del Congreso", ejecutado en 1848 por la dictadura de los hermanos Monagas, cuando es asesinado el diputado Santos Michelena. Esta vez, los diputados oficialistas patean salvajemente –tirada en el suelo– a la diputada opositora María Corina Machado, mientras hacen otro tanto con los colegas de ésta, Julio Andrés Borges, Nora Bracho, y Américo De Grazia. El día 16 anterior, al diputado opositor William Dávila, en plena sesión de la Asamblea Nacional, otro diputado oficialista le lanza un micrófono al rostro causándole una herida profunda con la que casi pierde la vista.

La reacción serena y aplomada de la bancada víctima causa más estupor que la violencia, y a todas éstas concluye con la iniciativa, que suscribe Capriles, de demandar ante el Tribunal Supremo de Justicia la nulidad de las elecciones presidenciales llegado el 2 de mayo. Sus razones sobran y han sido mencionadas, y el diagnóstico del fraude lo comparten observadores internacionales imparciales, como el Instituto de Altos Estudios Europeos y la Red Internacional de Universidades para la Paz. La existencia de irregularidades durante los comicios del 14 de abril hasta la admite el Centro Carter.

El silencio al respecto, no obstante, es más que decidor. La Sala Electoral y su presidente, a la sazón Vicepresidente del Tribunal Supremo de Justicia, Fernando Vegas Torrealba, nada hacen y nada dicen al respecto y le trasladan la cuestión, sin mediar queja, a la Sala Constitucional que fabrica las ominosas sentencias que afianzan a Maduro Moros como gobernante ilegítimo y pretendiente de déspota. Las palabras dichas por Vegas, en apertura del año judicial 2011, describen sin ambages la justicia que hoy administra junto a sus colegas el máximo Tribunal:

"Así como en el pasado, bajo el imperio de las constituciones liberales que rigieron el llamado estado de derecho, la Corte de Casación, la Corte Federal y de Casación o la Corte Suprema de Justicia y demás tribunales, se consagraban a la defensa de las estructuras liberal–democráticas y combatían con sus sentencias a quienes pretendían subvertir ese orden en cualquiera de las competencias ya fuese penal, laboral o civil, de la misma manera este Tribunal Supremo de Justicia y el resto de los tribunales de la República, deben aplicar severamente las leyes para sancionar conductas o reconducir causas que vayan en desmedro de la construcción del Socialismo Bolivariano".

La ominosa consecuencia era de esperarse. Llegado el 7 de agosto, la Sala Constitucional – comprometida con los golpes que desde el Estado y a partir de enero le permiten a Maduro Moros su inconstitucional acceso al poder –decide en causa propia, al encontrarse cuestionada su imparcialidad. En una decena de sentencias que anuncia, a través de una nota de prensa, rechaza – todas a una – las diversas acciones de nulidad planteadas contra el acto electoral en cuestión e incluso la relacionada con la inhabilidad del ahora Presidente de Venezuela, quien a la sazón, por si fuese poco, mal podía inscribirse como candidato en razón de poseer la nacionalidad colombiana.

No es sólo que para cerrar el círculo del horror los jueces de dicha Sala le arrebatan sus competencias a la Sala Electoral del mismo Tribunal Supremo, transformándose de hecho – más allá de la Constitución – en una suerte de "poder constituyente originario ad hoc", sino que, ante demandas que ni siquiera conoce previamente antes de avocarse, cuya previa admisibilidad es legalmente indispensable antes de sentenciar, sin mediar debate alguno sobre el fondo van al fondo y deciden, arguyendo falta de pruebas, como lo habían previsto. Y media un solo argumento de bulto, a saber, que los accionantes han irrespetado y puesto en entredicho a los poderes públicos venezolanos; dado ello, Henrique Capriles Radonski, por ejercer sus derechos políticos, será objeto de procesamiento penal.

Venezuela, partida en dos mitades exactas

El liderazgo de una de las partes de la Nación, el oficial, apalancado por todos los poderes públicos constituidos, alienados con una revolución de neta factura e inspiración cubana, afirma ahora su decisión de radicalizar el proyecto socialista marxista en avance desde 1999 – lo dice el nuevo Vicepresidente de Maduro, Jorge Arreaza, yerno del fallecido Presidente Chávez – y en tal sentido se proponen sus seguidores la reconstrucción de la hegemonía coyunturalmente debilitada por la muerte de éste y mutarla en despotismo, como ya se advierte.

La otra mitad, habiendo adquirido conciencia de mayoría, y su liderazgo, a la vez, por vez primera coincide en la naturaleza del régimen espurio que intenta doblegarlos. Vuelven a pugnar, otra vez y como siempre, como disyuntivas agonales de los venezolanos, el cesarismo o caudillismo y la razón ilustrada, la valentía y la idea de la justicia, el cuartel y la universidad, la razón y el fundamentalismo, que marcan como dilema igual a la Venezuela anterior y posterior a José María Vargas, el sabio presidente y antiguo rector de nuestra Universidad Central.

Los documentos, papeles y testimonios que se reúnen cronológicamente en esta edición proceden de distintas fuentes autorizadas, académicas, institucionales, políticas, jurídicas, diplomáticas, militares, religiosas, de la sociedad civil, y muestran lo antes narrado a cabalidad. Son su prueba objetiva y palmaria.

Allí están las declaraciones del mismo Chávez y las de su designado, seguidas a pie juntillas por las sentencias que cumplen a cabalidad lo pactado entre los albaceas, herederos y beneficiarios del régimen "socialista" instalado en Venezuela. Y también, junto a las manifestaciones colegiadas calificadas –en especial la de la Asociación Venezolana de Derecho Constitucional– que cuestionan lo ocurrido, se encuentran los análisis y opiniones de reputados constitucionalistas venezolanos, entre otros, Allan R. Brewer Carías, Manuel Rachadell, Román Duque Corredor, Jesús Rondón Nucete, René de Sola, o Enrique Sánchez Falcón como parte de los profesores de Derecho público de nuestras universidades nacionales.

Se trata de hechos y documentos, en suma, que describen sin pasiones y para la memoria inconmovible e insobornable de la historia venezolana, la herencia real que a su muerte deja Hugo Chávez Frías: El golpe de enero y sus secuelas más lamentables, o el paso de la demo–autocracia al despotismo señalado. Han de ser aquéllos y éstos, por ende, el soporte sobre cuya lectura, consideración y reflexión serenas, se logren entender los desafíos pendientes para nuestra sociedad democrática y la íbero–americana. Y para que se afirmen los ánimos en la lucha por una libertad bajo instituciones republicanas que apenas comienza y en buena hora muestra sus posibilidades extraordinarias.

Asdrúbal Aguiar
Encargado de la Presidencia de la República (1998)
Autor de la *Historia Inconstitucional de Venezuela (1999–2012)*

1. MENSAJE A LA NACIÓN DEL PRESIDENTE DE LA REPÚBLICA, HUGO RAFAEL CHÁVEZ FRÍAS, EN LA QUE INSTRUYE A SUS COLABORADORES CUMPLIR CON LA CONSTITUCIÓN (PALACIO DE MIRAFLORES), 8 DE DICIEMBRE DE 2012

Presidente Chávez: Sábado 08 de diciembre, nueve y media de la noche, un poquito más ¿no? nueve y treinta y tres, treinta y cuatro...

Presidente de la Asamblea Nacional, Diosdado Cabello: Nueve y treinta y tres.

Presidente Chávez: Buenas noches Venezuela, buenas noches a todo el pueblo venezolano, desde este querido recinto, el llamado Despacho uno, de la Presidencia de la República aquí al lado del Vicepresidente Nicolás Maduro, al lado del presidente de la Asamblea Nacional, Diosdado Cabello, la vicepresidenta de Consejo de Ministros para toda el área social, Yadira Córdova, el vicepresidente de Consejo de Ministros para todo lo que es el área económica financiera Jorge Giordani, el vicepresidente de Consejo de Ministros para todo lo que es el desarrollo territorial y vivienda, Rafael Ramírez, el vicepresidente de Consejo de Ministros para el desarrollo económico, productivo, Ricardo Menéndez, los ministros de ciencia y tecnología, Jorge Arreaza, ministro de defensa, el almirante Diego Molero Bellavia. Por allá el ministro de comunicación e información, la ministra del despacho, el general jefe de la Casa Militar, el ayudante y el batallón de Teresita ¿cómo están muchachos?

(…)

Buenas noches a todos, buenas noches a todas. Bueno yo me veo obligado por las circunstancias, ustedes saben mis queridas amigas, mis queridos amigos venezolanas y venezolanos todos, que no es mi estilo un sábado por la noche y menos a esta hora, nueve y media de la noche ¿te acuerdas de aquella película Diosdado?

Presidente de la Asamblea Nacional, Diosdado Cabello: ¿Cuál?

Presidente Chávez: Saturday... ¿cómo es?

Presidente de la Asamblea Nacional, Diosdado Cabello: Saturday night fever.

(…)

Presidente Chávez: (…) Comenzando el año tuvimos una recaída que fue enfrentada con éxito, sin duda que con gran éxito, un gran éxito por cuanto terminábamos la… el tratamiento de la radioterapia en mayo y unos días después, apenas estábamos inscribiendo la candidatura a la Presidencia de la República, como recordamos, yo fui uno que insistí y así lo hicimos, insistí, rodando los tiempos, insistí en hacerme todos los chequeos médicos antes de inscribir la candidatura aquí en Venezuela, en Cuba y bueno todos los resultados fueron favorables, si hubiese surgido algún resultado negativo en esos exámenes, tengan ustedes la seguridad que yo no hubiese inscrito y asumido la candidatura presidencial

(…).

Bueno, si yo no hubiese estado… Digo esto porque por ahí han surgido versiones de que no, de que todo fue un engaño. No, no, no. Enfrenté esa campaña, bueno, con todo mi fervor, como siempre, y acompañado por ese pueblo, fervoroso también, y haciendo pues un esfuerzo, como siempre lo hemos venido haciendo. Inmediatamente al terminar, o al coronar la victoria del 7 de octubre, la gran victoria del 7 de octubre, a los pocos días me repetí los exámenes, aquí, allá en La Habana, y todo salió bien, todo salió bien.

Sin embargo alguna inflamación, algunos dolores, seguramente producto del esfuerzo de la campaña y del mismo tratamiento de la radioterapia, en una zona que es muy sensible, entonces le empezamos a prestar mucha atención a ello. Yo reduje mis apariciones públicas para enfrentar la problemática, con los médicos, el tratamiento, y bajar los niveles de inflamación y de molestias.

En todo este proceso surgió la recomendación médica de someterme a tratamiento hiperbárico, la cámara hiperbárica. Motivado a esta recomendación para acelerar la recuperación, solicité a la Asamblea Nacional, fue el 27 de noviembre, recuerdo, en carta que está allí, solicité la autorización para ausentarme del país, a la hermana República de Cuba, donde se me ha venido siguiendo pues todo este proceso, para seguir el tratamiento hiperbárico. Salimos el 27 y el 28 comenzamos en la cámara hiperbárica. Fueron varios días de tratamiento, de seguimiento, sin embargo por algunos otros síntomas decidimos, con el equipo médico, adelantar exámenes, adelantar una revisión, una nueva revisión exhaustiva, y bueno lamentablemente, así lo digo al país, en esa revisión exhaustiva surge la presencia, en la misma área afectada, de algunas células malignas nuevamente.

Eso nos ha obligado a revisar, a revisar el diagnóstico, la evolución del tratamiento, a consultar expertos, y se ha decidido, es necesario; es absolutamente necesario, es absolutamente imprescindible someterme a una nueva intervención quirúrgica. Y eso debe ocurrir en los próximos días.

Incluso les digo que los médicos recomendaban que fuese ayer, ayer; a más tardar ayer, o este fin de semana. Yo dije: No. No, en verdad yo solicité permiso para el tratamiento hiperbárico, se presenta esto y yo quiero ir allá, yo necesito ir a Venezuela.

Y vine fue a esto, ¿ves?, llegamos ayer de madrugada, Fidel estuvo muy pendiente, Raúl, nos reunimos, evaluamos. Ayer descansamos un poco, revisamos documentos, por ahí firmé unas cartas que estaban pendientes, unas designaciones de embajadores, unos recursos del Fondo Chino, el informe de Mercosur, del viaje que hizo Rafael Ramírez con Menéndez a la reunión del Mercosur; la Comisión Mixta a Pekín, que fue muy exitosa también, allí estuvieron Giordani con Rafael y Edmée también estuvo, un equipo; Asdrúbal. Cuando no, Asdrúbal... China, allá está Asdrúbal (risa), ¿ves?.....

Bueno, yo decidí venir, haciendo un esfuerzo adicional en verdad, porque bueno los dolores son de alguna importancia ¿no? Pero, bueno, con el tratamiento, calmantes, estamos en una fase preoperatoria, preparando todo. Yo necesito, debo retornar a La Habana mañana, así que aquí tengo la carta de solicitud a la Asamblea Nacional, al presidente aquí presente, el compañero Diosdado Cabello, voy aprovechar para firmarla de una vez, para que por favor la soberana Asamblea Nacional me autorice a ausentarme ahora –aquí está explicado– con el objetivo de la nueva intervención quirúrgica.....

Al respecto, porque no quiero alargar mucho estas palabras, ya son casi las diez de la noche, al respecto, como está previsto en la Constitución, allí está todo previsto, una vez que se me autorice salir del país, pues es el vicepresidente, el compañero Nicolás Maduro, un hombre revolucionario a carta cabal, un hombre de una gran experiencia, a pesar de su juventud; de una gran dedicación al trabajo, una gran capacidad para el trabajo, para la conducción de grupos, para manejar las situaciones más difíciles. Lo he visto, lo hemos visto. ¿Cuántos años tienes tú de canciller, Nicolás?

Vicepresidente ejecutivo de la República, Nicolás Maduro: Seis años y tres meses.

Presidente Chávez: Seis años y tres meses. ¡Cuánto, cuánto...! En cuántas situaciones, en cuántas circunstancias hemos visto, y yo en lo personal, a Nicolás, acompañarme en esta difícil tarea, allí en distintos frentes de batalla. Pues, él queda al frente de la Vicepresidencia ejecutiva de la República, como siempre hemos hecho en permanente contacto. Pero yo quiero decir algo, quiero decir algo, aunque suene duro, pero yo quiero y debo decirlo, debo decirlo. Si como dice la Constitución, cómo es que dice, si se presentara alguna circunstancia sobrevenida, así dice la Constitución, que a mí me inhabilite, óigaseme bien, para continuar al frente de la Presidencia de la República Bolivariana de Venezuela, bien sea para terminar, en los pocos días que quedan... ¿Cuánto?, ¿un mes? Hoy es... Sí, un mes, un mes.

Presidente de la Asamblea Nacional, Diosdado Cabello: Treinta y dos días.

Presidente Chávez: Y sobre todo para asumir el nuevo período para el cual fui electo por ustedes, por la gran mayoría de ustedes, si algo ocurriera, repito, que me inhabilitara de alguna manera, Nicolás Maduro no sólo en esa situación debe concluir, como manda la Constitución, el período; sino que mi opinión firme, plena como la luna llena, irrevocable, absoluta, total, es que —en ese escenario que obligaría a convocar como manda la Constitución de nuevo a elecciones presidenciales— ustedes elijan a Nicolás Maduro como presidente de la República Bolivariana de Venezuela. Yo se los pido desde mi corazón. Es uno de los líderes jóvenes de mayor capacidad para continuar, si es que yo no pudiera —Dios sabe lo que hace—, si es que yo no pudiera, continuar con su mano firme, con su mirada, con su corazón de hombre del pueblo, con su don de gente, con su inteligencia, con el reconocimiento internacional que se ha ganado, con su liderazgo, al frente de la Presidencia de la República, dirigiendo, junto al pueblo siempre y subordinado a los intereses del pueblo, los destino de esta Patria.

Algunos compañeros me decían que no hacía falta, o han opinado en estas últimas horas, que no hacía falta decir esto. Pero en verdad yo he podido desde La Habana decir casi todas las cosas que he dicho esta noche, en esta media hora casi, pero yo creo que lo más importante, lo que desde mi alma, desde mi corazón me dicta la conciencia, lo más importante, o de lo más importante que yo vine aquí, haciendo el esfuerzo del viaje, para retornar mañana, una vez se me conceda el permiso, ha sido esto, Nicolás, de lo más importante, de lo más importante. Y en cualquier circunstancias nosotros debemos garantizar la marcha de la Revolución Bolivariana, la marcha victoriosa de esta Revolución, construyendo la democracia nueva, que aquí está ordenada por el pueblo en Constituyente; construyendo la vía venezolana al socialismo, con amplia participación, en amplias libertades, que se están demostrando una vez más en esta campaña electoral para gobernadores, con candidaturas por aquí y candidaturas por allá. Libertades. En plenas libertades. En el marco de este mensaje, que por supuesto jamás hubiese querido transmitirles a ustedes, porque me da mucho dolor en verdad que esta situación cause dolor, cause angustia a millones de ustedes, pues, que hemos venido conformando una sólida... un solo ente, porque como decíamos y decimos, ya en verdad Chávez no es este ser humano solamente, Chávez es un gran colectivo, como decía el eslogan de la campaña: ¡Chávez, corazón del pueblo! Y el pueblo está aquí en el corazón de Chávez. Y menos aún en estos días de Navidad. Pero, bueno, así son las circunstancias de la vida. Yo, sin embargo, aferrado a Cristo, aferrado a mi Señor, aferrado a la esperanza y a la fe, espero —así lo pido a Dios— darles buenas noticias en los próximos días y que podamos juntos seguir construyendo lo que ahora sí tenemos pero que debemos seguirlo construyendo.

(...)

2. REFLEXIONES SOBRE LA SUCESIÓN PRESIDENCIAL EN VENEZUELA

Manuel Rachadell

Ante la enfermedad del Presidente de la República se hace necesario determinar el régimen constitucional de la sucesión presidencial. Un aspecto está claro: el 10 de enero de 2013 termina el período para el cual fue electo el ciudadano Hugo Chávez Frías el 3 de diciembre de 2006, y ese mismo día comienza el nuevo período presidencial. Dada la reelección del mismo ciudadano para un nuevo período presidencial, lo que ocurrió en las elecciones del 7 de octubre de 2012, lo normal es éste tome posesión ese mismo día para cumplir su tercer mandato. Dos situaciones pueden ocurrir, previsiblemente, que alteren ese cuadro:

En primer lugar, que se produzca falta absoluta del Presidente electo; en segundo lugar, que el Presidente electo se encuentre imposibilitado de acudir al acto de juramentación del cargo para el nuevo período, sin que se haya producido o declarado la falta absoluta.

En el primero de los supuestos la Constitución tiene una regulación adecuada: *"Cuando se produzca la falta absoluta del Presidente electo o Presidenta electa antes de tomar posesión, se procederá a una nueva elección universal, directa y secreta dentro de los treinta días consecutivos siguientes. Mientras se elige y toma posesión el nuevo Presidente o la nueva Presidenta, se encargará de la Presidencia de la República el Presidente o Presidenta de la Asamblea Nacional"* (art. 233, primer aparte). Esta fórmula, en términos generales, coincide con la adoptada en la Constitución de 1961.

En el segundo de los supuestos mencionados hay un vacío normativo en la Constitución, en la cual no se prevé la situación de falta temporal del Presidente electo. En efecto, el Presidente de la Asamblea Nacional se encarga de la Presidencia de la República en caso de falta absoluta del Presidente electo, pero no de falta temporal. La falta temporal se refiere al impedimento temporal para tomar posesión del cargo, pero ese impedimento puede cesar, al menos teóricamente, en cualquier momento y ello impide que se pueda convocar a nuevas elecciones. Pero si el Presidente de la Asamblea Nacional sólo se encarga de la Presidencia de la República en caso de falta absoluta del Presidente electo, mientras se celebra una nueva elección, podría sostenerse –sin que el texto constitucional lo prevea– que el funcionario encargado de llenar esta ausencia temporal es el Vicepresidente Ejecutivo de la República.

Como el Derecho no admite vacíos, la Sala Constitucional debe interpretar el régimen de la sustitución en el supuesto que examinamos. En tal sentido los Magistrados podrían acudir a dos posibles argumentaciones:

De un lado, la tesis que sostendría que el funcionario llamado a suplir la ausencia temporal del Presidente electo es el Vicepresidente Ejecutivo de la República, porque corresponde al titular de este cargo "*suplir las faltas temporales del Presidente o Presidenta de la República*" (art. 239, numeral 8). Pero además, esta tesis se fundamentaría en la aplicación del principio de que los funcionarios públicos están obligados a mantenerse en el ejercicio de sus funciones mientras no sea sustituidos conforme al Derecho, y el Vicepresidente Ejecutivo se mantendría en el cargo mientras no se designe a un nuevo titular para el cargo.

La otra posibilidad de interpretación es que la interinaría le corresponde al Presidente de la Asamblea Nacional, por aplicación analógica de lo dispuesto con respecto a la falta absoluta del Presidente electo, y se fundamentaría, además, en los siguientes argumentos:

En primer lugar, la Constitución no se refiere a la falta temporal del Presidente electo, porque en puridad de conceptos no hay tal falta temporal, lo que hay es un ciudadano electo para un cargo al cual no ha tomado posesión. ¿Hasta cuándo podría durar el retardo en la toma de posesión del cargo?: hasta que se produzca uno de los supuestos de la falta absoluta: muerte, renuncia, destitución decretada por sentencia del Tribunal Supremo de Justicia, incapacidad física o mental permanente certificada por una junta médica designada por el Tribunal Supremo de Justicia y con aprobación de la Asamblea Nacional, el abandono del cargo, declarado como tal por la Asamblea Nacional, así como la revocación popular del mandato (art. 233 de la Constitución). Por ello, para que haya falta temporal es necesario que la persona electa se haya juramentado en el cargo, pero esa persona no tiene la condición de Presidente de la República y por lo tanto su ausencia no puede ser suplida por el Vicepresidente del período anterior. No hay la ausencia temporal de un Presidente sino un Poder Constitucional que no tiene titular.

En segundo lugar, esta tesis tendría apoyo en la tradición constitucional venezolana, reiterada en la Ley Fundamental vigente, de que corresponde al Presidente del órgano legislativo nacional, por el carácter electivo que tienen sus integrantes, la función de suplir las ausencias en caso de que el Poder Ejecutivo no tenga un titular. En tal sentido, podría aducirse que, según el artículo 188 de la Constitución de 1961, "*Las faltas temporales del Presidente de la República las suplirá el Ministro que él mismo designe, y en su defecto, la persona llamada a suplir las faltas absolutas según el artículo anterior*". El artículo 187 de la Constitución derogada se refiere a que, en caso de falta absoluta del Presidente electo o del Presidente en funciones, "*mientras se elige y toma posesión el nuevo Presidente, se encargará de la Presidencia de la República el Presidente del Congreso".* De allí se deduciría que existe un principio general en el sentido de que, ante la falta de disposición expresa, quien suple las faltas absolutas estaría autorizado para ejercer la interinaría en todos los casos en que el cargo presidencial carezca de titular.

En tercer lugar, en la Constitución vigente, a pesar de que se permite la reelección, se ponen obstáculos para el continuismo de otros funcionarios. Así, *"No podrá ser elegido Presidente o Presidenta de la República quien esté en ejercicio del cargo de Vicepresidente Ejecutivo o Vicepresidente Ejecutiva..."* (art. 229). De modo que sería una burla a la Constitución que, ante la falta de toma de posesión del Presidente electo, quien ejercía la Vicepresidencia en el período anterior pase a ser Presidente interino en el período siguiente, y pueda, en su nueva condición de Presidente, optar a la elección presidencial.

En cuarto lugar, en el caso que nos ocupa, si el 10 de enero de 2013, cuando se inicia un nuevo período presidencial, el Presidente electo no se juramenta para ejercer sus funciones, no puede encargarse el Vicepresidente Ejecutivo del período anterior, porque su nombramiento ha caducado. En efecto, si bien el principio general es el de que los funcionarios públicos se mantienen en el ejercicio de sus cargos mientras no hayan sido sustituidos conforme al Derecho, en el caso que examinamos el Presidente de la República del período 2007–2013 no puede decidir sobre el funcionario que deba sustituirlo temporalmente en el período siguiente, porque sus poderes jurídicos han cesado con respecto al período que terminó y no ha renovado sus facultades constitucionales porque no ha asumido el cargo para el cual fue reelecto.

Por las consideraciones anteriores, en nuestro criterio, tiene mayor apoyo en nuestro sistema constitucional la tesis de que si el Presidente electo de la República no asume sus funciones el 10 del próximo mes de enero, sin que se haya dado ninguno de los supuestos de la falta absoluta, la interinaría le corresponde al Presidente de la Asamblea Nacional.

21 de diciembre de 2012

3. ALERTA DE UNA NUEVA VIOLACIÓN A LA CONSTITUCIÓN DE LA REPÚBLICA

Abogados constitucionalistas del Tercer Factor

NO A LA TRAMPA

Desde Cuba, le han ordenado al oficialismo venezolano, desinformar sobre la verdadera situación que acaece por la ausencia del Presidente de la República debido a su gravedad, para ello, han comenzado una serie de declaraciones concurrentes que tienden a desestimar el verdadero texto constitucional y a la vez, mantener en zozobra al País nacional, para lograr con trampa mantenerse en el Poder. Deben evitar que se produzca una convocatoria electoral, que no le conviene visto la movilización que se produjo en la ocasión de la pasada elección presidencial. Por ello:

De manera sucinta analizaremos, apegados a la norma constitucional, los diferentes ESCENARIOS emergerían con ocasión de la especial situación en que se encuentra Hugo Chávez en su doble condición de Presidente que cierra un período presidencial (10 ene 2006– 10 ene 2013) y personaliza la apertura de un nuevo (10 ene 2013– 10 ene 2019). Esos espacios probables, enmarcados dentro de los artículos 230–231 y 233 del texto constitucional, podemos representarlos con arreglo al siguiente esquema:

Primer Escenario: Termino del período Presidencial. Todo período presidencial concluye. Inexorablemente, en fecha diez (10) de enero del sexto año del mandato por disposición del artículo 231, en conformidad con el 230 de la Constitución. Este término es improrrogable, con independencia de las circunstancias que puedan acaecer o sobrevenir durante el lapso. El presidente electo deberá juramentarse en fecha diez (10) de enero inmediato a su proclamación por la autoridad electoral competente.

Segundo Escenario: Falta absoluta del Presidente en los primeros cuatro (4) años del mandato. Cuando la falta absoluta del Presidente ocurre dentro los primeros cuatro (4) años del período, se procederá a efectuar una nueva elección dentro de los treintas (30) días consecutivos y el presidente electo completará el mandato de los seis (6) años. El lapso comprendido entre la verificación de la falta absoluta y el momento de la juramentación del nuevo presidente será cubierto por el Vicepresidente Ejecutivo.

Tercer Escenario: Falta absoluta del Presidente en los dos (2) últimos años del período. Por disposición del aparte cuarto del artículo 233 de la Constitución, la persona que esté desempeñando el cargo de la vicepresidencia ejecutiva completará el período.

Cuarto Escenario: Imposibilidad de juramentarse el presidente electo. Si la persona elegida para el ejercicio del nuevo período presidencial no presta juramento en la fecha diez (10) de enero (día que extingue un período y comienza otro), se encargará de la presidencia de la República la persona que obtenga la investidura de Presidente de la Asamblea Nacional y durará en tal condición por un período de treinta (30) días consecutivos, lapso dentro del cual se realizará el evento comicial para elegir nuevo Presidente de la República, de acuerdo a lo dispuesto por el artículo constitucional 233, en su primer aparte. Mientras se elige y toma posesión del cargo el nuevo Presidente se encargará de la presidencia de la República la persona que ejerza como Presidente de la Asamblea Nacional.

Es conveniente advertir, y dejar muy claro, que el lapso de treinta (30) días es un TÉRMINO PERENTORIO, entendiéndose esta denominación como aquel término que caduca automáticamente por determinación y voluntad constitucional, sin que sea necesario declaración judicial alguna. El vencimiento del término perentorio hace caducar el ejercicio del acto a él sometido, en este caso, el ejercicio casual o provisorio de la Presidencia. Caducar es extinguirse una situación por el cumplimiento o agotamiento fatal del término; por ser un término fatal no es susceptible ni de interrupción ni de prórroga, por lo que es "irrelevante" para el caso nuestro que el Presidente esté o no esté "informado del resultado electoral" o que "acusa progresos en su estado de salud", o que está "estable y consciente", etc., según las expresiones de importantes personajes del oficialismo con las cuales pretenden evadir las consecuencias naturales y fatales que la fecha o término perentorio del diez (10) de enero próximo de no producirse el acto de juramentación del Presidente electo.

Quinto Escenario: la salida Constitucional. Existe un posible escenario de naturaleza eminentemente jurídico Constitucional, con interesante variedades, que pueden afectar (cualquiera de ellas) la normalidad del tracto presidencial y que tienen rango constitucional. Atendiendo a razones que pueden ser jurídicamente valiosas para encausar el debate a propósito de la situación generada por las condiciones de salud del Presidente y darle solución, siempre dentro del marco de la ley, a lo que parece ser un impasse entre las diferentes corrientes de opinión e intereses políticos, encubiertos en interpretaciones rebuscadas e interesadas de la normativa constitucional pertinente. En efecto, el artículo 330 expresa que "los o las integrantes de la Fuerza Armada Nacional en situación de actividad tienen derecho al sufragio de conformidad con la ley, sin que les esté permitido optar a cargo de elección popular, ni participar en actos propaganda, militancia o proselitismo político". El Presidente

Chávez adquirió a partir del 21 de marzo del año 2011, en virtud de la reforma operada en la Ley Orgánica de la Fuerza Armada Nacional Bolivariana, la condición de OFICIAL ACTIVO, lo que lo inhabilitaba para presentarse como candidato para optar a la Presidencia de la República en las elecciones realizadas el siete (07) de oct del año en curso. Desafiando esta inhabilidad de rango constitucional, el oficial activo Hugo Chávez presentó su candidatura la cual fue declarada ganadora por el Consejo Nacional Electoral; por cierto, desestimando los recursos presentados, para evitar la violación a la Carta Magna. Movido por este insólito hecho de violación directa a la norma constitucional (hecho éste de imposible subsanación), un grupo de ciudadanos y de prestigiosos oficiales en situación de retiro, solicitaron en fecha de siete (7) de noviembre del año en curso ante el Tribunal Supremo de Justicia, en sala electoral, expediente n° 2012–000105, la nulidad de esa elección; elección que jurídicamente es de imposible convalidación. Si el TSJ acordara la nulidad solicitada, como es su obligación insoslayable, la consecuencia forzosa e inmediata es proceder a ordenar una nueva elección presidencial para cubrir el período 10 ene 2013 al 10 ene 2019, quedando de esta manera resuelta la embarazosa situación que actualmente está planteada debido al inocultable estado de salud del Presidente Chávez, a la vez que se patentizaría el respeto, sometimiento y obediencia a los mandatos del texto constitucional._

Observación: De ocurrir el pronunciamiento de nulidad de la elección de Hugo Chávez como Presidente en los comicios del siete (7) de octubre, el mismo TSJ, al ordenarle al Consejo Nacional Electoral realizar una nueva elección podría establecer, en ejercicio de las atribuciones que le confiere el Capítulo I del Título VIII de la Constitución, un plazo especial y breve para esa elección. Mientras tanto el Presidente de la Asamblea Nacional se encargará de la Presidencia de la República. Se trata de una situación atípica no regulada; se trataría de una acefalía por inexistencia de la figura presidencial.

Por otro parte, lejos de buscar atajos, que necesariamente nos llevarían a un desconocimiento de la Constitución, como hasta ahora lo han hecho y con la colaboración de algunos factores que se llaman Oposición, esta alternativa sería la más adecuada para ir por el camino, que la Carta Magna nos indica y por lo tanto el camino que nos podría llevar a las restitución de su vigencia y a la eliminación del poder electoral como oficina al servicio del Oficialismo.

EL TERCER FACTOR
25 de diciembre de 2012

4. EL PERÍODO PRESIDENCIAL ES IMPRORROGABLE

Manuel Rachadell

En Venezuela se ha considerado necesario establecer en la Constitución la fecha para el inicio y terminación de los períodos constitucionales, referidos éstos al lapso de ejercicio de la presidencia de la República, y lo ha hecho de diferentes maneras en nuestra evolución histórica.

En la Constitución de 1857 se dispuso que el Presidente de la República duraría seis años en sus funciones, *"contados desde el día primero de febrero del año en que se haya perfeccionado la elección"* (art. 60), y que *"Concluido el período constitucional y llegado el día señalado por esta Constitución para la instalación del Congreso, el Presidente cesará en el ejercicio de las funciones ejecutivas en el mismo día y se encargará de ellas el Vicepresidente del Consejo de Gobierno hasta que, instalado el Congreso, dé posesión al nombrado"* (art. 61). En la Constitución de 1864 se modificó la fecha de inicio del período constitucional, para hacerlo coincidir con el día de la Federación, y se estableció que *"El Presidente durará en sus funciones desde el veinte de febrero, cuyo día se separará y llamará al que deba sustituirlo aunque no haya desempeñado todo el período"* (art. 68). Posteriormente se cambió la fecha de inicio del período constitucional y se consagró que *"El Presidente de la República cesa en el ejercicio de sus funciones el día 19 de abril del año en que termine el período presidencial, y en el mismo día se encargará del Poder Ejecutivo el Presidente de la Corte Federal y de Casación, hasta tanto tome posesión el nuevo Presidente electo"* (art. 83, Constitución de 1914).

Para referirnos sólo a las fórmulas consagradas en las Constituciones democráticas de nuestro país, en la Ley Fundamental de 1947 se disponía, sobre este aspecto, lo siguiente:

Artículo 194. El día 19 de abril del año en que se inicie el nuevo período constitucional, el Presidente saliente resignará sus poderes en el

Presidente electo, inmediatamente después que éste haya prestado la promesa de Ley ante el Congreso Nacional.

Si por cualquier circunstancia el Presidente electo no pudiere prestar el juramento ante el Congreso Nacional, lo hará ante la Corte Suprema de Justicia.

Cuando el Presidente electo no pudiere tomar posesión del cargo en la fecha indicada en este artículo, el Presidente saliente resignará sus poderes ante el Presidente de la Corte Suprema de Justicia quien los ejercerá, con el carácter de Encargado del Poder Ejecutivo Nacional, hasta que el primero pueda entrar en el ejercicio de sus funciones.

En la Constitución de 1961 se fijaba inicialmente el 2 de marzo como fecha de instalación del Congreso (en homenaje al Primer Congreso, el cual inició sus deliberaciones ese día, en 1811) y luego, por una enmienda constitucional, el 23 de enero de cada año. Sobre el período presidencia se disponía lo siguiente:

Artículo 186. El candidato electo tomará posesión del cargo de Presidente de la República mediante juramento ante las Cámaras reunidas en sesión conjunta, dentro de los diez primeros días de aquel en que deben instalarse en sus sesiones ordinarias del año en que comience el período constitucional. Si por cualquier circunstancia no pudiere prestar el juramento ante las Cámaras en sesión conjunta, lo hará ante la Corte Suprema de Justicia. Cuando el Presidente electo no tomare posesión dentro del término previsto en este artículo, el Presidente saliente resignará sus poderes ante la persona llamada a suplirlo provisionalmente en caso de falta absoluta, según el artículo siguiente, quién los ejercerá con el carácter de Encargado de la Presidencia de la República hasta que el primero asuma el cargo.

En la Constitución que nos rige se volvió a la fórmula tradicional venezolana de fijar un día determinado para el inicio del período presidencia y se dispuso lo siguiente:

Artículo 231. El candidato elegido o candidata elegida tomará posesión del cargo de Presidente o Presidenta de la República el diez de enero del primer año de su período constitucional, mediante juramento ante la Asamblea Nacional. Si por cualquier motivo sobrevenido el Presidente o Presidenta de la República no pudiese tomar posesión ante la Asamblea Nacional, lo hará ante el Tribunal Supremo de Justicia (destacado añadido).

De allí que el Constituyente de 1999 prefirió modificar el sistema establecido en la Constitución de 1961 de dejar un lapso que oscilaba en varios días (un máximo de 10) para el inicio del período constitucional y regresar a la situación que había imperado durante la mayor parte de nuestra historia, de establecer un día preciso para la terminación del período constitucional y el inicio del siguiente.

Ahora bien, si el período presidencial se inicia el 10 de enero del primer año de ese período y como dice la Constitución, *"El período presidencial es de seis años"* (art. 230), éste debe concluir el 10 de enero en el cual se cumplen los seis años. La toma de posesión del candidato elegido o candidata elegida no puede realizarse en una fecha posterior, porque ello implicaría la prórroga del período presidencial, lo cual no está permitido –ni nunca lo ha estado– en el ordenamiento constitucional de la República, y tampoco puede tomar posesión en una fecha anterior, porque ello implicaría una disminución del período anterior y un aumento del nuevo período. Además, por las siguientes razones:

En primer lugar, en el sistema constitucional que nos rige se distingue entre el inicio del período presidencial y la situación personal del candidato electo para el cargo de Presidente de la República, lo cual no debe confundirse. Lo normal es que el candidato electo (a quien también se llama Presidente electo, una vez que el candidato ha sido proclamado como electo por el Poder Electoral), tome posesión en la fecha establecida en la Constitución, pero si no lo hace ello no significa que el período anterior se prorroga. El período constitucional comienza el 10 de enero, aunque la persona electa asuma el cargo con posterioridad, en cuyo caso se habría producido un supuesto de interinaria para llenar el vacío de titularidad en el cargo, o aun cuando deban realizarse nuevas elecciones por falta absoluta del electo que no ha tomado posesión del cargo. En este sentido, en sentencia del 16 de mayo de 2001, la Sala Constitucional decidió que *"de acuerdo con el régimen constitucional vigente, el período constitucional del Presidente Hugo Chávez Frías concluye el 10.01.07, término en el cual comienza el próximo período presidencial, conforme lo dispone el artículo 231 de la Constitución de la República Bolivariana de Venezuela"*, y adujo como fundamento de este criterio lo siguiente:

"a) el inicio del actual período del Presidente es la fecha de su toma de posesión, previa juramentación ante la Asamblea Nacional, el día 19.08.99, de acuerdo con los artículos 3 y 31 del <u>Decreto sobre el Estatuto Electoral del Poder Público</u>, y la duración es la de un período completo, es decir, por seis años, a tenor de lo dispuesto en el citado artículo 3 eiusdem; si se admitiera el acortamiento del actual período se violaría este artículo; b) el próximo período constitucional comienza el 10.01.07, según lo dispone el artículo 231 de la Constitución de la República Bolivariana de Venezuela; c) el Presidente de la República deberá continuar en el ejercicio de sus funciones de acuerdo con lo establecido en el artículo 231 de la Constitución de la República Bolivariana de Venezuela, es decir, hasta el 10.01.07, ya que, de otro modo, habría que enmendar la Constitución de la República Bolivariana de Venezuela en el sentido de señalar, como inicio del mandato presidencial siguiente el día 19 de agosto, en vista de que el actual período concluye el mismo día y el mismo mes del año 2006, conforme lo prevé el artículo 3 del <u>Decreto sobre el Estatuto Electoral del Poder</u>

Público, a menos que se desaplique el artículo 231 de la Constitución de la República Bolivariana de Venezuela, lo cual sería inconstitucional y, enmendador, por ende, de la norma suprema. También sería inconstitucional la reducción del mandato, según se indica en a)".

Cabe interrogarse sobre las situaciones que hacen que una persona que ha sido electa para el cargo de Presidente no tome posesión en la fecha indicada. La misma Constitución expresa que lo siguiente:

Cuando se produzca la falta absoluta del Presidente o Presidenta de la República durante los primeros cuatro años del período constitucional, se procederá a una nueva elección universal y directa dentro de los treinta días consecutivos siguientes. Mientras se elige y toma posesión el nuevo Presidente o Presidenta, se encargará de la Presidencia de la República el Vicepresidente Ejecutivo o Vicepresidenta Ejecutiva.

En los casos anteriores, el nuevo Presidente o Presidenta completará el período constitucional correspondiente.

Si la falta absoluta se produce durante los últimos dos años del período constitucional, el Vicepresidente Ejecutivo o Vicepresidenta Ejecutiva asumirá la Presidencia de la República hasta complementar el mismo (artículo 231).

De la norma transcrita queda evidenciado que el período de seis años no se le otorga a la persona que ha sido electa, sino que transcurre independientemente de esta. Si por cualquier circunstancia el candidato electo no toma posesión en la fecha prevista en la Constitución, sin que se haya dado el supuesto de la falta absoluta, y lo hace posteriormente, ello significa que se acorta el lapso de duración de su mandato, pero el período presidencial no se ve alterado. Tampoco se prevé en la Constitución unos períodos presidenciales más cortos para las personas que deban suplir la falta del Presidente o del candidato electo: el Vicepresidente Ejecutivo de la República o el Presidente de la Asamblea Nacional, según el caso. En este aspecto la Constitución es muy clara: esas personas no tienen un período presidencial propio, lo que hacen es completar el período que el candidato electo o el Presidente no han podido cumplir.

En segundo lugar, en el caso de la reelección de una persona para el cargo presidencial, a tenor de lo dispuesto en la enmienda de la Constitución del 15 de febrero de 2001, no puede alegarse que se trata de una prórroga del período constitucional. Bajo el sistema constitucional vigente en Venezuela, una persona puede ser elegida Presidente de la República un número indeterminado de veces, pero cada período tiene una duración precisa de seis años, la cual no se modifica. Por ello, es un error sostener que, en el supuesto de la reelección, se "prorroga el período presidencial". No, no se prorroga, se le otorga un nuevo período. No existen períodos de 12 ni de 18, ni de 24 años, así como tampoco de 6 años y 6 meses, sino que se admite la posibilidad de que una misma persona pueda cumplir uno, dos, tres, o más períodos presidenciales, cada uno con su propia individualidad. Tampoco puede aducirse que, cuando una misma persona ejerce más de un período presidencial se produce la continuidad en el cargo. La misma Sala Constitucional se ha encargado, anticipadamente, de refutar este argumento, cuando ha señalado que *"El `principio de continuidad' busca, primordialmente, garantizar la permanencia en la prestación de la función pública y sólo es admisible la prórroga del lapso constitucional, en caso de que no exista previsión para el reemplazo del magistrado en caso de ausencia absoluta"* (sentencia N° 1701, del 6 de diciembre de 2012). Esta sentencia fue dictada con ocasión de interpretar el artículo 264 de la Constitución, referido al período de los magistrados del Tribunal Supremo de Justicia, pero el principio fue establecido con carácter de generalidad respecto a la función pública.

Por lo demás, en el Derecho comparado se observan diversas maneras de consagrar que un período es improrrogable: en la Constitución de Bolivia se declara que *"El mandato improrrogable del Presidente de la República es de cinco años. El Presidente puede ser reelecto por una sola vez después de transcurrido cuando menos un Periodo Constitucional"* (art. 87). En la Constitución de Guatemala, se dispone que *"La reelección o la prolongación del período presidencial por cualquier medio, son punibles de conformidad con la ley"* *(art. 187)*, lo que pone de relieve que la prórroga del mandato y la reelección presidencial son conceptos diferentes. También se puede disponer que *"Los magistrados o magistradas del Tribunal Supremo de Justicia serán elegidos por un único período de doce años"* (art. 264), como se ha hecho entre nosotros, y de lo cual ha deducido la Sala Constitucional que ese período es improrrogable porque existen suplentes de los magistrados. O También puede expresarse la prohibición de prórroga de los mandatos presidenciales mediante la determinación precisa de una fecha de inicio del período, como se hace en la Constitución de los Estados Unidos de América cuando se consagra que *"El término del presidente y vicepresidente expirará al mediodía del vigésimo día de enero...y entonces empezará el término de sus sucesores"* (Sección II de la Enmienda XX de la Constitución), o como se pauta en nuestra Constitución con respecto al Presidente de la República, luego de consagrarse que *"El período presidencia es de seis años"* (art. 230), que el candidato electo tomará posesión del cargo *"el diez de enero del primer año de su período constitucional"* (art. 231). Así pues, el establecimiento de un día determinado para la toma de posesión del candidato electo a la Presidencia es la prueba irrefutable de que el período es improrrogable

El tema que examinamos es importante porque el efecto de la terminación del período presidencial y de su improrrogabilidad es que en el día y la hora (si esta se indica) señalados en la Constitución cesan o expiran los poderes presidenciales y comienzan los de su sucesor, sea este la misma persona, sea una persona diferente.

Ese traslado de poderes se hace, normalmente, en beneficio de la persona que ha sido electa para suceder al Presidente saliente, pero podría darse el caso de que el electo no pueda, en forma definitiva o temporal, asumir la función presidencial. En la Constitución de 1961 se disponía claramente, en forma similar a lo pautado en la Constitución de 1947, que *"Cuando el Presidente electo no tomare posesión dentro del término previsto en este artículo, el Presidente saliente resignará sus poderes ante la persona llamada a suplirlo provisionalmente en caso de falta absoluta, según el artículo siguiente, quién los ejercerá con el carácter de Encargado de la Presidencia de la República hasta que el primero asuma el cargo* (art. 186*)*. En el artículo siguiente se indicaba que la persona llamada a suplir la falta absoluta del Presidente en ejercicio, provisionalmente, era el Presidente del Congreso, mientras las Cámaras en sesión conjunta designaban a la persona que terminaría el período presidencial, y esta misma disposición se aplicaba para el caso de de que el Presidente electo no tomare posesión del cargo, también provisionalmente, hasta tanto el electo asumiera el cargo. Esta formulación cubría las dos posibilidades: que el Presidente electo tomara posesión con retardo, por cualquier circunstancia (falta temporal), o que hubiera que elegir a otra persona, por la falta absoluta del Presidente electo.

En cambio, en la Constitución que nos rige no hay previsión sobre la falta temporal del Presidente electo, por lo cual el intérprete debe colmar el vacío que se observa sobre tal situación. En este caso, el intérprete último y máximo de la Constitución es la Sala Constitucional del Tribunal Supremo de Justicia, pero cualquiera sea el criterio que se establezca no puede obviarse que el 10 de enero se vence el período constitucional del Presidente en funciones y se inicia el nuevo período presidencial, que el período vencido es improrrogable y que en la fecha indicada expiran los poderes de la persona que venía ejerciendo el cargo.

La situación actual es la siguiente: en nuestra Constitución, se regula el supuesto de que *"se produzca falta absoluta del Presidente electo o Presidente electa antes de tomar posesión"*, en cuyo caso *"se procederá a una nueva elección universal, directa y secreta dentro de los treinta días consecutivos siguientes. Mientras se elige y toma posesión el nuevo Presidente o la nueva Presidenta, se encargará de la Presidencia de la República el Presidente o Presidenta de la Asamblea Nacional"* (art. 233, primer aparte). En este caso, como se dispone en el tercer aparte el mismo artículo, "el nuevo Presidente o Presidenta completará el período constitucional correspondiente". Pero no se regula la hipótesis de que el Presidente electo no tome posesión en la fecha indicada, sin que se haya producido su falta absoluta, es decir, que podría tomar posesión posteriormente, con lo cual concluiría la interinaría del funcionario llamado a cubrir la ausencia a que nos referimos.

Por ello, se observa que el tema de la prórroga del período se ha planteado con relación a esta situación particular que no previó el Constituyente: cuando el candidato electo como Presidente es la misma persona que venía ejerciendo el cargo (supuesto de reelección), pero podría estar incapacitado para asumir el cargo el 10 de enero próximo, sin que se haya producido o declarado su falta absoluta. Para algunas personas, y con fundamento en intereses políticos determinados, si la persona que debe asumir el cargo es la misma que viene ejerciéndolo, se produce una prórroga del período constitucional anterior, lo que permite que, en lugar de ejercer la interinaria el Presidente de la Asamblea Nacional, le corresponda al Vicepresidente Ejecutivo de la República del período anterior; mientras que para otras personas, el solo hecho de no concurrir el candidato electo a la toma de posesión es causal de falta absoluta, por lo cual se juramentaría el Presidente de la Asamblea Nacional y se debería convocar a nuevas elecciones en el plazo de 30 días consecutivos.

En escrito anterior he expresado un criterio diferente, que ahora ratifico: por una parte, cuando existe la posibilidad de que el candidato electo tome posesión en una fecha posterior no se ha producido la falta absoluta; por la otra, la persona que debe cubrir la interinaría es el Presidente de la Asamblea Nacional, pero no puede convocarse a nuevas elecciones sino cuando se produzca falta absoluta del electo, si esto llegara a ocurrir. Este criterio se fundamenta en las siguientes consideraciones:

El período constitucional se ha vencido y desde ese momento han expirado los poderes del Presidente anterior. Como el mandato del Presidente anterior no puede ser prorrogado y la hipótesis del país sin Presidente es inadmisible, el mismo 10 de enero debe haber un encargado de la Presidencia de la República. En nuestro sistema constitucional actual, el Vicepresidente Ejecutivo suple las faltas temporales del Presidente, pero ello supone que haya un Presidente. No debe confundirse la situación del Presidente Hugo Chávez, quien habría culminado su mandato o estaría a punto de hacerlo, de la condición del ciudadano Hugo Chávez, quien ha sido electo para ejercer un período presidencia a partir del 10 de enero. En derecho, ambas situaciones son perfectamente distinguibles. Pero si al primero se le vence el período y el segundo no ha tomado posesión, la Presidencia de la República carece de titular y ese vacío debe ser llenado por el Presidente de la Asamblea Nacional. Tal función no le corresponde al Vicepresidente Ejecutivo de la República del período anterior, porque éste derivaría su investidura del nombramiento que le había hecho un ex Presidente de la República, el cual no puede tomar disposiciones sobre sucesión presidencial que deban tener efectividad después de la culminación de su mandato. De allí se concluye que, ante la falta de juramentación del Presidente electo en la oportunidad establecida, la ausencia se cubre en la misma forma que la falta absoluta, conforme a lo dispuesto en el primer aparte del artículo 233 de la Constitución.

Pero hay una diferencia importante con respecto a ese supuesto: el Presidente de la Asamblea Nacional no puede convocar a elecciones sino cuando se dé el caso de falta absoluta del Presidente electo: *"su muerte, su renuncia, o su destitución decretada por sentencia del Tribunal Supremo de Justicia, su incapacidad física o mental permanente certificada por una junta médica designada por el Tribunal Supremo de Justicia y con aprobación de la Asamblea Nacional, el abandono del cargo, declarado como tal por la Asamblea Nacional, así como la revocación popular de su mandato"* (art. 233 de la Constitución). Entre los supuestos de abandono del cargo debe incluirse el caso en que la falta temporal se convierte en absoluta, conforme a lo previsto en el artículo 234 de la Constitución.

De lo expuesto se desprende que el principio de la improrrogabilidad del mandato presidencial se evidencia no solamente de la determinación del período (seis años) del cargo y de la fijación de una fecha determinada para que se produzca el fin de un período y el comienzo del otro, sino también de las previsiones constitucionales para que, una vez vencido un período presidencial, no se genere la hipótesis de ausencia de un titular, aunque sea interino, en el cargo de Presidente de la República.

Ahora bien, la toma de posesión en el cargo de Presidente de la persona electa o de quien deba suplir su ausencia, en una fecha determinada, no es una simple formalidad. La existencia de normas similares en Constituciones anteriores de Venezuela, o en las de otros países, es producto de la historia, de situaciones concretas que se han presentado o que se preveían o se prevén, y con fundamento en las cuales se ha considerado conveniente poner una fecha determinada para la cesación de los poderes presidenciales que se han otorgado a una persona, y nada autoriza a que se tome con frivolidad el cumplimiento del ordenamiento constitucional, si es que en verdad vivimos en un Estado de Derecho.

En todo caso, si el 10 de enero próximo el ciudadano Hugo Chávez se juramenta como Presidente de la República para el período 2013–2019, las consideraciones anteriores dejan de tener interés práctico en lo inmediato.

Caracas, 27 de diciembre de 2012.

5. DIEZ DUDAS SOBRE LA AUSENCIA DEL PRESIDENTE (EDGAR LÓPEZ, DIARIO EL NACIONAL, 29 DE DICIEMBRE DE 2012)

Edgar López

Los juristas Manuel Rachadell y Gerardo Fernández advirtieron que el 10 de enero es una fecha improrrogable para la toma de posesión. Afirmaron que si ese día Hugo Chávez permanece incapacitado, la Asamblea Nacional debe declarar su falta temporal y el presidente del Parlamento cubrirá la vacante hasta que se realicen nuevas elecciones, previa declaratoria de falta absoluta

1.– ¿Qué pasa si el presidente Hugo Chávez no puede tomar posesión el 10 de enero?

Gerardo Fernández: —El 10 de enero de 2013 termina el mandato constitucional y comienza uno nuevo. Si hay falta absoluta del Presidente, ocupa el cargo el presidente de la Asamblea Nacional y se deben convocar a elecciones en los 30 días siguientes. Si no se ha producido falta absoluta, pero el Presidente no toma posesión por incapacidad física o mental, debería declararse la falta temporal y asumir el presidente del Parlamento.

Manuel Rachadell: —El período presidencial de seis años transcurre independientemente de la persona elegida. Si no toma posesión en la fecha especificada en la Constitución sin que se haya dado el supuesto de la falta absoluta y lo hace posteriormente, se acorta el lapso de su mandato, pero no el período presidencial.

2.– ¿Puede modificarse el 10 de enero como fecha para la toma de posesión del Presidente?

M. R.: —La juramentación y toma de posesión del presidente electo en la fecha indicada en la Constitución no es una simple formalidad. La existencia de normas similares en Constituciones anteriores fundamenta la necesidad de establecer y respetar una fecha determinada para la cesación de los poderes presidenciales. Nada autoriza a que se tome con frivolidad el cumplimiento del ordenamiento constitucional, si es que en verdad vivimos en un Estado de Derecho.

G. F.: —Definitivamente no. De acuerdo con la Constitución ese día termina un mandato constitucional y comienza uno nuevo. No hay prórroga del período constitucional. De no presentarse el Presidente a la toma de posesión se aplicarían las disposiciones correspondientes a la falta absoluta o temporal.

3.– ¿La ausencia del presidente constituye en la actualidad una falta temporal o absoluta?

G. F.: —Constitucionalmente hablando es el típico caso de falta temporal. La Constitución resuelve el tema de manera clara. El régimen se ha negado a cumplir con la carta magna desde que comenzó y se dio a conocer la enfermedad del jefe del Estado. No querer aceptar la normativa constitucional, o interpretarla de manera acomodaticia e interesada, no es más que un fraude.

M. R.: —Es una falta temporal. La posibilidad de que el presidente electo tome posesión en una fecha posterior a la indicada en la Constitución no implica necesariamente que se haya producido la falta absoluta. La persona que debe cubrir la vacante temporal es el presidente de la Asamblea Nacional. Sólo puede convocarse a nuevas elecciones, previa declaración de la falta absoluta del presidente electo.

4.– ¿Pueden diferirse indefinidamente la juramentación y toma de posesión del Presidente?

M. R.: —La improrrogabilidad del mandato presidencial se deriva de la limitación del período a seis años y de la fijación de una fecha determinada para que se produzca el fin de uno y el comienzo del otro. Además, las previsiones constitucionales fueron concebidas para que, una vez vencido un período presidencial, no se genere la hipótesis de ausencia de un titular, aunque sea interino, en el cargo de Presidente de la República.

G. F.: —No es lo correcto. Constitucionalmente podría resolverse el asunto. La falta temporal debe ser limitada en el tiempo y que se aplicaría un máximo de 90 días. Si en ese plazo no se produce la toma de posesión, se debe declarar la falta absoluta por parte de la Asamblea Nacional y celebrar elecciones en los 30 días siguientes.

5– ¿Qué debe hacerse para suplir la falta del Presidente?

M. R.: —El vicepresidente ejecutivo suple las faltas temporales del Presidente, pero ello supone que haya un Presidente. No es lo mismo presidente en ejercicio que presidente electo, aun siendo la misma persona. Si al primero se le vence el período y el segundo no ha tomado posesión, la Presidencia de la República carece de titular y ese vacío debe ser llenado por el presidente de la Asamblea Nacional. Tal función no le corresponde al vicepresidente ejecutivo de la República del período anterior, porque éste derivaría su investidura del nombramiento que le había hecho un ex presidente de la República.

G.F.: —Si el presidente no puede ejercer en este momento porque está incapacitado, lo cual es un hecho, se debe declarar la falta temporal y asumir el vicepresidente ejecutivo.

6.– ¿Deben realizarse el acto de juramentación y toma de posesión obligatoriamente en la sede de la Asamblea Nacional?

G. F.: —Sí. La Constitución es clara en señalar que la toma de posesión se lleva a cabo ante la Asamblea Nacional que tiene su sede en el Palacio Federal Legislativo, en la capital de la República, Caracas. Excepcionalmente, cuando la Asamblea Nacional no pueda reunirse, por ejemplo, por falta de quórum, el presidente electo se puede juramentar ante el Tribunal Supremo de Justicia. Dicha juramentación debe ser en la misma fecha (10 de enero), en la sede del Tribunal Supremo de Justicia, en la capital de la República, igualmente Caracas.

M. R.: —No necesariamente. La Asamblea Nacional puede constituirse, sesionar y tomar decisiones en cualquier parte de Caracas y del territorio nacional. Por ejemplo, en 1989 Carlos Andrés Pérez tomó posesión en el Teatro Teresa Carreño, previo acuerdo del Congreso de la República.

7.– ¿Puede Chávez juramentarse en Cuba?

G. F.: —Absolutamente no. Plantear la posibilidad de que el presidente electo se juramente en la Embajada de Venezuela en Cuba, por ejemplo, sería un exabrupto que tampoco serviría para ocultar la incapacidad física que actualmente afecta a Hugo Chávez para cumplir personal y cabalmente todas las atribuciones que confiere la Constitución al jefe del Estado.

M. R.: —Definitivamente no, pues la Asamblea Nacional y el Tribunal Supremo de Justicia son órganos del Poder Público que tienen su asiento en el territorio nacional. Las precisiones que en este sentido están establecidas en la carta magna fueron concebidas para garantizar el correcto ejercicio de la autoridad y la seguridad jurídica en el país.

8.– ¿Cuándo procede la juramentación del Presidente ante el TSJ?

M. R.: —El motivo sobrevenido establecido en el artículo 231 de la Constitución se refiere a dificultades atribuibles a la Asamblea Nacional, no al presidente electo. Por ejemplo, en el caso de que un grupo sedicioso se niegue a reconocer los resultados electorales, tome la sede del Legislativo y resulte imposible realizar el acto en ese lugar.

G. F.: —Excepcionalmente, cuando la Asamblea Nacional no pueda reunirse, por ejemplo, por falta de quórum, el presidente electo se puede juramentar ante el TSJ. Dicha juramentación debe ser en la misma fecha 10 de enero, en la sede del TSJ, en la capital de la República. Lo que no se puede olvidar es que el problema es del Presidente, por su estado de salud, y no del órgano ante el cual se ha de juramentar.

9.– ¿Es válido el planteamiento de la presidenta del TSJ en cuanto a que la reelección presidencial equivale a la continuación de un mismo mandato?

M. R.: —En Venezuela una persona puede ser elegida Presidente de la República muchas veces, pero cada período tiene una duración precisa de seis años. Es un error sostener que en el supuesto de la reelección se prorroga el período presidencial. No existen períodos de 12 años ni de 18 años ni de 24 años. Tampoco puede aducirse que cuando una misma persona ejerce más de un período presidencial opera la continuidad en el cargo. Así lo ha establecido la misma Sala Constitucional del TSJ, al señalar que "sólo es admisible la prórroga del lapso constitucional en caso de que no exista previsión para el reemplazo" de un funcionario.

G. F.: —Absolutamente no. Es una interpretación acomodaticia e interesada de la carta magna.

10.– ¿Qué características debe tener la junta médica que podría declarar la falta absoluta por incapacidad física y mental del Presidente? ¿Es su dictamen definitivo?

G. F.: —La junta médica debe estar calificada científicamente y gozar de la credibilidad nacional. De acuerdo con la Constitución tendría por objeto determinar científicamente la incapacidad física o mental permanente del Presidente y, en consecuencia, activar el mecanismo jurídico–político para declarar la falta absoluta. El procedimiento se inicia de oficio o a instancia de parte ante el TSJ, en Sala Plena. La Sala Plena del TSJ constituye la junta médica calificada mediante decisión o sentencia. Ésta emite un dictamen y éste se remite a la Asamblea Nacional para que ésta tome la decisión política de declarar formalmente la falta absoluta.

M. R.: —Debe ser imparcial y altamente calificada.

Nicolás Maduro

El vicepresidente ejecutivo afirmó el 12 de diciembre que el permiso otorgado por la Asamblea Nacional al presidente Hugo Chávez para operarse en Cuba puede extenderse.

"Si ese permiso se tuviera que extender después del 10 de enero, se activaría la Constitución y seguramente el Presidente se juramentaría ante el Tribunal Supremo de Justicia".

Diosdado Cabello

El presidente de la Asamblea Nacional reiteró el 28 de diciembre que el 10 de enero de 2013 no es una fecha determinante para resolver la ausencia de Hugo Chávez.

"La oposición anda como loca queriendo dar al pueblo la interpretación que ellos quieren del artículo 231, y seguro van a decir, como lo hicieron el 11 de abril, que habrá vacío de poder".

Luisa Estella Morales

La presidenta del Tribunal Supremo de Justicia dijo el 20 de diciembre que la novedad es que se trata de un presidente reelecto que va a iniciar una nueva gestión.

"No existe ninguna duda constitucional que atender pues el Presidente ha cumplido con solicitar un permiso a la Asamblea Nacional para ausentarse del país por más de cinco días"

6. OPINIÓN SOBRE LA FALTA DEL PRESIDENTE ELECTO EN LA FECHA DE LA TOMA DE POSESIÓN

Todo mandato representativo es temporal

En las democracias, el poder se obtiene por mandato de la voluntad popular para ser ejercido por un tiempo determinado (nunca indefinido, lo que supondría el traspaso o enajenación de aquella voluntad, acción inadmisible). Esa es la regla fundamental (la del *"mandato representativo"*), la que establece la diferencia con los sistemas de la antigüedad, del feudalismo o del *ancien régime* y de sus formas sobrevivientes (ya sean monocracias u oligarquías): "ningún individuo ni ninguna corporación pueden ser revestidos de autoridad alguna que no emane directamente de la Nación" (*Declaración de los Derechos del Hombre y del Ciudadano*, de 1789). Ahora bien, para que el mandato sea real y actual (o efectivamente democrático), la voluntad popular ha de expresarse periódicamente (cada cierto tiempo), lo que supone la posibilidad de cambio o renovación (o sea, de alternabilidad). En efecto, ninguna manifestación de esa voluntad puede tener efectos indefinidos en el tiempo: "Es absurdo que la voluntad se encadene para el futuro" (J. J. Rousseau, *Contrato Social*).

La *Constitución de la República Bolivariana de Venezuela* (CRBV) acoge esos principios: La soberanía reside intransferiblemente en el pueblo, quien la ejerce directamente en la forma prevista en esta Constitución y en la ley, *e indirectamente, mediante el sufragio, por los órganos que ejercen el Poder Público* (art. 5); y: El gobierno de la República Bolivariana de Venezuela y de las entidades políticas que la componen es y será siempre *democrático*, participativo, *electivo*, descentralizado, *alternativo*, responsable, pluralista y de *mandatos revocables* (art. 6).

De acuerdo con tales principios, la CRBV establece la elección popular y directa de los gobernantes (Presidente de la República, Gobernadores de Estado, Alcaldes de Municipio, así como la de los miembros de los cuerpos legislativos) para un determinado período (que es variable, según el caso), con la posibilidad de que puedan ser reelectos o de que sus mandatos pueda ser revocados. Establece, igualmente, la forma de suplir las faltas temporales y absolutas de los gobernantes, en un todo de acuerdo con los principios democráticos arriba citados.

Acefalía del Poder Ejecutivo de la República

Se denomina acefalía (del griego: *a, falta* y *cephalos, cabeza*) la situación jurídica que produce la falta de titular en el cargo más elevado (jerarca) de una rama del poder o de una corporación. Y en el caso concreto del Poder Ejecutivo, la falta del Presidente de la República. La CRBV regula esa situación (como lo hacen la constitución o las leyes en otros países), aunque las normas vigentes son menos claras que las de la constitución anterior (1961). No deja de ser extraño, porque Venezuela ha vivido, "de iure", varias veces tal situación (además de las que han tenido lugar como consecuencia de revoluciones o golpes de estado).

La acefalía puede ser temporal o absoluta:

1º Es temporal cuando la falta tiene carácter *transitorio*. La misma se produce por cualquier circunstancia (voluntaria o involuntaria) que impida al jerarca ejercer sus funciones. La CRBV establece que la falta temporal del Presidente de la República puede prolongarse "hasta por noventa días (consecutivos), prorrogables por decisión de la Asamblea Nacional por noventa días más" (art. 234). Corresponde al Vicepresidente Ejecutivo suplir las faltas temporales del Presidente.

La ausencia del territorio nacional no se considera falta temporal, aunque "requiere autorización de la Asamblea Nacional o de la Comisión Delegada, cuando se prolongue por un lapso superior a cinco días consecutivos". Hoy en día, debido al avance en las comunicaciones, el Presidente puede siempre estar en contacto con los órganos del gobierno en el país y sus funciones pueden ser ejercidas en la capital de la República por delegación por el Vicepresidente Ejecutivo (ord. 9 del art. 239). La Constitución no fija un límite máximo a la ausencia del territorio, pero es evidente que no puede prolongarse en forma indefinida. En todo caso, la Asamblea Nacional puede fijarlo: no debiera exceder (si se aplica por analogía el de la falta temporal) de noventa días.

2º Es absoluta cuando la falta es *definitiva*. La CRBV (art. 233) señala en forma taxativa las causas que la provocan:

2.1. La muerte,

2.2. la incapacidad física o mental permanente certificada por una junta médica designada por el Tribunal Supremo de Justicia y con aprobación de la Asamblea Nacional,

2.3. la renuncia,

2.4. el abandono del cargo, declarado como tal por la Asamblea Nacional,

2.5. la destitución decretada por sentencia del Tribunal Supremo de Justicia,

2.6. la revocación popular de su mandato y

2.7. la falta temporal que se prolongue más allá de los límites establecidos por el art. 234.

La CRBV establece (art. 233) el modo de suplir la falta absoluta del Presidente:

–si se produce durante los primeros cuatro años del período constitucional, se procederá a una nueva elección dentro de los treinta días consecutivos siguientes. Mientras se elige y toma posesión el nuevo Presidente (lo que debe ocurrir de inmediato) se encargará el Vicepresidente Ejecutivo. Aclara el mismo texto que el elegido completará el período constitucional correspondiente.

–si se produce durante los últimos dos años del período constitucional, el Vicepresidente Ejecutivo asumirá la Presidencia hasta completar el período en curso.

7. A LA OPINIÓN PÚBLICA NACIONAL E INTERNACIONAL

En Venezuela estamos viviendo, desde hace ya más de veinte días, una situación político–institucional totalmente anómala. El presidente Hugo Chávez fue operado el pasado 11 de diciembre, en La Habana, por cuarta vez, y los venezolanos seguimos privados de información oportuna y precisa de carácter médico sobre la naturaleza de tal operación, su evolución clínica, complicaciones surgidas y pronósticos. Tan sólo sabemos que el presidente de la República sufre de cáncer.

Es normal en cualquier país que cuando un Jefe de Estado o de Gobierno enferma, una junta médica suministre tantos partes médicos como sea necesario, para informar debidamente a la ciudadanía así como a los otros actores internacionales que se interrelacionan con ese país. En el nuestro, lamentablemente, no ha ocurrido así.

En vista de que nos acercamos inexorablemente al 10 de enero, fecha en la que de conformidad con el artículo 231 de nuestra Constitución, el presidente electo en los comicios presidenciales del pasado 07 de octubre de 2.012 debe tomar posesión de su cargo, se hace apremiante "poder disponer de una información médica, profesional, autorizada, confiable e independiente, mediante un informe cuidadoso, detallado y certificado del estado de salud del Presidente, elaborado por una junta médica constituida por médicos venezolanos", tal como fuera solicitado por un grupo de eminentes y reconocidos médicos venezolanos.

A nuestro juicio, la ocultación de la verdad es fuente de sospechas, rumores infundados y desconcierto, ocasiona daños más graves que los que se pretende evitar y constituye una violación intolerable al derecho de los venezolanos a estar debidamente informados.

En las actuales circunstancias de incertidumbre es imperativo actuar apegados a lo establecido en la Constitución, y así preservar la gobernabilidad del país. Estamos seguros que la comunidad internacional, en particular los países de nuestra propia región, no avalarían nunca una violación a nuestra Constitución y la rechazarían de manera enfática, activando inmediatamente los mecanismos en defensa de la democracia, previstos en la OEA, MERCO-SUR, UNASUR y CELAC.

Caracas, 01 de enero de 2013.

Abraham Clavero	Hernán Castillo
Adolfo Raúl Taylhardat	José Gregorio Correa
Adolfo Salgueiro	Juan Francisco Contreras
Alfredo Zuloaga	Lilia Irady
Beatriz de Majo	Lisán Strédel
Beatriz Gerbasi	María Teresa Belandría
Carlos Romero	María Teresa Romero
Edmundo González U.	Maribel Calvani
Emilio Figueredo Planchart	Mariela Mancini
Emilio Nouel	Maruja Tarre
Erik Becker	Mary Ponte
Félix Arellano	Moisés Hernández
Fernando Gerbasi	Norman Monagas
Fernando Ochoa Antich	Oscar Hernández
Francisco Marcano	Rodrigo Arcaya
Gloria Rivero	Sadio Garavini
Guillermina Da Silva	Tony De Viveiro

8. MANIFIESTO DEL FRENTE INSTITUCIONAL MILITAR A LA FUERZA ARMADA NACIONAL

Compañeros de armas:

Nuestro país enfrenta una de las más delicadas crisis políticas de nuestra historia. La grave enfermedad que aqueja al presidente de la República y la forma indebida como ha venido siendo enfrentada por los poderes públicos mantiene a nuestro pueblo en un estado de incertidumbre que influye negativamente en todas las actividades de la Nación y en la tranquilidad ciudadana. Esta crisis política se amplía peligrosamente al ser Hugo Chávez el presidente electo de la República y tener que juramentarse para ejercer sus nuevas funciones, el 10 de enero de 2013, por finalizar el anterior período presidencial. Los venezolanos aspiran que esta compleja situación nacional se resuelva en paz y con total apego a la Constitución Nacional.

La Fuerza Armada conoce perfectamente que el único responsable de la actual situación que vive nuestro país es el propio Hugo Chávez, que engañó a nuestro pueblo al decir que se encontraba en perfecto estado de salud, cuando conocía que su enfermedad le impediría ejercer las exigentes funciones de presidente de la República. Es imposible dejar de señalar que esa responsabilidad se amplía al haber violado, en el año 2008, la Constitución Nacional para imponer la reelección indefinida, irrespetando el principio constitucional de la alternancia republicana. No se puede olvidar que los resultados electorales del 7 de octubre de 2012 se vieron favorecidos indebidamente por el abuso de poder y un descarado ventajismo que los ilegitima totalmente.

Esta situación política se hace aún más complicada y difícil de resolver por la inaceptable intervención del régimen cubano en nuestros asuntos internos. No es sólo la ilícita presencia de funcionarios de dicho gobierno en el ejercicio de altos cargos en el Estado venezolano, sino el rumor, no desmentido por el gobierno nacional, de la existencia de unidades militares cubanas en nuestro territorio. La opinión pública ha venido señalando que la escogencia de Nicolás Maduro como posible candidato del PSUV se realizó por presiones personales de los hermanos Castro sobre Hugo Chávez que buscan garantizar, de esa manera, el apoyo económico a la revolución cubana y su injerencia en la toma de decisiones políticas que son de exclusiva responsabilidad soberana de los venezolanos. Los elogios y hurras a la figura de Fidel Castro realizados públicamente por Nicolás Maduro ratifican ese criterio.

La Fuerza Armada siempre ha enfrentado con acierto los grandes retos históricos que se le ha presentado al interpretar cabalmente el sentimiento nacional. La grave crisis política que vive Venezuela exige que la Institución Armada mantenga un necesario equilibrio entre todos los grupos sociales y políticos para poder ser factor de unidad de nuestro pueblo. Los venezolanos viven tiempos de gran incertidumbre y angustia. Dolorosamente, las declaraciones de algunos integrantes del Alto Mando Militar, violatorias del contenido del artículo 328 de la Constitución Nacional, han debilitado su credibilidad y autoridad moral limitando su capacidad para poder influir en la solución de la compleja situación nacional.

La Fuerza Armada debe entender que nuestro pueblo aspira a que el 10 de enero de 2013 se cumpla cabalmente con el artículo 231 de la Constitución Nacional que establece la obligación del presidente electo de juramentarse ese día ante la Asamblea Nacional. En caso de no ocurrir, debido al grave estado de salud del teniente coronel Hugo Chávez, se requiere cumplir en su totalidad con el contenido del artículo 233 de la Constitución Nacional que regula las faltas absolutas del presidente de la República y permite designar una Junta Médica por el Tribunal Supremo de Justicia para determinar si se encuentra en capacidad física y mental para ejercer las funciones de presidente de la República. Mientras la Junta Médica da su diagnóstico debe encargarse del poder Ejecutivo el presidente de la Asamblea Nacional.

El Frente Institucional Militar, ante la compleja situación nacional, exhorta a nuestros compañeros de armas a cumplir cabalmente sus deberes militares y respetar plenamente la Constitución Nacional. Así recibirán el reconocimiento de todos los sectores nacionales sin distingos de ideología política y cada uno de ustedes tendrá su consciencia tranquila ante la certeza de que cumplieron sus obligaciones con Venezuela y la Fuerza Armada Nacional.

Caracas, 3 de enero de 2013

Firman:

General de División (Av) Manuel Andara Clavier

Capitán de Navío Pedro Rafael Betancourt

General de Brigada Miguel (GN) Aparicio Ramírez

Capitán de Navío Gonzalo Merino Valeri

Coronel (Ej) Otoniel Arellano Pérez

Coronel (Av) Ángel Rodríguez Campos

General de División (GN) Felipe Arrieta Ávila

Teniente Coronel (GN) Edgar Rodríguez Vicentelli

General de División (GN) José Barrios Dulcey

Contralmirante Elías Buchszer Cabriles

Coronel (Ej) Rubén Darío Bustillos Rávago

Capitán (GN) José Carrero Marquina

Coronel (GN) Manuel Codecido Núñez

General de Brigada (GN) Antonio Contreras Escalante

Coronel (GN) Omar Dávila Flores

General de Brigada (Ej) Teodoro Díaz Zavala\

Coronela (GN) Dido Cabrera Bustillos

Coronel (Ej) Mario Fajardo Lobato

General de División (GN) Landis Ferreira Zambrano

General de Brigada (Ej) Juan Ferrer Barazarte

Coronel Campo (Av) Elías Flores Serpa

General de Brigada (GN) Simón Figuera Pérez

General de Brigada (Ej) Evelio Gilmond Báez

Mayor (Av) Luis Hartmann Ruiz

General de Brigada (Ej) Juan Antonio Herrera Betancourt

Vicealmirante Rafael Huizi Clavier

General de División (Av) Jesús Emilio Hung Abreu

Vicealmirante Julio Cesar Lanz Castellanos

General de División (Ej) Fernando Ochoa Antich

General de División (Ej) Rafael Montero Revette

General de Brigada (GN) Domingo Rojas García

Capitán de Navío Julio Sánchez Correa

Coronel (Ej) Luis Enrique Sucre

Coronel (Ej) Luis Sucre Párraga

General de Brigada (Ej) Cesar Ramos Álvarez

Vicealmirante Jesús Enrique Briceño García

General de Brigada (Av) Eduardo Caldera Gómez

General de Brigada (Av) Sánchez Toro

Coronel (Ej) Juan José Rendón

Capitán de Navío Eduardo Ovalles Campero

Teniente de Fragata Gerardo Maldonado Camera

Capitán de Navío Rubén Piña Saa

General de División (GN) Enrique Prieto Silva

General de Brigada (Av) Cristobal Rodríguez

Capitán de Navío Javier Sánchez Pereira

Capitán de Navío Carlos Lavado Mottola

Vicealmirante Andrés Brito Martínez

Contralmirante Cipriano Salazar Aquino

Coronel (Av) Pedro Soto

Teniente Coronel (Ej) César Augusto Becerra Lujan

Coronel (Ej) Ángel Serrano

Coronel (Ej) Carlos Barito Grana

General de Brigada (Ej) Gregorio Andrade Andrade

Coronel (GN) Luis Lara Santamaría

Teniente Coronel (Ej) Jesús López Planchart

Teniente de Fragata Pedro Armas Barrios

Contralmirante Cesar Manzano Zavala

Coronel (Ej) Alexander Mazniak

General de Brigada (Ej) Rubén Medina Sánchez

General de División (Ej) Andrés Medina Torcat

General de División (Av) Raúl Morales

Vicealmirante Antonio Pérez Criollo

Teniente Coronel (Av) Jesús Luna González

Coronel (Av) Gerardo Ponce Arriechi

Coronel (Av) José Malave García

Coronel (Av) José Rodríguez Aponte

Teniente Coronel (Ej) Jesús Rojas Díaz

Coronel (GN) Hidalgo Valero

Coronel (GN) Luis Morales Parada

General de División (GN) Marco Pacheco Melgarejo

General de División (Ej) Vicente Narváez Churion

Continúan otras firmas en depósito

9. ENTREVISTA AL VICEPRESIDENTE EJECUTIVO DE LA REPÚBLICA BOLIVARIANA DE VENEZUELA, NICOLÁS MADURO

Viernes, 4 de enero de 2013

Ministro del Poder Popular para la Comunicación y la Información, Ernesto Villegas: Muy buenas noches, amigas y amigos de toda la República Bolivariana de Venezuela. Muchísimas gracias por acompañarnos en esta entrevista especial con el vicepresidente ejecutivo de la República, Nicolás Maduro Moros. Gracias, Vicepresidente, por recibirnos.

Vicepresidente ejecutivo de la República Bolivariana de Venezuela, Nicolás Maduro: Bueno, aquí estamos siempre a la orden y listos para los temas fundamentales de lo que es el debate nacional.

Ministro del Poder Popular para la Comunicación y la Información, Ernesto Villegas: Bueno, y tema fundamental es uno que tiene al mundo entero a la expectativa: la salud del comandante Hugo Chávez. Que ha cobrado, pues, una importancia histórica en este tiempo que le ha correspondido actuar en la política, tanto nacional como internacional, y el mundo entero, como decía, tiene los ojos puestos sobre Venezuela, sobre el comandante Chávez. En este espacio pretendemos abordar el tema de la salud del comandante Chávez y las implicaciones políticas de la situación por la cual está atravesando en este momento. El día de mañana se ha de instalar la Asamblea Nacional, el Poder Legislativo, y hay expectativa, hay polémica respecto de cuál es la ruta institucional que ha de seguir la República Bolivariana de Venezuela, las instituciones, en este contexto con el comandante Chávez recuperando su salud allá en la isla de Cuba, tras esta operación realizada el 11 de diciembre. Quisiera su introducción respecto a este tema.

Vicepresidente ejecutivo de la República, Nicolás Maduro: La ruta de nuestra Patria fue fijada por nuestro pueblo en la Constitución del año 99, y podemos decir que esta Constitución se ha venido cumpliendo de manera impecable, y ha servido para echar las bases económicas, sociales, políticas, culturales, éticas de la Patria nueva que estamos construyendo. En todos los sentidos. Ha servido también para enfrentar golpes de Estado, disiparlos, derrotarlos, para enfrentar conspiraciones. Pero sobre todo, en estos tiempos de interpretaciones e interpretadores, el espíritu de esta Constitución, que está vivo, del constituyente originario, que es el pueblo venezolano, tiene su máximo defensor en el propio pueblo. Le toca al pueblo, como nunca antes en nuestra historia, conocer a profundidad esta Constitución, aplicarla y defenderla, defenderla con argumentos, con ideas, con razones; defenderla con verdad y defenderla con la fuerza en la calle, como está nuestro pueblo permanentemente. Así que en las últimas horas se han profundizado las interpretaciones de los interpretadores, que ellos mismos no saben interpretar; de una derecha que cree que le llegó su hora, ¿no? Siempre ha pasado así en determinadas coyunturas. Ellos están cerca de la hora loca nuevamente, de tirar toda una ofensiva (nacional e internacional) contra el pueblo venezolano, contra nuestra República, y tratar de enrarecer las aguas. Pretenden ellos enrarecer las aguas. Pretenden enrarecer el clima de desarrollo que el país tiene, y aprovechar las circunstancias de la situación de salud, de la batalla por la salud y la vida que está dando nuestro comandante presidente Hugo Chávez, acompañado por el espíritu noble, de la oración noble de la amplia mayoría de nuestro pueblo, y de millones en el mundo. Pretenden utilizar esas circunstancias para dar interpretaciones sencillamente que están muy cercanas a sus aspiraciones políticas de desestabilizar el país, de meterse por cualquier rendija, de impulsar procesos para revertir y destruir la Revolución Bolivariana, de sacar del poder político al presidente Chávez, que no han podido ni por golpe ni por elecciones. Pero muy alejadas del espíritu vivo de esta Constitución, escrita de puño y letra por el pueblo venezolano. Y defendido en todas las circunstancias por el pueblo venezolano.

Ministro del Poder Popular para la Comunicación y la Información, Ernesto Villegas: Ahora, entre los adversarios del Gobierno, en la llamada Mesa de la Unidad Democrática, hay posiciones heterogéneas ¿no?, hay una que expresó el contendor del presidente Chávez para las elecciones del 7 de octubre, el candidato perdedor Capriles Radonski, quien dijo: "No, si el Presidente no toma posesión el 10 de enero no pierde la condición de Presidente electo, podría entonces permanecer a la espera y se activaría allí la llamada falta temporal...". Sin embargo, el vocero de la Mesa de la Unidad Democrática, el señor Ramón Guillermo Aveledo, sostiene que el Presidente tiene que tomar posesión el 10 de enero, y si no lo hace el 10 de enero asumiría su cargo el presidente de la Asamblea Nacional, asumiría como encargado de la Presidencia de la República.

Vicepresidente ejecutivo de la República, Nicolás Maduro: Bueno, yo te diría lo siguiente, Ernesto, hay que ir al texto primario fundamental. Aquí está la Constitución, y nosotros tenemos a millones de hombres y mujeres aquí en Venezuela que tienen su Constitución en su hogar, en su centro de trabajo, en su bolsillo, en la calle. Y, bueno, la Constitución habla por sí sola. Apelemos a la Constitución, dejemos de veinte teorías que justifiquen veinte posiciones políticas. En el caso de la derecha venezolana, por lo menos hay dos posiciones, pudiéramos calificarla en este momento, las posiciones se mueven entre la ignorancia y la maldad. Cuando tú escuchas al señor Aveledo, jefe político de la oposición, de la derecha venezolana, hablar, declarar, ha declarado no sé cuántas veces, entre ayer y hoy ¿no?, es la estrella del momento en la derecha venezolana, como jefe político que es de la derecha. Él esgrime, hablado y por escrito, porque por aquí nosotros traemos una carta que él está entregando, una tesis de "golpe acelerado", de "golpe rápido". No se puede interpretar de otra forma, o calificar, más que interpretar. Y el candidato derrotado, el señor Capriles, ha venido esgrimiendo, desde el exterior, donde se ha encontrado en las últimas horas, como sabe la mayoría de los venezolanos, él salió para el exterior, ha destino desconocido, en un avión de siglas estadounidenses, él ha venido esgrimiendo una tesis de "golpe lento", de "golpe espaciado". Pero también moviéndose entre la ignorancia, la maldad, que da como resultado la manipulación. El señor Aveledo está dirigiendo esta carta, ahora no la va negar, aquí está su firma, a todos los embajadores y embajadoras que tienen su residencia, representan a sus gobiernos en Venezuela, nosotros tenemos varias copias, nos han llamado varios embajadores, varias embajadoras, y nos han entregado esta carta, realmente llena de muy mala intención, porque pone a correr internacionalmente una especie absolutamente falsa de lo que es el desarrollo de la Constitución y de lo que van a ser el desarrollo de los acontecimientos y eventos políticos en los próximos días. Dice el señor Aveledo de manera malintencionada, manipulando el texto constitucional, en una comunicación oficial de él como jefe político de la oposición, y además les consigna un documento especial, le dice a los embajadores, les envía a los embajadores que representan a sus gobiernos en nuestro país lo siguiente, en el cuarto párrafo dice: "Y en caso de que el presidente electo –refiriéndose al 10 de enero– no pueda acudir para la juramentación, por razones relacionadas con su enfermedad, debe encargarse temporalmente de la Presidencia de la República el presidente de la Asamblea Nacional, a quien corresponde constitucionalmente. Proceder de otra manera implica una lectura torcida de la norma constitucional. Dadas las implicaciones y trascendencias que asignamos a este tema, nos permitimos enviarle texto completo de estas declaraciones...". Y aquí él se expande en argumentaciones, que entendemos es la posición de todos los partidos de la oposición, porque lo firma con el logotipo de la MUD. Entonces vayamos al texto original. Lo que dice el señor Aveledo aquí por escrito, y lo que ha venido esgrimiendo en sus intervenciones públicas es falso, absolutamente falso, y yo invito a todos los venezolanos a sacar su Constitución, esta Constitución Bolivariana, promovida por el presidente Chávez en la Asamblea Nacional Constituyente, gloriosa Asamblea Nacional Constituyente del año 99, primera Constitución hecha en el debate público con el pueblo, y primera Constitución aprobada –¡en la historia de nuestro país!– por un referendo, después de un gran debate público. Esta hermosa Constitución, que es uno de los grandes logros de la Revolución Bolivariana, liderada por nuestro Comandante Presidente, dice entonces lo siguiente, y es importante, porque entonces vamos a dejar de estar por las ramas de los interpretadores que tratan de buscar darle la vuelta para sus intereses políticos. Aveledo pretende aquí que nosotros, en este caso nuestro querido compañero Diosdado Cabello y la Asamblea Nacional, le dé un golpe deEstado al presidente Chávez. Eso es lo que está llamando, además en una carta oficial a gobiernos del mundo, el señor Aveledo, jefe político de la oposición. ¿Qué está sucediendo en este momento? ¿En este momento qué está cursando? Yo llamo a los venezolanos que busquemos el artículo 235. El Presidente de la República solicitó, de manera responsable, como lo dice la Constitución, en días pasados un permiso, de acuerdo al artículo 235. El artículo 235 dice lo siguiente:

> *La ausencia del territorio nacional por parte del Presidente o Presidenta de la República requiere autorización de la Asamblea Nacional o de la Comisión Delegada, cuando se prolongue por un lapso superior a cinco días consecutivos.*

¿Qué hizo el Presidente? Bueno, le habló al país el 8 de diciembre y consignó un documento, como lo ha hecho en otras oportunidades ante la Asamblea Nacional, y la Asamblea Nacional por unanimidad, o sea también con los votos de los partidos de la oposición, aprobó por unanimidad que el Presidente fuera permisado constitucionalmente para atender asuntos relacionados con su salud, para ir a operarse en La Habana, donde tiene su tratamiento médico, desde que se detectó esta enfermedad, por el 235 de la Constitución. O sea, que el Presidente en este momento es Presidente en funciones, tiene su Gobierno constituido, aquí está el Vicepresidente ejecutivo, los ministros, ministras, trabajando con el pueblo todos los días, y él está con un permiso constitucional. Bueno, en este momento el Presidente está en el desarrollo de ese permiso constitucional. Ahora, qué dice el artículo 233. El artículo 233, como lo podemos leer colectivamente, porque estoy seguro que miles de venezolanos tienen la Constitución en su mano, es expreso, directo, es el único artículo de la Constitución que establece los elementos componentes de las faltas absolutas. Y establece las modalidades de acción para las faltas absolutas. Este artículo fue muy discutido, cuando la carta falsa de renuncia que la oposición, la derecha venezolana, le inventó al comandante Chávez cuando lo secuestró el 11, 12 y 13 de abril ¿no? Que supuestamente una carta que fue leída en una televisora por un famoso animador–periodista, que ahora no vive en el país, seguramente nos está viendo desde Miami, y que leyó. "Tenemos nuevo Presidente...", todo el mundo recuerda eso, una carta falsa. Y este artículo se discutió mucho en ese momento. Luego salió la carta, de puño y letra, con la rabo 'e cochino, desde su lugar de secuestro, donde el Presidente dice: "no he renunciado ni renunciaré". Y, bueno, vino todo el proceso histórico que vivimos en aquellos gloriosos días de lucha revolucionaria del abril, de la Revolución de abril del año 2002.El artículo 233 dice:

> *Serán faltas absolutas del Presidente: su muerte, su renuncia o su destitución decretada por sentencia del Tribunal Supremo de Justicia, su incapacidad física o mental permanentemente certificada por una junta médica designada por el Tribunal Supremo de Justicia y con aprobación*

de la Asamblea Nacional, el abandono del cargo, declarado como tal por la Asamblea Nacional, así como la revocación popular de su mandato.

Son todas las causas. Tan sólo establecidas en el artículo 233. Y entonces establece los mecanismos de acción:

Cuando se produzca la falta absoluta del Presidente o Presidenta electa, antes de tomar posesión, se procederá a una nueva elección universal, directa y secreta dentro de los treinta días consecutivos siguientes. Mientras se elige y toma posesión el nuevo Presidente o Presidenta, se encargará de la Presidencia de la República el Presidente o Presidenta de la Asamblea Nacional.

O sea, cuando se establece la falta absoluta por alguna de estas causas, no es el caso del Presidente de la República.

Ministro del Poder Popular para la Comunicación y la Información, Ernesto Villegas: Hay una que eventualmente podría ser enarbolada por los factores de la oposición venezolana, que es la que dice: "su incapacidad física o mental permanente, certificada por una junta médica designada por el Tribunal Supremo de Justicia y con aprobación de la Asamblea Nacional". Esta eventualmente ellos podrían enarbolarla y promover que vaya una junta médica que determine cuál es el estado de salud del comandante Chávez.

Vicepresidente ejecutivo de la República, Nicolás Maduro: Sí, pero si nos vamos... Si tocamos piso a la realidad de hoy, 4 de enero, y a la batalla que está dando el comandante Chávez y al funcionamiento de las instituciones venezolanas, sencillamente ninguna de estas causales puede ser enarbolada por la oposición venezolana, porque ellos están trastocando la Constitución, el 233 es el que establece lo que, y ahora lo vamos a ver cuando lo comparemos con el 231, el que establece las causales para declarar la falta absoluta, los mecanismos para declararla, pero además después establece, en los períodos en que se cause la falta absoluta las formas de acción. En el caso de que la causa absoluta sea antes de la toma de posesión es que establece. Entonces ellos parten del hecho de que el 10 de enero, si no se hace la juramentación, de acuerdo al 231 va haber una falta absoluta. Lo cual es absolutamente falso, sólo habría falta absoluta en el caso de que se establezca uno de estos elementos establecidos en el primer párrafo del artículo 233. Y sólo en ese caso asumiría el que presida, la persona que presida, el diputado o diputada que presida la Asamblea Nacional.

Ministro del Poder Popular para la Comunicación y la Información, Ernesto Villegas: O sea que ninguno de los supuestos del artículo 233 tiene viabilidad en este momento para activar la falta absoluta.

Vicepresidente ejecutivo de la República, Nicolás Maduro: Es correcto. En todo caso tendríamos que ir al artículo 231, que es el artículo que sustenta constitucionalmente el acto que está fijado para el 10 de enero.

Ministro del Poder Popular para la Comunicación y la Información, Ernesto Villegas: Perdón, disculpe que devuelva yo al 233, porque sé que esto genera polémica, para leer ésta que tiene que ver eventualmente con la enfermedad del Presidente, que como usted ha dicho está en una batalla por su salud y el mundo entero es testigo de esa batalla. Pero fíjese, habla es de la incapacidad física o mental permanente, se utiliza la palabra permanente, que debe, además de ser permanente, certificada por una junta médica designada por el Tribunal Supremo de Justicia. Pero el constituyente no se queda allí, sino que dice que debe ser además aprobada por la Asamblea Nacional.

Vicepresidente ejecutivo de la República, Nicolás Maduro: Correcto. Hay un conjunto de causales y mecanismos para certificar que hay una falta absoluta y luego la Constitución, el constituyente estableció que se haría en cada momento en que pudiera presentarse, en el caso de que una falta absoluta se presente antes de la toma de posesión hay una forma de actuar; en el caso de que se presente antes de que se cumplan los 4 años del ejercicio presidencial hay otra forma de actuar, también se llama a que se convoque a un proceso eleccionario 30 días consecutivos inmediatos y se llama, se le entrega la conducción del Poder Ejecutivo a quien encabece la Asamblea Nacional. Y en el caso de que se produzca esta falta absoluta en los últimos 2 años del mandato presidencial establece que el Vicepresidente o Vicepresidenta ejecutiva que esté en funciones termina los dos años finales del período de seis años, establecido por nuestra Constitución para el cargo de Presidente o Presidenta de la República. Ahora, nosotros estamos en este momento precisamente para que todos los venezolanos puedan hacer sus propias interpretaciones, además puedan recoger de manera directa en la fuente original, que es la Constitución, el espíritu de nuestra Constitución y los mandatos y normas que aquí se establecen, el artículo 231 dice:

> *El candidato elegido o candidata elegida tomará posesión del cargo de Presidente o Presidenta de la República el diez de enero del primer año de su período constitucional, mediante juramento ante la Asamblea Nacional. Si por cualquier motivo sobrevenido el Presidente o Presidenta de la República no pudiese tomar posesión ante la Asamblea Nacional, lo hará ante el Tribunal Supremo de Justicia.*

Que es la situación que ha venido discutiéndose y que está presente en este momento en Venezuela. Si por cualquier motivo, en este caso sobrevenido el Presidente de la República no esté allí, Presidente reelecto para sus propias funciones como Jefe de Estado y de Gobierno, no esté presente en la Asamblea Nacional, por cualquiera de estos motivos sobrevenidos, en este caso el tratamiento médico del Presidente de la República, establece el 231 que podrá tomar posesión o juramento ante el Tribunal Supremo de Justicia. Abre una flexibilidad dinámica que pueda precisamente respetar el elemento fundamental que establece nuestra Constitución. ¿Y cuál es ese elemento fundamental? Que el Presidente de la República ha sido reelecto por voluntad de la mayoría nacional en un evento electoral absolutamente transparente y legítimo. Es el elemento fundamental, el Presidente de la República es Presidente reelecto y la Constitución establece que en todo caso, como formalismo, debe presentar su juramento ante la Asamblea Nacional el 10 de enero, pero ya el 10 de enero comienza el nuevo período constitucional y él continúa en sus funciones y se establecerá, de acuerdo como establece la Constitución, se establecerá el momento que pueda prestar juramento ante al Tribunal Supremo de Justicia.

Ministro del Poder Popular para la Comunicación y la Información, Ernesto Villegas: Si el Presidente no se presentase el 10 de enero, de acuerdo con el artículo 231, ante la Asamblea para tomar juramento, igual su período constitucional comienza en ese momento. ¿No hay una extensión del período constitucional?

Vicepresidente ejecutivo de la República, Nicolás Maduro: Bueno, en ese momento en todo caso la interpretación que ha venido dándose sobre este evento es que precisamente el período constitucional 2013–2019 arranca el 10 de enero, en el caso del presidente Chávez es un Presidente reelecto, continúa en sus funciones y el formalismo de su juramentación podrá resolverse ante el Tribunal Supremo de Justicia en el momento en que así lo estime el Tribunal Supremo de Justicia, en coordinación con el Presidente, el Jefe del Estado, el comandante Hugo Chávez. Por eso es que las interpretaciones que intentan tomar desde la derecha el señor Aveledo, jefe político de la oposición o el señor Capriles Radonski, candidato perdedor de las elecciones presidenciales del 7 de octubre las dos están absolutamente traídas por los cabellos, no tienen nada que ver ni con el artículo 235, que establece la forma de establecer los permisos para el caso del Presidente de la República para su ausencia del territorio nacional, para en este caso un caso especial de salud; ni el 231, que establece lo que esa la fecha del 10 de enero para su juramentación y establece los mecanismos para cuando haya hechos sobrevenidos, en el caso del Presidente de la República, por su tratamiento médico, o sea que la Constitución en esto es muy clara, quien quiera interpretar que el 10 de enero se produce una falta absoluta, como hace malintencionadamente el señor Aveledo en este carta que reparte ante los gobiernos del mundo malponiendo a nuestro país en una actitud verdaderamente que deja mucho qué desear de gente que hace política y que pretende asumir el liderazgo y la jefatura de un sector político en Venezuela, como es la oposición, como es la derecha venezolana, en este caso el señor Aveledo, que se ha asumido como jefe y líder de la oposición venezolana. Donde él establece los mecanismos de la falta absoluta, que son los únicos que derivan en la asunción de la jefatura del Estado para el presidente o presidenta de la Asamblea Nacional, de acuerdo al artículo 233.

Ministro del Poder Popular para la Comunicación y la Información, Ernesto Villegas: Usted sostiene, Vicepresidente, que si eso se hiciera así constituiría un golpe de Estado contra el presidente Chávez, que fue electo el 7 de octubre para este período constitucional.

Vicepresidente ejecutivo de la República, Nicolás Maduro: Correcto, absolutamente.

Ministro del Poder Popular para la Comunicación y la Información, Ernesto Villegas: Ahora, el propio Presidente el 8 de diciembre, antes de salir de viaje a Cuba para practicarse la operación del 11, fue el que habló de un escenario oye que todas las personas de bien deben considerar negado ¿no?, que es el que el Presidente eventualmente resultase inhabilitado de esa operación quirúrgica para asumir sus responsabilidades, y él traza una ruta, él dice: "en caso yo quiero que ustedes voten por Nicolás Maduro como próximo presidente de la República". ¿Él estaba pensando en cuál escenario? ¿Cuál es el escenario constitucional que haría que eso –que el Presidente prefiguró– pudiera activarse?

Vicepresidente ejecutivo de la República, Nicolás Maduro: Bueno, creo que el Presidente en eso fue bastante claro, ¿no? El Presidente, como siempre ha hecho, toma previsiones para cualquier situación, él tenía plena conciencia, como tiene plena conciencia ahora, tenía plena conciencia que se iba a someter a una intervención quirúrgica sumamente compleja, difícil, y por toda la información que él llegó a manejar, previo a su operación, sabía que podía haber escenarios, no deseados por nosotros, y que afortunadamente no se han presentado ¿no? Que digamos pudieran derivar en una ausencia absoluta ¿no? Sobre eso él dio algunas orientaciones, previendo los escenarios, sobre todo previendo que nosotros tenemos al frente a una oposición que está a la caza de situaciones complejas y difíciles, siempre para utilizarlas contra el país, es una oposición en lo fundamentalmente profundamente dependiente de los Estados Unidos, de las élites que gobiernan y dirigen el poder de los Estados Unidos, y que lamentablemente no tienen un proyecto nacional que se base en el respeto y el apego profundo a nuestra Constitución, a los valores democráticos profundos de Venezuela. Y el amor a la Patria, lamentablemente. El Presidente dio un conjunto de orientaciones, previendo un escenario que no se ha presentado. Y nosotros, desde nuestro corazón, con nuestro pueblo y con Dios, tenemos la seguridad que no se va a presentar. El presidente Hugo Chávez está dando una batalla, como todo el mundo sabe, y hemos informado. Bueno, tú mismo ayer sacaste la comunicación número 27, ayer estuvimos haciendo una evaluación de todas las formas de información que hemos tenido con el pueblo venezolano, y realmente se ha hecho un tremendo esfuerzo porque este pueblo que está allí trabajando, que está en la calle, esté bien informado de la verdad, en tiempo real; de la verdad verdadera. Y el presidente Chávez hoy está en una batalla compleja, importante. Y nosotros, con todo nuestro corazón, con toda nuestra energía, con nuestra oración, estamos poniendo toda nuestra fuerza por tenerlo, más temprano que tarde, en el momento que él lo determine con los médicos, en Venezuela. Respetando la voluntad popular. Porque el Presidente ha sido ratificado por 8 millones y medio de venezolanos, y es el Presidente de los venezolanos. Y si votamos por él, y las mayorías votaron por él en unas elecciones absolutamente pulcras, el Presidente tiene en esta Constitución todas las bases para que se respete su mandato, para que se respete su mandato. Y es lo que hemos dicho, y le decimos al pueblo venezolano. ¡Ya basta de irnos por las ramas! Vamos directo a la fuente, vamos al 231, al 233, al 235, y a todo el espíritu de la Constitución, completo. ¡Vamos a la Constitución! Vamos aprovechar este debate que hay para revitalizar nuestro conocimiento de la Constitución y la defensa en base al conocimiento profundo de esta Constitución. Por eso hemos querido que hiciéramos esta conversación, que la estábamos teniendo fuera de cámaras, y dijimos: "Bueno, y por qué no tenemos esta conversación así abiertamente, como la teníamos fuera de cámara...". Para que el pueblo venezolano se estimule al debate, sobre todo a horas que estamos de la instalación de la Asamblea Nacional para sus funciones de trabajo, su período de trabajo del año 2013, mañana 5 de enero vamos a estar acompañando a la Asamblea Nacional en la elección de la junta directiva, en el debate que tiene nuestro Poder Legislativo, hemos recibido la invitación del presidente de la Asamblea Nacional, el compañero Diosdado Cabello, para que todo el Gabinete Ejecutivo esté allí y el Alto Mando Militar. Vamos a estar allí y además va a estar el pueblo de Caracas también en la calle, con su Constitución en la mano, con nuestra bandera fundamental, esta bandera de Patria que nos ha dado el comandante Hugo Chávez. Allí defendiéndola con argumentos sencillos. Los enredos que la derecha tiene son sus enredos de siempre, sus enredos de siempre. Unos por el golpe rápido y otros por el golpe suave. El uno líder y jefe de la oposición (señor Aveledo), el otro candidato perdedor (señor Capriles), ahí están ellos con sus enredos. ¡Ellos con sus enredos! Eso sí, que no se pongan a inventar, que respeten esta Constitución. Nuestro pueblo lo que quiere es paz, tranquilidad, trabajo. Ayer estábamos con los trabajadores de Fama de América, y todos estos días vamos a estar en las fábricas, en los lugares de trabajo. Nuestro pueblo lo que quiere es un año 2013 de progreso económico, de crecimiento económico, de diversificación de la economía, de mejora de las condiciones de vida de todo nuestro pueblo; de la Gran Misión Vivienda. Nuestro pueblo lo que quiere es la ampliación de las grandes misiones y misiones sociales. En estos días vamos a lanzar, con más fuerza aún, uno de los planes fundamentales del presidente Chávez, que es la Gran Misión Saber y Trabajo, hay sorpresas bien importantes para el pueblo de Venezuela. Lo que el pueblo quiere es trabajar y que se respete su derecho a la paz, a la tranquilidad. Y se respete su decisión del 7 de octubre.

Ministro del Poder Popular para la Comunicación y la Información, Ernesto Villegas: Pero fíjese que ese pueblo ha estado bombardeado de mensajes disímiles, particularmente desde el exterior, que pintan escenarios fatales, terribles, respecto de la situación de salud del Presidente. Eso por supuesto ha tenido efecto en algunas capas de venezolanos que son absolutamente crédulos, permeables a eso que viene del exterior; pero también en algunas capas de gente que quiere tener confianza, que confía en el Gobierno Bolivariano, que confía en Chávez, pero que no son herméticos ante esos mensajes. Y se preguntan muchos de ellos: ¿cuál es la verdad?, ¿qué es lo que está pasando con el Presidente? Le preguntan a uno, como si uno manejara una información distinta a la que ha sido ventilada públicamente. También han acusado a los voceros del Gobierno Bolivariano (incluyéndonos) de incurrir en contradicciones. Porque el Presidente está en un reposo absoluto, en el curso de ese reposo usted hizo una alocución pública, una llamada telefónica el 24 de diciembre, cerca de la medianoche, para anunciarle al país con alegría que el Presidente le había llamado, que el Presidente había caminado, que había hecho algunos ejercicios, y luego se ha informado que el Presidente tiene una severa infección pulmonar, que tiene una insuficiencia respiratoria, y eso ha sido mostrado como evidencia de que hay unas contradicciones respecto de la salud del Presidente y que minan, de acuerdo con esos análisis de los adversarios del Gobierno, la credibilidad de lo que se le informa al pueblo. ¿Qué dice usted de eso, Vicepresidente?

Vicepresidente ejecutivo de la República, Nicolás Maduro: Bueno, yo pienso que nosotros hemos vivido día por día, hora por hora, colectivamente toda la verdad sobre la salud del Presidente, desde el primer segundo. Tú recuerdas que el 11 de diciembre sacamos un primer comunicado, a golpe del mediodía, ya para informar que se había iniciado los protocolos para la operación, luego sacamos otro comunicado, en medio de la operación, y luego bueno cuando terminó, culminó la operación, ustedes pueden entender que estábamos en medio de grandes tensiones ¿no?, y preocupaciones, todos y todas. Fuimos a Miraflores, y allí con todo el Gabinete Ejecutivo dimos lo que consideramos una muy buena noticia ¿no?, que había terminado la operación del presidente Chávez. Luego nos vinimos aquí a la Plaza Bolívar y compartimos con el pueblo una oración, con el padre Numa Molina, compartimos unas palabras también. Luego el 12 de diciembre recuerdo que recibimos al compañero Rafael Ramírez y Diosdado Cabello, que llegaron de La Habana, y bueno nos explicaron a detalle todo lo que fue la operación, y fuimos informándonos. Todos los temas del sangramiento delicado que tuvo durante la operación, lo duro y complejo que fue el cuadro de la operación. Luego pasaron los días y se estabilizaron todos sus signos vitales, se fueron estabilizando todos sus órganos, y fuimos informando momento por momento. Inclusive hubo días que coincidieron con la toma de posesión de nuestros gobernadores y gobernadoras en el país, que dábamos hasta tres informaciones por día, de acuerdo a como iban llegando desde La Habana. Allá está nuestro compañero Jorge Arreaza, ahora está nuestro compañero Adán Chávez; están las hijas del Presidente (Rosita, María, Huguito), y los nietos, y hemos tenido comunicación permanente. Cuando se presentó el problema de la infección pulmonar lo informamos de manera inmediata, y en cada circunstancia hemos ido informando. Recientemente estuvimos en La Habana, como ustedes saben lo saludamos, conversamos con él, hemos dicho que tiene la fuerza de siempre, porque la tiene, la tiene en su rostro, en su voz; la tiene en esa energía que él siempre tiene; pendiente de todos los asuntos. Inclusive en esos días, finales del mes de diciembre, él llamó a otros ministros, llamó al ministro Giordani y le pregunto, pelo a pelo, los números del cierre económico del año, que fue un buen cierre económico ¿no? Para que ustedes vean, el presidente Chávez el año 2012 enfrentó momentos críticos casi desde empezar el año hasta final, y estuvo bajo la conducción de la Patria allí, los programas económicos, los programas sociales, todo. Y, bueno, el 30 de diciembre informamos que habían circunstancias difíciles, todavía del postoperatorio. También informamos que ahí tenemos ese equipo médico abnegado. Realmente, nosotros tenemos que hacerle un reconocimiento en cada momento. Y se lo podemos decir, a nombre de todo nuestro pueblo, de toda la gente de buena voluntad, de toda la gente que tiene corazón de Patria verdaderamente, nosotros tenemos que agradecerle a cada médico, a cada médica, a cada enfermero, a cada técnico, a cada hombre y mujer del equipo de apoyo, qué clase de amor. No sólo es el conocimiento científico, que lo tienen, y del mejor del mundo; los equipos y la tecnología, que lo tienen, y lo mejor del mundo. Así como lo tiene nuestro pueblo en Carapita o en Valencia, en los CAT, en los CDI, ¿no? Sino el amor, la dedicación las 24 horas del día, la atención esmerada permanente. Eso no tiene precio en el mundo. Ese amor, esa dedicación, esa solidaridad, esa responsabilidad para atender al comandante Hugo Chávez. Y hemos informado, el día de ayer, que efectivamente ha habido una insuficiencia respiratoria que está siendo tratada, que está siendo tratada. Y nosotros estamos informando siempre con la verdad. Y nosotros llamamos a todo nuestro pueblo a tener la seguridad y la confianza de la verdad que se está transmitiendo y que se va a seguir transmitiendo. Los laboratorios de maldades, de guerras sucias, de guerras psicológicas sabemos de dónde vienen ¿no? Yo te puedo decir, ayer se denunció que se abrió una cuenta twitter falsa de la hija del presidente Chávez, debe saberlo toda Venezuela, y nuestros compañeros en el mundo. Pero también se abrieron estos cinco twitter falsos de Nicolás Maduro pues, míos supuestamente, yo no tengo cuenta en twitter y lo digo claramente, no tengo ninguna cuenta en twitter ni en facebook, no tengo cuenta ni en facebook ni en twitter y así están los laboratorios de guerra sucia porque saben que a los twitter de estos periodistas de la derecha, yo no me estoy refiriendo a todos los periodistas, nosotros respetamos a los periodistas de la patria, a todos los periodistas, inclusive periodistas de la oposición que hacen su trabajo de trabajar pues, de servir, a los periodistas de la revolución, a los periodistas que no están ni con la revolución ni con la oposición los respetamos, me estoy refiriendo y todo el mundo sabe a quién, quienes están en una guerra sucia permanente, irrespetando al comandante Hugo Chávez, irrespetando el dolor de un pueblo, irrespetando a la familia, a sus hijas, a sus hijos, a esos bandidos es que nos estamos refiriendo porque son unos bandidos, utilizan su cuenta twitter para mentir y hablan como si ellos estuvieran allí al lado diciendo cosas y viendo, mintiendo, mintiendo y mintiendo siempre. Aquí están abriendo, por qué es abriendo estas cuentas twitter, por qué las están abriendo, entre otras, ahorita hemos detectado esa, nos están abriendo para intentar en cualquier momento dar un golpe de opinión y los denunciamos, los denunciamos y nosotros vamos a mantener nuestra línea de información permanente con la verdad, desde nuestro corazón porque nosotros respetamos profundamente al comandante Hugo Chávez, lo queremos, nosotros amamos a este líder que tenemos, igual que todo nuestro pueblo y por ese respeto y ese amor y además por el respeto y el amor que le tenemos al pueblo de Venezuela nosotros vamos a seguir apegados a la verdad estricta de cada cosa, de cada paso y a la verdad de nuestro corazón y la verdad de nuestro corazón dice que nosotros vamos a tener al comandante Chávez recuperado, que vamos afrontar y vamos a superar todas estas dificultades y que vamos a salir con grandes lecciones de aprendizaje moral ético, político, humano de esta batalla que estamos dando entre la verdad y la mentira, entre la maldad de la derecha y la bondad y el corazón patriótico de la mayoría de los venezolanos.

Ministro del Poder Popular para la Comunicación y la Información, Ernesto Villegas: Fíjese que otro personaje de importancia política mundial como ha sido la señora Hillary Clinton ha estado confrontando problemas de salud, no se ha hecho la insistencia que ha sido presente aquí en Venezuela respecto de detalles de la patología que la afecta, dependiendo de dónde hubiese podido ocurrir ese coágulo pudiera tener unos efectos sobre la salud de la persona, esos detalles no se ventilan ni tampoco hay una exigencia sistemática de este tipo de detalles imagina uno que en respeto a la privacidad del paciente, los derechos que tienen los pacientes de además que haya un límite pues entre el conocimiento legítimo de la sociedad sobre personajes de interés público y este personaje como ser humano pues; en el caso de Chávez no se aplica la misma regla, al menos en Venezuela, internacionalmente hay una exigencia de detalles que muchas veces no se distingue entre los límites del interés público y el morbo, hay quienes legítimamente quieren saber la situación del Presidente, quienes legítimamente se angustian, quieren además tener una perspectiva para saber qué hacer en lo personal, en lo colectivo y otros que sencillamente se dejan llevar por el morbo de lo que viene apareciendo en el twitter, en otros medios que dan detalles escabrosos, cuestiones verdaderamente denigrantes, ¿cuál es el límite Vicepresidente entre lo que la gente tiene derecho a saber de los personajes públicos y lo que es necesario informar como asuntos de Estado y aquello que debe preservarse por la integridad del paciente, por la integridad del ser humano?

Vicepresidente ejecutivo de la República, Nicolás Maduro: El límite es lo humano, el respeto al ser humano y nosotros tenemos que exigir siempre y ejercer el respeto al ser humano, en este caso el ser humano que es el comandante Hugo Chávez, que además es un ser humano extraordinario, reconocido por el mundo entero, que ha trascendido nuestras fronteras lejos, querido por pueblos y gentes, nosotros hemos recibido llamadas de dirigentes, de presidentes, presidentas de todas partes del mundo y además hemos visto a través de Telesur y de otras cadenas internacionales cómo desde mezquitas musulmanas, desde sinagogas aquí en Caracas y en el mundo, desde iglesias católicas, ortodoxas, desde iglesias católicas, apostólicas y romas, desde iglesias evangélicas y desde las distintas prácticas espirituales religiosas, nuestros pueblos indígenas, nuestros pueblos de origen africanos, bueno, han invocado al Dios en el que todos creemos para acompañar al comandante Hugo Chávez; pudiéramos decir el que no tiene límites sobre lo humano debería tener límite sobre la político y las leyes, verdad, algunos de ellos no lo tienen y las leyes tienen que activarse, los organismos tienen que activarse y creo que se han activado afortunadamente y tiene que haber, se tiene que respetar la ley en nuestro país y estos sectores que se salen de la ley para buscar otros objetivos, porque qué buscan estos personajes cuando mienten descaradamente sobre el Presidente, buscan crear zozobra, a veces buscan herir lo que hemos dicho, herir en el amor del pueblo herir y convertir en el dolor en rabia incontrolada y lo hemos dicho y hay que seguirlo diciendo. Estos sectores creen que si algún día el amor del pueblo se convierte en rabia incontrolada y ellos logran lo que están buscando, un Gaitazo, un Bogotazo para recordar el **9 de abril del 48 cuando sucedió, lo que sucedió...**

Ministro del Poder Popular para la Comunicación y la Información, Ernesto Villegas: Un Gaitanazo.

Vicepresidente ejecutivo de la República, Nicolás Maduro: Un Gaitanazo. Ellos creen que esto los va a beneficiar a ellos, a la derecha, a la burguesía. Cree la burguesía y la derecha que un pueblo que se lance con rabia, herido por ustedes, va a beneficiar sus intereses. No. Nosotros por eso invocamos a nuestro pueblo a la conciencia y a la confianza y a la seguridad, cese la campaña contra el comandante Chávez, respeto a su familia, respeto a nuestro pueblo. Y le decimos a los medios de comunicación, a todos, apéguense a la verdad, pero también apéguense al momento histórico y no jueguen con candela, no jueguen con el pueblo de Venezuela, respeten al pueblo de Venezuela y nosotros, que tenemos cargos públicos, vamos a actuar todos los poderes públicos para que se respete al pueblo de Venezuela, porque además que el comandante Chávez tiene derecho a su privacidad y a recuperarse y su familia tiene derecho a que se le respete, a que no se juegue con la mentira, con la manipulación; Venezuela tiene derecho a la paz, a la paz, a la paz. Y esta revolución el comandante Chávez la condujo, hace mucho tiempo, por el camino de la paz, de la transformación, revolucionaria, profunda pero en democracia y en paz. Nosotros todavía recordamos al comandante Hugo Chávez, aquel comandante que salió de la cárcel el 26 de marzo del 94 y todo lo que hizo para colocar en el tablero nacional la propuesta de constituyente como único camino para conducir nuestra historia y salir del laberinto donde estábamos y así fue, y así fue y cuando en el 96–97 un grupo importante de compatriotas del Movimiento Bolivariano Revolucionario 200, dirigentes y militares de distintos lugares del país decían que no, que no había que ir a las elecciones, el presidente Chávez nos dijo a todos: vamos a buscar el camino electoral, que nos pueden robar las elecciones, que el mecanismo es fraudulento, vamos abrir una ventana por pequeña que sea, y ahí se fue por el camino, a convocar al pueblo y a conseguir lo que pudiera ser un milagro del siglo XXI, una revolución socialista, bolivariana, profundamente popular por la vía de la democracia y pacífica, esos son los rumbos que nos ha enseñado el comandante Chávez y aquí están en la Constitución, aquí están plasmados, así que a esa burguesía, a esa derecha, déjense de loqueras, no les ha llegado su hora loca ni les va a llegar, no se metan con el pueblo, respeten la democracia, amarren a sus locos, amarren a sus locos y dejen de provocar al pueblo, y a nuestro pueblo, serenidad, confianza, seguridad y a la calle a defender esta Constitución, mañana los invitamos a la calle en paz, en paz y con la fuerza del pueblo que nos ha enseñado el comandante Hugo Chávez a seguir defendiendo nuestra paz y nuestra democracia y a seguir defendiendo la decisión del 7 de octubre que fue ratificar al comandante Chávez en el mando de la patria.

Ministro del Poder Popular para la Comunicación y la Información, Ernesto Villegas: Uno anda en la calle y consigue expresiones de mucha solidaridad, alguna gente que está verdaderamente muy afectada, muy triste, otros que manifiestan mucha esperanza, hay una mezcla, pues, emocional en la Venezuela de hoy, en la Venezuela de bien me refiero, no a aquellos que de pronto hacen votos porque el Presidente no salga con bien de esta circunstancia, pero la absoluta mayoría de la gente con la que uno conversa hoy tiene un sentimiento positivo, de respaldo al hombre que hoy en día está dando esta batalla y algunos de ellos le dicen a uno, bueno pero si habló con el Vicepresidente, esa llamada telefónica, una llamada a un canal que le escuchemos la voz, eso aminoraría las presiones, la incertidumbre, digamos las cosas que se rumoran, ¿qué dice usted?

Vicepresidente ejecutivo de la República, Nicolás Maduro: Yo pienso que la gran mayoría, como se ha demostrado durante este año y medio que el Presidente ha enfrentado diversas coyunturas en esta enfermedad entiende y respeta las decisiones del Presidente y el equipo médico, en cada coyuntura, en cada momento y, bueno, él está en circunstancias donde guardar un respeto absoluto a su tratamiento y debe limitar sus apariciones públicas, objetivamente. En el momento en que el equipo médico del presidente Chávez así lo considere que ha llegado la circunstancia para él conversar públicamente, así lo hará, como siempre lo ha hecho, es que este hombre llamado Hugo Chávez tiene derecho al descanso, a la tranquilidad y a recuperarse y así lo entiende todo nuestro pueblo, que es un ser humano y así lo acompañamos, además, yo te podría decir que el 7 de octubre el pueblo durante toda la campaña, pero el 7 de octubre, hubo dos mensajes muy claros para el comandante Hugo Chávez, uno, usted es nuestro líder, usted siga al frente de la patria y ese Programa de la Patria que usted presentó, Comandante, Presidente, es aprobado por las grandes mayorías; y de segundo el pueblo le dijo, en mil voces, desde niños chiquiticos, hasta personas de gran madurez y experiencia le dijeron en todo el territorio del país le dijeron cuídese Comandante, recupérese Comandante y esa es la voz que se escucha hoy, respeto a Chávez, que el Comandante se recupere y cuando llegue el momento, con la bendición de Dios y la Virgen, como decimos aquí en Venezuela, lo escucharemos y lo veremos y será un día de gran alegría, de gran felicidad. Mientras tanto nosotros también le hemos transmitido este mensaje al comandante Chávez y sus familiares, comandante Chávez ahí está la patria y el pueblo trabajando, el gobierno bolivariano cumpliendo sus instrucciones, activándose y usted, concéntrese, dedíquese a su tratamiento. Fíjate hoy, nosotros tuvimos una reunión muy importante, que es importante informar, con todo el gabinete de la vicepresidencia de la economía productiva, vicepresidente Ricardo Menéndez y los ministros Loyo, Osorio, Edmée Betancourt y otros funcionarios, la presidenta de Sundecoop, de Indepabis y creamos un plan para una ofensiva de abastecimiento del mercado nacional, que había problemas con la harina de maíz precocida, bueno se fue Osorio inmediatamente a tomar acciones y sábado, domingo y lunes grandes ferias de productos de Mercal y Pdval en la calle; que hay problemas con el azúcar y el aceite, vamos a ver dónde están los acaparadores porque hay producción y ha habido importación suficiente para que el mercado esté abastecido, vamos a enfrentar con dureza a los acaparadores y ahí estaba la Guardia Nacional, el almirante en jefe Ministro de la Defensa con la Fuerza Armada, con la Guardia Nacional, con los cuerpos policiales, con los organismos competentes, con nuestro pueblo, con los nuevos gobernadores y gobernadoras, el equipo del presidente Chávez trabajando en la calle y recibiendo la exigencia popular, la crítica del pueblo también, bienvenida la crítica popular, bienvenida la exigencia del pueblo y nosotros a cumplir para que nuestro Comandante Presidente esté lo más tranquilo posible y, bueno, a los médicos y médicas allá en Cuba, al comandante Fidel Castro, al presidente Raúl Castro, a todo el equipo de gobierno de Cuba que son nuestros hermanos, a ellos les agradecemos toda la dedicación, tanta atención, tanto amor, y, bueno, sabemos que todo este esfuerzo va a culminar en la victoria, en la vida y en la victoria de nuestro comandante Chávez.

Ministro del Poder Popular para la Comunicación y la Información, Ernesto Villegas: Mire, Vicepresidente, desde Estados Unidos hablan de una transición en Venezuela. Desde allá también vienen versiones que pretenden intrigar respecto de la unidad de la dirigencia chavista, que ha estado digamos en la palestra en este tiempo, particularmente entre usted y Diosdado Cabello, presidente de la Asamblea Nacional. Versiones contrapuestas, de un mismo periódico por cierto, el diario franquista español ABC, señalan que Diosdado estuvo haciendo supuestas tratativas con los Estados Unidos, digamos en detrimento suyo; y ahora la versión es al revés, lo señalan a usted de entrar en tratativas con la DEA contra Diosdado. Y eso corre como pólvora por el mundo y hay gente en el mundo que puede estar en este momento pensando que acá hay una dirigencia que está enfrentada internamente por el poder en Venezuela.

Vicepresidente ejecutivo de la República, Nicolás Maduro: Bueno, ayer lo dijimos, y lo ratificaremos en los hechos con el trabajo diario todos los días que haya que ratificarlo. Frente a la mentira y la intriga, bueno, la acción de la verdad y la demostración práctica de lo que es el proceso de hermanamiento profundo que tenemos todos los ministros, dirigentes que acompañamos al comandante Hugo Chávez. En el caso específico han agarrado el ataque directo contra el compañero Diosdado Cabello y contra mí en este momento, seguramente en las próximas semanas contra Rafael Ramírez, contra Adán Chávez, contra Cilia, contra etc. Nos agarran como objetivos, porque de nosotros no pueden decir nada, ¿no? Nosotros somos fieles y leales soldados del comandante Hugo Chávez, y además somos soldados y luchadores antiimperialistas. El imperio lo sabe. ¡Lo sabe absolutamente! Y lo sabe nuestro pueblo también. Nosotros estamos combatiendo este imperio con todo lo que se puede combatir a un imperio, con nuestra verdad, con la consolidación de nuestra independencia de manera permanente, con la unión de nuestra América Latina, con la consolidación del ALBA, de Petrocaribe, de la Celac, de la Unasur; con la construcción del entramado bolivariano de esta nueva época, de este nuevo siglo. El sueño anfictiónico del Libertador, hecho realidad por el liderazgo del comandante Chávez y el liderazgo complementario, colectivo, de nuestro continente. Sobre esas intrigas, sencillamente serán derrotadas, a cada paso por la verdad contundente de nuestra visión bolivariana y de nuestra práctica bolivariana al lado del comandante Chávez. Sobre la relación con el Gobierno de Estados Unidos. Ya ayer informábamos una parte, efectivamente a finales del mes de noviembre, con autorización expresa del Comandante Presidente, el embajador nuestro ante la OEA, Roy Chaderton, tuvo algunas conversaciones con algunos funcionarios del Gobierno de los Estados Unidos. Conversaciones, pudiéramos llamarlas normales, donde se intercambiaron criterios de lo que es la relación actual. Nosotros le ratificamos la necesidad de que haya una relación de respeto absoluto del proceso revolucionario y democrático venezolano. Bueno, y ellos ratificaron sus criterios. Tenemos criterios absolutamente contrapuestos desde el punto de vista histórico, desde el punto de vista político ¿no?, y bueno así se puede andar. Nosotros hemos dicho que relaciones internacionales que se puedan basar en el respeto crean condiciones para que en algún momento se puedan regularizar, como existen con otros países, que tenemos grandes diferencias ideológicas y políticas, relaciones de carácter diplomático. Esos contactos se hicieron en tres oportunidades con el embajador Roy Chaderton, por autorización expresa del presidente Hugo Chávez. Ellos han tratado, por esas vías, de digamos mal informar o manipular la información sobre relaciones absolutamente naturales que tenemos todos los días con gobiernos de diversos signos en el mundo. Con una sola marca, la marca de la independencia absoluta de nuestro país. Y del respeto absoluto de la Patria.

Más temprano que tarde, y así lo ha dicho el presidente Chávez, y así lo creemos profundamente; más temprano que tarde esta Patria, que ha recobrado su independencia, y más allá de Venezuela, nuestra América Latina y el Caribe, logrará un nuevo tipo de relación con las élites que han gobernado en Estados Unidos. Más temprano que tarde, nosotros veremos el declive definitivo de la hegemonía imperial de los Estados Unidos sobre el resto del mundo. Eso nosotros lo vamos a ver. Que es el sueño final del Libertador: un mundo sin imperios y una América Latina independiente absolutamente.

Ministro del Poder Popular para la Comunicación y la Información, Ernesto Villegas: ¿No le atrae la idea de ser Presidente?

Vicepresidente ejecutivo de la República, Nicolás Maduro: Yo pienso en Hugo Chávez como Presidente, jamás he tenido ambiciones, ni personales ni personalistas de ningún tipo. Soy canciller porque una vez el comandante Hugo Chávez me convocó para esa tarea. Y si un día me convoca para ser conductor de un autobús nuevamente (metrobús), allí estaré sencillamente. A nosotros no nos mueven ambiciones personales ni personalistas, ni individualistas, ni de poder, y afortunadamente tenemos un líder, un jefe, un Presidente tremendo, gigantesco, y con él para todo siempre. Con Chávez todo, sin Chávez nada.

Ministro del Poder Popular para la Comunicación y la Información, Ernesto Villegas: Para finalizar, la Fuerza Armada Nacional Bolivariana,

¿cuál es su posición en este momento?, ¿cómo evalúa usted el comportamiento del Alto Mando Militar en este tiempo que le ha correspondido estar ejerciendo la Vicepresidencia con atribuciones adicionales dictadas por el Presidente?

Vicepresidente ejecutivo de la República, Nicolás Maduro: Están sonando las nueve campanadas de esta hora, aquí en la Catedral de Caracas. La Fuerza Armada Nacional Bolivariana, esta nueva Fuerza Armada, es uno de los grandes logros del presidente Hugo Chávez, en esta historia de 14 años. El Presidente ha logrado consolidar una nueva Fuerza Armada, con una nueva doctrina, con una nueva moral, con una gran disciplina, con una gran cohesión política, ideológica, operativa, con una gran capacidad de liderazgo interno en cada uno de los componentes, y a nivel central; con una gran unión espiritual entre sus mandos fundamentales, tanto a nivel central del comandante estratégico operacional, el mayor general Wílmer Barrientos, como cada uno de los comandantes de cada uno de los componentes, del Ejército, de la Marina, de la Aviación, de la Guardia Nacional Bolivariana, de la Milicia, como el almirante en jefe ministro de Defensa, Diego Molero, y los jefes de las Regiones de Defensa Integral, las REDI. Realmente nuestra Fuerza Armada Nacional Bolivariana está en un proceso de transformación y consolidación. Es una de las columnas vertebrales de la nueva República, de la Patria nueva. Es realmente impresionante. Nosotros en estas 20 tomas de posesión que hubo de gobernadores y gobernadoras, a mí me tocó asistir a unas quince, más o menos, y uno llegaba a cada uno de los estados y se encuentra la fortaleza, esa mirada altiva, patriota, de nuestros oficiales, de nuestros soldados; en cada estado, en cada región, aquel amor vivo por el comandante Hugo Chávez, aquel respeto por su Comandante en Jefe. Bueno, realmente impresionante. Nuestro pueblo tiene que agradecer, a la historia que hemos vivido, al comandante Chávez esta obra que es nuestra Fuerza Armada Nacional Bolivariana. Este es el Ejército de Bolívar, este es el Ejército de Bolívar ahora, reconstruido, tanto en sus banderas como en su moral, como en su doctrina, su estrategia, y construyéndose para hacer a nuestra Patria inexpugnable, que jamás nadie la pueda agredir, y que se garantice nuestra paz, nuestra estabilidad, nuestra democracia, que nadie se meta con nosotros, nosotros no nos metemos con nadie.

Ministro del Poder Popular para la Comunicación y la Información, Ernesto Villegas: Terminamos, Vicepresidente, muchísimas gracias. ¿Para mañana qué se espera en la Asamblea Nacional?, con eso cerramos.

Vicepresidente ejecutivo de la República, Nicolás Maduro: Se espera una buena sesión. Los invitamos a todos a participar, a movilizarse, y además a estar pendientes por televisión, porque seguramente va a ser un debate muy aleccionador, muy interesante, que demuestra lo que está latiendo en la vida venezolana, una Asamblea Nacional, un Poder Legislativo vivo, profundamente democrático. Como ellos estas cartas que mandan al mundo, se la pasan tergiversando nuestra realidad, esta derecha apátrida encabezada por el jefe de la derecha Aveledo, como él se la pasa tergiversando, junto a todos sus carcamanes, dicho sea de paso, y me permites, que no le han dado respuesta a sus propios electores. Ellos tratan de huir hacia adelante, pero fueron derrotados el 7 de octubre de manera rotunda y se hicieron los locos, se agacharon. Fueron derrotados de manera rotunda el 16 de diciembre, en 20 de 23 gobernaciones, y no han sacado una autocrítica. No tienen humildad y no le han dado la cara a sus propios electores. Y ahí está todos los días opinando. Ellos dicen que en Venezuela hay una dictadura, una feroz dictadura. Bueno, mañana vamos a ver la feroz democracia –será– que hay en Venezuela, una Asamblea Nacional allí debatiendo con los diputados, que son la voz de nuestro pueblo, y allí instalándose a trabajar, pues, como debe estar todo el mundo en este momento, 4, 5, 6, 7, 8 de enero, todo el mundo a trabajar donde le toque en su trinchera, en su barrio, en su esquina, en su fábrica, allí todo el mundo a trabajar, y a garantizar que esta Patria avance. Ese es nuestro mejor regalo al proceso de lucha y recuperación de nuestro comandante Hugo Chávez.

Ministro del Poder Popular para la Comunicación y la Información, Ernesto Villegas: Por cierto que este lunes comienzan las clases para los chamos.

Vicepresidente ejecutivo de la República, Nicolás Maduro: Sí, correcto, para todos los muchachos. Ya lo anunció nuestra ministra de educación Maryann Hanson.

Ministro del Poder Popular para la Comunicación y la Información, Ernesto Villegas: Bueno, gracias Vicepresidente.

Vicepresidente ejecutivo de la República, Nicolás Maduro: Gracias a ti.

Ministro del Poder Popular para la Comunicación y la Información, Ernesto Villegas: Éxito. Bueno, amigas y amigos, muchísimas gracias por habernos acompañado, los invitamos a continuar con la programación de Venezolana de Televisión, Vive Televisión y el resto de las televisoras del Estado venezolano. Y hasta una nueva oportunidad. Muy buenas noches.

10. CRÓNICA SOBRE LAS VICISITUDES CONSTITUCIONALES CON OCASIÓN DE LA INSTALACIÓN DE LA ASAMBLEA NACIONAL EL 5 DE ENERO DE 2013, Y LAS PERSPECTIVAS SUBSIGUIENTES

Allan R. Brewer Carías
París, en la rue des Saints Pères, 5–1–2013

La Asamblea Nacional está compuesta por diputados electos por el pueblo, e votación universal, directa y secreta con representación proporcional (art. 186), que duran cinco años en sus funciones (art. 192). Conforme al artículo 197 de la Constitución, los diputados están obligados a cumplir sus labores a dedicación exclusiva, "en beneficio de los intereses del pueblo y a mantener una vinculación permanente con sus electores, atendiendo sus opiniones y sugerencias y manteniéndolos informados acerca de su gestión y la de la Asamblea." A tal efecto deben "dar cuenta anualmente de su gestión a los electores de la circunscripción por la cual fueron elegidos" y pueden ser sometidos a referendo revocatorio del mandato en los términos previstos en la Constitución y en la ley sobre la materia.

En todo caso, dice el artículo 201 de la Constitución, "los diputados son representantes del pueblo y de los Estados en su conjunto, no sujetos a mandatos ni instrucciones, sino sólo a su conciencia" de manera que "su voto en la Asamblea Nacional es personal." Esto implica, constitucionalmente hablando, que conforme al texto de la Constitución en Venezuela no debe haber línea de partido o de grupo o fracción parlamentaria que comprometa el voto de los diputados.

Con este marco constitucional, que en la práctica ha sido completamente ignorado desde que se sancionó la Constitución, la Asamblea Nacional debería funcionar en sesiones ordinarias o extraordinarias. En cuanto a las primeras, el artículo 219 de la Constitución, dispone que anualmente hay dos: Hay un primer período de sesiones ordinarias que comienza, sin convocatoria previa, el día cinco de enero de cada año o el día posterior más inmediato posible y dura hasta el quince de agosto; y un segundo período que comienza el día quince de septiembre o el día posterior más inmediato posible y terminar el quince de diciembre.

En cuanto a los requisitos y procedimientos para la instalación y demás sesiones de la Asamblea Nacional, el artículo 221 remite para su regulación al reglamento, disponiendo sin embargo, que quórum no puede ser en ningún caso inferior a la mayoría absoluta de los integrantes de la Asamblea Nacional.

En el primer año de inicio del período constitucional del Presidente de la República, como es el caso del período constitucional 2013–2019, luego de la elección presidencial de octubre de 2012, la instalación de la Asamblea Nacional el 5 de enero de 2013, y la elección en esa fecha de su directiva es de enorme importancia, pues es ante la misma, el día 10 de enero de 2013 es que el Presidente electo en 2012 debe tomar posesión de su cargo mediante juramento ante la misma. Sólo "si por cualquier motivo sobrevenido el Presidente de la República no pudiese tomar posesión ante la Asamblea Nacional,"el artículo 231 de la Constitución dispone que "lo hará ante el Tribunal Supremo de Justicia." La elección de la directiva de la Asamblea nacional, según lo anunció el Presidente de la misma a la prensa el día 4 de enero de 2013, no sería de carácter plural, por lo que en la misma no se preveía que hubiera representación de la oposición a pesar de tener ésta el 40% de los diputados (1). Y efectivamente, el día 5 de enero de 2013, la directiva designada de la Asamblea, presidida por el mismo Diosdado Cabello, resultó integrada por otros diputados oficialistas.

En todo caso, una vez instalada la Asamblea Nacional y designada su nueva directiva el 5 de enero de 2013, la toma de posesión de su cargo por parte del Presidente ante la misma es una condición formal de carácter esencial para que pueda iniciar su período constitucional. No se trata de un "formalismo" insustancial. Al contrario, tan sustancial es que si el Presidente no toma posesión ante la Asamblea Nacional no puede comenzar a ejercer su cargo, y sólo continuaría siendo "Presidente electo" pero sin poder ejercer el cargo. Por ser un requisito formal sustancial, la norma constitucional permite que "si por cualquier motivo sobrevenido" el Presidente de la República no pudiera tomar posesión de su cargo el día 10 de enero ante la Asamblea Nacional, que entonces la haga "ante el Tribunal Supremo de Justicia." La "flexibilidad dinámica" que abre dicho artículo, según expresión del Vicepresidente Ejecutivo de la República Nicolás Maduro, (2) quien desde el 10 de diciembre de 2012 suplía al Presidente Chávez en el ejercicio de la Presidencia, implica la necesidad de que exista un "motivo sobrevenido" para que el Presidente no comparezca a tomar posesión de su cargo ante la Asamblea Nacional el día 10 de enero de 2013 (fecha hasta la cual el Vicepresidente Maduro podría suplir la falta temporal del Presidente Chávez); motivo que además, tendría que ser justificado y justificable. Un accidente de tránsito, por ejemplo, o un quebranto súbito de salud, sin duda, podrían ser hechos sobrevenidos que podrían impedirle a un Presidente electo presentarse ante la Asamblea nacional el día de la toma de posesión. Igualmente podría decirse del impedimento que podría causar algún hecho natural como un movimiento telúrico, o una inundación.

En todo caso, el hecho que pueda válidamente impedir la comparecencia ante la Asamblea Nacional debe ser "sobrevenido" en el sentido de que su ocurrencia debe producirse con posterioridad a otro hecho esencial en relación con el cual se considera "sobrevenido," que en este caso no parece ser otro que el hecho que originó la condición de "Presidente electo," que sin duda es el acto de su elección. En este caso, se trata de la toma de posesión del cargo de Presidente para el cual la persona fue electa, por lo que se entiende que el hecho sobrevenido a que se refiere la norma es el que ocurre después de que la persona fue electa. Un hecho anterior a la elección, en tal sentido, no podría considerarse como "sobrevenido."

En el caso actual del Presidente Chávez (Presidente por el período 2007–2013), el hecho sobrevenido que le podría impedir tomar posesión ante la Asamblea Nacional del cargo de Presidente para el cual fue electo en octubre de 2012 (período 2013–2019), por tanto, tendría que ocurrir después de su elección como Presidente el 7 de octubre de 2012.

Ese es el caso, sin duda, de la operación a la cual fue sometido el Presidente de la República H. Chávez en La Habana el 11 de diciembre de 2012, y los efectos que tuvo físicamente tal hecho en relación con la salud del Presidente, que lo ha postrado en una cama de hospital, imposibilitándolo de gobernar por estar además ausente del territorio nacional. Ese hecho, sin duda, podría constituir un "hecho sobrevenido," de acaecimiento posterior a su elección (7 de octubre de 2012), el cual con toda lógica y razonabilidad le podría impedir acudir a la Asamblea Nacional el día 10 de enero de 2013 y tomar posesión del cargo para el cual fue electo. Eso, al menos, es lo que se infería razonablemente de la cronología de los hechos después del 7 de octubre de 2012, según se fueron informado por la prensa unos días después, desde el 20 de octubre de 2012, lo que se desprende del siguiente resumen:

"– 20 de octubre de 2012: Chávez admite que su salud afectó su desempeño en la campaña para lograr su reelección para un tercer mandato.

– 27 de noviembre de 2012: A través de un comunicado dirigido al Parlamento, Chávez solicita viajar a Cuba para iniciar un "tratamiento especial" de "varias sesiones de oxigenación hiperbárica", sin detallar su fecha de retorno.

– 29 de noviembre de 2012: El vicepresidente de Venezuela, Nicolás Maduro, asegura que Chávez "está muy bien" y "atento" al desarrollo de los planes de gobierno. –

7 de diciembre de 2012: Chávez regresa a Caracas tras pasar nueve días en Cuba.

– 8 de diciembre 2012: Chávez anuncia una nueva recurrencia del cáncer y explica que deberá ser sometido a una nueva operación en Cuba. Designa a Maduro su heredero político en caso de quedar "inhabilitado" para gobernar.

– 11 de diciembre v: Chávez se somete a su cuarta operación contra el cáncer en La Habana.

– 13 de diciembre de 2012: Maduro afirma que el proceso postoperatorio de Chávez será "complejo y duro" y pide a los venezolanos estar "preparados" y "unidos" en estos días "difíciles".

– 30 de diciembre de 2012: tras visitar a Chávez en La Habana, Maduro informa que el estado de salud del mandatario presenta "nuevas complicaciones", cuyo tratamiento no está "exento de riesgos"." (3)

– 4 de enero de 2013: "El Ministro de Comunicación e Información, Ernesto Villegas, anunció al país en cadena de radio y televisión que el Presidente de la República, Hugo Chávez, presenta una insuficiencia respiratoria producto de una "severa infección pulmonar" a raíz de la intervención quirúrgica a la que fue sometido el pasado 11 de diciembre." (4)

Lo cierto de todo esto es que para el día 5 de enero de 2013, cuando se instaló la Asamblea Nacional en su primer período de 2013, y se eligió su nueva Directiva, existía, con toda certeza, un cuadro de gravedad en la salud del Presidente, lo que permitía considerar, con toda razonabilidad, que el mismo podría no acudir ante la Asamblea Nacional a tomar posesión de su cargo el día 10 de enero de 2013, e incluso, que no podría regresar a Venezuela antes de esa fecha desde La Habana, de manera que tampoco podría juramentarse ante el Tribunal Supremo de Justicia en Caracas, que es la sede de los Poderes Públicos nacionales.

Se planteaba por tanto, claramente, el tema de la falta del Presidente Chávez, para lo cual la Constitución, en la situación actual, sólo regula dos supuestos:

Primero, su falta temporal por estar ausente del país, la cual desde el 10 de diciembre de 2012 ha suplido el Vicepresidente Ejecutivo N. Maduro, lo que hará hasta el 10 de enero de 2013, cuando termina el mandato para el cual fue electo en 2006 (período 2007–2013) (art. 239.8). Ese día concluye el período constitucional 2007–2013, y con ello el mandato del gobierno, es decir, del Presidente Chávez, del Vicepresidente Maduro y de los Ministros.

Segundo, su falta absoluta, sólo si se llegase a producir antes del 10 de enero de 2013, por su muerte, su renuncia, o su incapacidad física o mental permanente certificada por una junta médica designada por el Tribunal Supremo de Justicia y con aprobación de la Asamblea Nacional (art. 233), en cuyo caso debería procederse a una nueva elección universal, directa y secreta dentro de los treinta días consecutivos siguientes a dicha falta, y mientras se elige y tome posesión el nuevo Presidente, se debe encargar de la Presidencia de la República el Presidente de la Asamblea Nacional designado el 5 de enero de 2013 (art. 233).

Pero como hemos dicho, la Constitución no regula expresamente la situación de falta de toma de posesión del Presidente electo, y sus secuelas después del 10 de enero de 2013, en cuyo caso, la interpretación constitucional que consideramos más acorde con las regulaciones de la Constitución sobre faltas del Presidente, es que debe encargarse de la Presidencia de la República el Presidente de la Asamblea, quien debe nombrar un nuevo Vicepresidente y un nuevo Gabinete ejecutivo, hasta que se resuelva la situación del Presidente electo. En ningún caso el Vicepresidente Nicolás Maduro podría seguir en ejercicio del cargo de Vicepresidente Ejecutivo, que termina el 10 de enero, y menos podría "suplir" a un Presidente electo que no ha comenzado a ejercer su cargo por falta de toma de posesión. (5)

En este caso, de la situación de un Presidente electo que no toma posesión del cargo en la fecha y forma prescrita en la Constitución, constitucionalmente sólo podrían darse dos soluciones: la primera, de acuerdo con los motivos sobrevenidos, que el Presidente electo se juramente posteriormente, lo que en todo caso debería ocurrir en un lapso de 90 días, después de lo cual la Asamblea debe resolver sobre su falta absoluta; y la segunda, que por las circunstancias del caso, la Asamblea Nacional decida que se ha producido una falta absoluta del Presidente en los casos establecidos en el artículo 233 de la Constitución, y que pudieran ser aplicables (su muerte, su renuncia, su incapacidad física o mental permanente certificada por una junta médica designada por el Tribunal Supremo de Justicia y con aprobación de la Asamblea Nacional). En todo caso de falta absoluta, en estos casos se tiene que proceder a una nueva elección universal, directa y secreta dentro de los treinta días consecutivos siguientes a la declaración de tal falta absoluta.

Ahora bien, en el caso de la situación existente en el país para el 5 de diciembre de 2013, es legítimo prever que el Presidente no concurrirá a la toma de posesión ante la Asamblea nacional el 10 de enero de 2013, y ello, además, por motivo sobrevenido ya bien conocido que es la enfermedad y quebranto de salud del Presidente Chávez, tal como ha sido anunciado oficialmente. En ese caso, es evidente que el único camino constitucional del cual dispone el Presidente de la Asamblea Nacional al posesionarse temporalmente del cargo de Presidente, es requerir del Tribunal Supremo que designe la junta médica que prevé el artículo 233 de la Constitución con aprobación de la Asamblea Nacional, para certificar la capacidad o la incapacidad física o mental permanente del Presidente para ejercer el cargo para el cual fue electo, de manera que en el segundo caso, el Presidente de la Asamblea pueda proceder a convocar y que se realice una nueva elección universal, directa y secreta dentro de los treinta días consecutivos siguientes a la declaración de tal falta absoluta por la certificación mencionada.

Notas

(1) "Cabello enfatizó el jueves la imposibilidad de alcanzar un acuerdo con el sector opositor en el Parlamento, aseverando que "con esta oposición (...) no hay conciliación posible", en:
http://www.noticierovenevision.net/politica/2013/enero/4/50616=diosdado–cabello–llama–a–manifestar–ante–parlamento–para–impedir–a–la–oposicion–

(2) Maduro: "La Constitución establece que en todo caso como formalismo debe presentar su juramento ante la AN el 10 de enero, pero ya el 10 de enero comienza el nuevo periodo constitucional y el continúa en sus funciones y se establecerá (...) el momento que

pueda prestar juramento ante el TSJ", indicó. Según el vicepresidente, el artículo 231 de la Constitución "abre una flexibilidad dinámica." En "Es un formalismo presentar juramento ante la AN el 10 de enero. El Universal , Caracas 5–1–2013, en:

http://www.eluniversal.com/nacional–y–politica/salud–presidencial/130104/maduro–es–un–formalismo–presentar–juramento–ante–la–an–el–10–de–enero

(3) Véase "Cronología de los problemas de salud del presidente Hugo Chávez," El Universal , Caracas 31 de diciembre de 2012 (05:36 PM), en:

http://www.eluniversal.com/nacional–y–politica/salud–presidencial/121231/cronologia–de–los–problemas–de–salud–del–presidente–hugo–chavez

(4) Maduro: "Après la délicate opération du 11 décembre dernier, le commandant Chavez a souffert de complications suite à un grave infection pulmonaire. Cette infection a provoqué une insufficance respiratoire qui implique un suivi strict de traitment," en "Chavez: des 'complications' après une 'grave infection pulmonaire'", en Le Monde , Paris 5–1–2013, p. 6

(5) Carece de todo fundamento constitucional lo afirmado el día 5–1–2013 por Herman Escarrá, en el sentido de que durante este período 2013–2019 "el Vicepresidente (Nicolás Maduro) queda en ejercicio de sus funciones," destacando que esto sucederá "así el Presidente no esté juramentado, porque se trata de un régimen especial de carácter temporal." Ello no tiene sustento en norma constitucional alguna, y ante la "situación sobrevenida" de que el Presidente electo no concurra a tomar posesión del cargo el día 10 de enero, no es cierto que esa sea la solución "en el marco de la Constitución." En este supuesto de motivo sobrevenido para la no concurrencia del Presidente electo ante la Asamblea a tomar posesión del cargo, la Constitución , en realidad, no provee "su propia ingeniería para resolver", la cual, por el contrario, es necesario integrar mediante la interpretación de sus normas. Véase Herman Escarrá, "En Venezuela no cabe el análisis de falta temporal o falta absoluta," en:

http://www.lapatilla.com/site/2013/01/05/hermann–escarra–en–venezuela–no–cabe–el–analisis–de–falta–temporal–o–falta–absoluta/

11. AUSENCIA DEL PRESIDENTE HUGO CHÁVEZ

Jesús Rondón Nucete

En la actualidad no se considera que exista acefalía del poder ejecutivo. En efecto, el Presidente de la República continúa *teóricamente* en ejercicio del cargo, a pesar de la incapacidad física en que se encuentra (o se ha encontrado) para cumplir sus funciones (de acuerdo con los testimonios de los voceros gubernamentales autorizados, con quienes apenas ha podido "comunicarse"). Y ante su ausencia del territorio nacional, con permiso de la Asamblea Nacional (del 9 de diciembre de 2012), concedido (conforme al ord. 17 del art. 187) para someterse a tratamiento médico en el exterior (Cuba), el Vicepresidente Ejecutivo no ha asumido el cargo. Solo recibió *delegación* para cumplir determinadas atribuciones (de acuerdo al ord. 9 del art. 239). El Presidente así lo explicó: "... no entrego el mando político ... lo delego" (*El Universal*, 11 de diciembre de 2012). Por su parte, los más importantes funcionarios han afirmado repetidamente que "está en pleno ejercicio de sus funciones", lo que hasta ahora no se ha cuestionado.

No obstante, esa situación no puede prolongarse indefinidamente, no sólo porque resulta inconveniente para los intereses del país, sino porque el mandato del Presidente concluye el próximo 10 de enero de 2013, fecha en la cual debe tomar posesión del cargo *"mediante juramento ante la Asamblea Nacional"*. Conviene, pues, analizar el asunto, de acuerdo a las normas constitucionales vigentes.

La CRBV prevé la posibilidad de falta absoluta del Presidente electo (lo que, en principio, no constituye acefalía del Poder Ejecutivo por cuanto aún no está a la cabeza de esa rama del poder) en los supuestos previstos en la Constitución (ya mencionados). Y dispone la forma de sustituirlo:

1° si se trata de un nuevo Presidente se procederá a una nueva elección dentro de los treinta días consecutivos siguientes (contados a partir de la fecha de la falta absoluta). Entre tanto, el Presidente en ejercicio continuará en el cargo hasta terminar su mandato. Entonces – mientras se elige (si no ha ocurrido antes) y toma posesión el nuevo Presidente – se encargará el Presidente de la Asamblea Nacional.

2° si se trata del Presidente en ejercicio (re–electo) asumirá de inmediato el Vicepresidente Ejecutivo hasta completar el período en curso. En esa fecha se encargará el Presidente de la Asamblea Nacional y se procederá a una nueva elección dentro de los treinta días consecutivos siguientes (contados a partir de la fecha de inicio del nuevo período).

La Constitución no contempla las faltas temporales de un Presidente electo (no re–electo). Son más bien, *ausencias*, pues no tienen efecto jurídico hasta la fecha de la toma de posesión. Pero, en tal ocasión si puede presentarse la posibilidad de una falta que no pueda considerase como absoluta. En efecto, otras circunstancias distintas a las previstas en el art. 233 pueden impedir temporalmente la toma de posesión por parte de quien fue elegido para el cargo en la fecha fijada como inicio del período constitucional (10 de enero).

No puede alegarse que ese hecho derive en falta absoluta del presidente electo. Tal conclusión es errada: en efecto, resulta absurdo pretender que el mandato popular se pierde por la aparición de alguna circunstancia *de facto* (de cualquier tipo), que impida la realización de un acto formal, aunque necesario. Por lo demás, es contrario a los principios generales del derecho aplicar a una situación concreta (la falta temporal) las consecuencias previstas para otra (la falta absoluta). Entonces ¿que norma debe aplicarse?

En mi opinión, en tal caso se debe aplicar por analogía la norma que establece la forma de cubrir la falta absoluta del presidente electo: corresponde cubrir la falta temporal al presidente de la Asamblea Nacional. Más adelante se expondrán las razones.

Veamos el asunto en relación al caso que se presenta en Venezuela:

1° Elección del Presidente: el 7 de octubre de 2012 el comandante Hugo Chávez Frías fue (re) electo Presidente de la República para el período 2013 – 2019, con el 55.07% de los votos válidos emitidos (contra el 44,31% que obtuvo Henrique Capriles Radonski y el 0,58% de otros). En la elección participó el 84,48% de los inscritos en el registro. De tal hecho dejó constancia el CNE en el acto de proclamación realizado en Caracas el 10 del mismo mes y año, durante el cual se le entregó al candidato la credencial correspondiente. Desde aquel momento se le considera presidente electo (sin que por ello perdiera su condición de Presidente en ejercicio). Adquirió, pues, una investidura, cuyo ejercicio, sin embargo, debe comenzar tres meses después.

2° Fin del mandato: el 10 de enero de 2013 se inicia un nuevo período de ejercicio del gobierno. Termina el anterior y comienza otro. Cesa el mandato de los gobernantes (Presidente y Vicepresidente) que fue otorgado por un tiempo determinado (que no puede ser modificado sino por la voluntad popular, como en un referéndum revocatorio). En ese sentido, la constitución de 1961 disponía: "Cuando el Presidente electo no tomare posesión dentro del término previsto en este artículo, el Presidente saliente resignará sus poderes ante la persona llamada a suplirlo provisionalmente en caso de falta absoluta …" (art. 186). Era esa la tradición venezolana. Así: a pesar de no haberse aún designado sucesor, J. A. Páez resignó el poder al término de su mandato en 1835, como también lo hizo A. Narvarte en 1837; Joaquín Crespo entregó el mando en 1886, aún cuando el elegido para sucederlo no había llegado al país; y el Presidente de la Alta Corte, J. B. Pérez, asumió el cargo en 1929 porque no se había designado presidente para un nuevo período.

El nuevo período no es continuación del anterior. Se mantienen el Estado y el poder del Estado, pero no los titulares de los órganos supremos del poder. En eso consiste la alternabilidad (característica de nuestra democracia): el poder se ejerce por períodos, con titulares que han obtenido un mandato de la voluntad popular (ya sea por primera vez o en forma repetida). Así se ha entendido siempre tanto en Venezuela como en otros países. Lo asienta el *fallo 759* (con ponencia de *José Manuel Delgado Ocando*) de 16 de mayo de 2001.

3° Toma de posesión (que no es otra cosa que el acto por el cual el funcionario entra a ocupar su puesto e inicia sus tareas): el 10 de enero de 2013 el Presidente de la República (elegido el 7 de octubre) debe tomar posesión de su cargo, "*mediante juramento* ante la Asamblea Nacional" o, en su defecto, "ante el Tribunal Supremo de Justicia". Ese acto (la promesa ante la representación popular de cumplir la constitución) no es un mero formalismo, ni una simple ceremonia de protocolo, sino que constituye requisito indispensable para el ejercicio del cargo. Casi toda la doctrina, desde antiguo, lo considera como una condición que perfecciona la elección (o el nombramiento) y por tanto de la que depende la eficacia del mandato. Esa tesis ha sido acogida por la jurisprudencia del Tribunal Supremo de Justicia: *fallo 626* (con ponencia de *Francisco Carrasquero López*) de 26 mayo de 2009.

Viene de antiguo: en Roma el juramento de los "inieri magistratum" (nuevos magistrados) era indispensable y su falta se consideraba delito y acarreaba "ipso jure" la pérdida de la magistratura (T. Livius, *Ab urbe condita*). En los tiempos modernos (cuando el juramento no tiene carácter religioso) es garantía de fidelidad a la legalidad y el régimen democrático. Por eso, en casi todos los países es obligatorio y se reviste de solemnidad. Es, pues, imprescindible (J.A. Rinessi, en *Omeba*). En 2009 el juez que tomó el juramento de B. Obama consideró que debía repetirlo (y lo hizo al día siguiente en ceremonia privada) porque el presidente no había utilizado en la ocasión la fórmula exacta.

En caso de no poder prestar juramento, el presidente no entra en posesión de su cargo, pero no pierde su investidura. Se presenta, entonces, una falta temporal, sobre la cual debe pronunciarse la Asamblea Nacional, órgano ante el cual debe cumplirse aquel acto.

4° Falta temporal del Presidente electo: en el caso que acaba de señalarse se presenta falta temporal del presidente electo (aunque no esté expresamente mencionada en la Constitución). Corresponde al intérprete (y en Venezuela el intérprete autorizado es la Sala Constitucional), teniendo en cuenta la jurisprudencia, la doctrina de los autores y los principios generales del derecho, determinar las normas a aplicar, en un todo conforme a los principios fundamentales de la carta magna.

La constitución de 1961 preveía expresamente la falta temporal del presidente electo. Y en el mundo, otros textos contemplan el caso (como el de Colombia o el de México). La situación se presentó en Brasil en 1986 (cuando el Presidente Tancredo Neves se enfermó el mismo día de asumir el poder). Si bien no existe norma expresa que mencione la falta temporal, no puede decirse que en Venezuela no exista tal figura y tampoco regulación en la materia. Se trata, más bien, de descubrir en el texto constitucional las normas que en tal situación deban aplicarse, lo que debe hacerse según el principio de la interpretación integral de la ley (conforme a los principios arriba mencionados).

En mi opinión, y como se adelantó, en tal caso se debe aplicar por analogía la norma que establece la forma de cubrir la falta absoluta del presidente electo: corresponde cubrir la falta temporal al presidente de la Asamblea Nacional. Se debe tomar en cuenta que no existe ninguna otra norma que pueda aplicarse y que esa solución respeta los principios fundamentales en la materia: representatividad y alternabilidad. Ahora bien, en este caso, quien cubre la falta lo hace a título de *locum tenens* (del latín: *en lugar de otro*). Y sólo por el tiempo previsto en la norma: un máximo de noventa días, que puede ser prorrogado. Será, pues, sólo un sustituto temporal. Superada la circunstancia que provocó la falta temporal, el Presidente electo procederá a tomar posesión del cargo "*mediante juramento* ante la Asamblea Nacional" o ante "el Tribunal Supremo de Justicia".

7 de enero de 2013

12. CARTA DE LA MESA DE LA UNIDAD DEMOCRÁTICA AL SECRETARIO GENERAL DE LA OEA

Ramón Guillermo Aveledo

Caracas, 07 de enero de 2013

Señor José Miguel Insulza
Secretario General de la Organización
de los Estados Americanos
Washington, D.C.

Como usted bien conoce, desde hace varias semanas los venezolanos vivimos una situación de incertidumbre en cuanto a la grave enfermedad que afecta al Presidente de la República, cuyo desenlace comporta serias implicaciones políticas e institucionales que afectan el orden democrático constitucional.

En este sentido, como lo hemos señalado a la opinión pública nacional e internacional, la Constitución es el marco jurídico que da estabilidad y seguridad a todos los venezolanos. Cualquier situación que se presente debe resolverse en el marco de la Constitución.

Así pues, hemos reiterado que la norma constitucional es clara en cuanto a que el venidero 10 de enero termina el actual período constitucional de seis años que comenzó el 10 de enero de 2007 y comienza el nuevo período constitucional. Es la fecha fijada, por expreso mandato constitucional, para el acto de juramentación del Presidente Electo. Por lo cual, en caso de que el Presidente Electo no pueda acudir ese día a la juramentación por razones relacionadas con su enfermedad, no puede existir un vacío y por tanto debe encargarse temporalmente de la Presidencia de la República el Presidente de la Asamblea Nacional, a quien corresponde constitucionalmente. Proceder de otra manera constituye una alteración del orden constitucional que afecta gravemente el orden democrático, tal como fue diseñado en la Constitución de 1999.

El acto de juramentación o toma de posesión constituye un acto público, mediante el cual toma juramento el nuevo Presidente de la República ante la

Asamblea Nacional y a partir de ese juramento se formaliza su investidura como Presidente y el inicio del ejercicio de sus funciones constitucionales. Sin el juramento constitucional no está investido de su condición de Presidente de la República, por lo que no es posible iniciar el ejercicio de las funciones constitucionales.

En su defecto, si el acto no pudiese efectuarse en la Asamblea Nacional, la Constitución de 1999 ofrece la alternativa de realización dicha juramentación ante el Tribunal Supremo de Justicia, por lo que en ningún caso cabe una interpretación que permita dejar *sine die* la fecha del acto al que nos referimos.

Recordando que la Carta Democrática Interamericana en su artículo 3 establece que son elementos esenciales de la democracia representativa, entre otros, "... el acceso al poder y su ejercicio con sujeción al estado de derecho..." y en su artículo 4 "... el respeto al estado de derecho de todas las entidades y sectores de la sociedad son igualmente fundamentales para la democracia", queremos alertarle de esta situación que de llegar a concretarse en fecha próxima, estaríamos ante una "alteración del orden constitucional que afecta gravemente el orden democrático" (art.20).

Por los serios motivos antes expuestos, seguiremos atentos a estos desarrollos y nos comprometemos a mantenerlo al corriente de lo que ocurra. Si para el 10 de enero no se produce la juramentación del Presidente y no se activan las disposiciones constitucionales relacionadas con la falta temporal del Presidente de la República, se habrá consumado una grave violación del orden constitucional en Venezuela que afectará la esencia de la democracia.

Aprovecho para saludarle, muy afectuosamente.

Ramón Guillermo Aveledo
Secretario Ejecutivo
Mesa de la Unidad Democrática

13. CRÓNICA SOBRE EL SIGNIFICADO CONSTITUCIONAL DEL FIN DEL PERÍODO CONSTITUCIONAL (2007–2013) Y DEL INICIO DEL NUEVO PERÍODO CONSTITUCIONAL (2013–2019) EL 10 DE ENERO DE 2013, LA NECESARIA TOMA DE POSESIÓN DEL PRESIDENTE ELECTO MEDIANTE SU JURAMENTO ANTE LA ASAMBLEA, Y LOS EFECTOS DE SU NO COMPARECENCIA

Allan R. Brewer Carías
New York 7-1-2013

La Constitución establece fecha fija para la realización de actos estatales sólo en dos casos específicos: primero, para determinar el inicio (5 de enero y 15 de septiembre) y la terminación (15 de agosto y 15 de diciembre) de las sesiones ordinarias de la Asamblea Nacional (art. 219); y segundo, para determinar el inicio del período constitucional de seis años del Presidente de la República (art. 230), lo que se produce el 10 de enero del primer año de su período constitucional, mediante la toma de posesión de su cargo, juramentándose ante la Asamblea nacional (art. 231). En ambos casos, se trata de establecer fechas fijas con efectos jurídicos constitucionales específicos, que ni pueden ignorarse ni cambiarse, pues son de rango constitucional.

En cuanto al inicio del período constitucional del Presidente de la República, ello ocurre ineludiblemente el 10 de enero del año siguiente a la elección, que es el primer año de dicho período constitucional presidencial; fecha que no se puede cambiar, pues en esa misma fecha, en el sexto año, termina dicho período constitucional. Es decir, el día 10 de enero de inicio del período constitucional de un Presidente, coincide siempre con el día de terminación del período presidencial del Presidente anterior, ocurriendo ambos términos de inicio y terminación, el mismo día. No se trata, por tanto, de cualquier fecha ni la misma puede modificarse en forma alguna.

Ahora bien, es precisamente en esa fecha 10 de enero del primer año del período constitucional, que conforme a la Constitución el "candidato elegido" debe tomar "posesión del cargo" de Presidente de la República "mediante juramento ante la Asamblea Nacional." (art. 231), con lo que inicia su período constitucional. Ello significa que un Presidente electo para iniciar su período constitucional, es decir, para ejercer el cargo para el cual fue electo, tiene ineludiblemente que juramentarse ante la Asamblea Nacional (art. 231), y sólo "si por cualquier motivo sobrevenido" el Presidente "no pudiese tomar posesión ante la Asamblea Nacional, lo hará ante el Tribunal Supremo de Justicia." (art. 231). La toma de posesión del cargo, por tanto, es la condición esencial para que pueda ejercerse el mismo, para lo cual la Constitución establece una formalidad sustancial que es el juramento.

La Constitución, en efecto, establece el juramento como condición para ejercer un cargo público y tomar posesión del mismo, sólo en el caso de los jueces (art. 255) y del Presidente de la República; en cuyos casos tiene rango constitucional. En cuanto al juramento en relación con todos los otros funcionarios públicos, está regulado en la Ley de Juramento de 1945, en la cual se indica ante quién debe ser prestado; Ley que en todo caso dispone que "Ningún empleado podrá entrar en ejercicio de sus funciones sin prestar antes juramento de sostener y defender la Constitución y las leyes de la república y de cumplir fiel y exactamente los deberes de su empleo" (art. 1).

El juramento, por tanto, es la condición esencial para que un funcionario público pueda tomar posesión de su cargo o pueda entrar en ejercicio del mismo, condición que como se dijo, sólo en dos casos tiene rango constitucional, en el caso de los jueces y en el caso del Presidente de la República. En los otros casos es un requisito de rango legal.

En consecuencia, no se trata de un formalismo insustancial que pueda soslayarse o evitarse, y menos cuando tiene rango constitucional como es el caso del Presidente de la República o de los jueces. Sin juramento, sencillamente, el funcionario designado o electo no puede entrar en ejercicio de sus funciones, no puede tomar posesión de su cargo.

Y ello es lo que ocurre, por ejemplo, con el Presidente electo de la República, quien para tomar posesión de su cargo tiene que juramentarse ante la Asamblea Nacional, pero no en cualquier día después de su elección, sino precisamente el 10 de enero del año siguiente a su elección, en la sesión correspondiente de la Asamblea Nacional, que es cuando comienza su período constitucional.

Entre el momento de la elección de un Presidente y el momento de su juramentación para tomar posesión del cargo, por tanto, se produce un período de transición en el cual coinciden, por una parte, un Presidente en ejercicio del cargo, en los últimos meses de su período constitucional; y por la otra, un Presidente electo, que aún siendo titular del cargo por elección, no puede ejercerlo sino a partir del 10 de enero siguiente una vez que se juramente ante la Asamblea Nacional.

Durante ese período de transición, la Constitución regula la situación de las posibles faltas de ambos Presidentes: el que está en ejercicio de sus funciones, y el que solo es Presidente electo.

En cuanto al Presidente en ejercicio del cargo, la Constitución regula el régimen de la posible falta temporal y falta absoluta del mismo. En cuanto a la primera, la falta temporal, se regula en los artículos 234 y 239.4 de la Constitución donde se dispone que la supla el Vicepresidente Ejecutivo, quien es designado por el propio Presidente, de quien es su "órgano directo y colaborados inmediato" (art. 238). Esta es la situación constitucional que por ejemplo existió en el país desde el 10 de diciembre de 2012, cuando el Presidente de la República viajó a Cuba para someterse a una delicada operación que lo ha mantenido hospitalizado e inhabilitado para gobernar, cuando la falta temporal ha sido suplida por el Vicepresidente N. Maduro.

En cuanto a los casos de falta absoluta del Presidente de la República en funciones, en particular en el período de transición entre períodos constitucionales cuando coincide con el Presidente electo, si la misma llegare a ocurrir, estando al final del período constitucional (durante los últimos dos años del mismo), el Vicepresidente Ejecutivo es quien asume la Presidencia de la República "hasta completar dicho período," es decir, hasta el 10 de enero del año en el cual termina. Ello implica que en esos casos, constitucionalmente, el Vicepresidente Ejecutivo encargado de la Presidencia por falta absoluta del Presidente en funciones, no puede ejercer el gobierno sino hasta completar el periodo del Presidente que estaba en funciones, debiendo transferir el Poder Ejecutivo al Presidente electo en ese día 10 de enero.

En cuanto al Presidente electo, como se dijo, la Constitución exige que tome posesión del cargo el 10 de enero del primer año de su período constitucional. Con anterioridad a esa fecha, su status es de "Presidente electo," pero sin estar y sin poder estar en ejercicio del cargo, que sólo puede asumir al juramentarse ante la Asamblea Nacional el 10 de enero. Por tanto, mientras es Presidente electo, no se le puede aplicar en forma alguna las causales de "falta temporal" pues no está en ejercicio de cargo alguno. El régimen de las faltas temporales sólo se puede concebir respecto del Presidente en ejercicio del cargo, una vez que ha tomado posesión del mismo.

Por ello, respecto del Presidente electo, la Constitución sólo regula el supuesto de falta absoluta del mismo (art. 233) precisamente durante el período de transición, a cuyo efecto establece que en esos casos de falta absoluta del Presidente electo antes de tomar posesión del cargo, es decir, después de su elección y antes de 10 de enero siguiente, una vez que el Presidente en ejercicio completa su período y ejerce el cargo hasta esa misma fecha 10 de enero, a partir de la misma el Presidente de la Asamblea Nacional se debe encargar de la Presidencia de la República mientras se elige y toma de posesión el nuevo Presidente que debe elegirse.

Distinta era la situación que existía desde el 10 de diciembre de 2012, cuando por la falta temporal del Presidente Chávez, por estar sometido a cuidados médicos postoperatorios en Cuba, lo suplía en la Presidencia de la República el Vicepresidente Ejecutivo. En esa situación, había un Presidente titular que a la vez era Presidente electo, de manera que si se hubiese producido en ese período de transición entre los dos períodos constitucionales, una falta absoluta del Presidente Chávez, el Vicepresidente Ejecutivo Maduro que lo suplía temporalmente en el cargo, debía completar el período hasta el 10 de enero, y a partir de ese día, por imposibilidad de que el Presidente electo pudiera asumir el cargo, la interpretación constitucional más elemental imponía que se siguiese el mismo régimen de la falta absoluta del Presidente electo antes de la toma de posesión, es decir, que aparte de que el Vicepresidente Ejecutivo en ejercicio del cargo completase el período constitucional hasta esa misma fecha 10 de enero, a partir de la misma sólo el Presidente de la Asamblea Nacional hubiese podido encargarse de la Presidencia de la República mientras se elegía y tomaba posesión el nuevo Presidente que debía elegirse.

Pero esa situación no era la que previsiblemente podía darse en los días previos al 10 de enero de 2013, cuando en el período de transición entre los dos períodos constitucionales (2007–2013 y 2013–2019), el Presidente Chávez, titular del cargo del período 2007–2013, estaba hospitalizado en La Habana, y su falta temporal la suplía el Vicepresidente Ejecutivo, situación que se tenía que prolongar hasta el 10 de enero de 2013, cuando le correspondía al propio Presidente Chávez, como Presidente electo (o reelecto), tomar posesión del cargo y juramentarse para el nuevo período constitucional 2013–2019 para el cual había sido electo el 7 de octubre de 2012.

Sin embargo, por las informaciones oficiales de las cuales se disponía, dadas por el voceros gubernamentales desde el 11 de diciembre de 2012, en realidad, lo que era previsible era que el Presidente Chávez no pudiera acudir ante la Asamblea Nacional a tomar posesión del cargo de Presidente de la República para el período 2013–2019, mediante su juramento ante la Asamblea. En esa situación, lo cierto es que, por una parte, el Vicepresidente Ejecutivo que lo suplía temporalmente en el ejercicio del cargo por los problemas de salud que lo aquejaban, sólo podía y debía completar el período constitucional correspondiente, es decir, el que terminaba el 10 de enero de 2013, en su carácter de Vicepresidente Ejecutivo de un Presidente que terminaba en sus funciones el 10 de enero al concluir su período constitucional; y por la otra, que a partir del 10 de enero, cuando comenzaba un nuevo período constitucional para el cual había sido electo el mismo Presidente Chávez, al no poder este tomar posesión del cargo por no poder juramentarse en la Asamblea ese día, y en ausencia de normas constitucionales expresas, debía interpretarse la Constitución para determinar quién debía en tal situación encargarse de la Presidencia y cuales debían ser sus tareas inmediatas. En ningún caso podía interpretarse que el Vicepresidente Ejecutivo que suplía la falta temporal del Presidente Chávez pudiera seguir en ejercicio de la Presidencia "supliendo" a un Presidente que no podía tomar posesión del cargo. Si el Presidente Chávez no acudía ante la Asamblea a juramentarse el 10 de enero de 2012, no entraba en ejercicio del cargo, por lo que mal podría pretenderse "suplir" a alguien en el ejercicio de un cargo cuyo ejercicio no se ha asumido por no haber tomado posesión del mismo.

Como se dijo, en esta materia de régimen de la no comparecencia del Presidente electo a tomar posesión de su cargo mediante juramento ante la Asamblea Nacional el 10 de enero, la Constitución sólo regula expresamente la hipótesis de que "si por cualquier motivo sobrevenido" el Presidente de la República electo "no pudiese tomar posesión ante la Asamblea Nacional," en ese caso, dispone la norma, "lo hará ante el Tribunal Supremo de Justicia" (art. 231). Esta regulación, por una parte, confirma la importancia de la fecha del 10 de enero que es la única en la cual el Presidente puede juramentarse ante la Asamblea Nacional, de manera que si por cualquier "motivo sobrevenido" no pudiese tomar posesión ante la Asamblea Nacional," entonces sólo puede hacerlo posteriormente "ante el Tribunal Supremo de Justicia."

No regula la norma expresamente quien debe encargarse de la Presidencia el 10 de enero en caso de incomparecencia del Presidente electo a tomar posesión de su cargo para el cual fue electo el año anterior. Evidentemente que no puede ser el Presidente de la República saliente, que termina su período ese día, ni puede ejercer dicha Presidencia el Vicepresidente Ejecutivo del Presidente saliente en caso de que para esa fecha hubiese estado supliéndolo temporalmente. El 10 de enero termina un período constitucional y comienza otro, y no podrían las autoridades ejecutivas en ejercicio en el período constitucional anterior, asumir el gobierno del período subsiguiente, simplemente porque es un nuevo período. Y poco importa que se trate de una misma persona que sea el Presidente titular del período constitucional anterior y el Presidente electo para el período siguiente, quien para asumir el cargo en este siguiente período debe juramentarse ante la Asamblea. Sin ese juramento no puede ejercer la Presidencia para ese segundo período.

Por tanto, a la no comparecencia del Presidente electo para asumir el cargo ante la Asamblea, como puede tener el mismo efecto que una falta absoluta del Presidente electo antes de tomar posesión del cargo que es lo que está regulado constitucionalmente, desde el punto de vista interpretativo, y ante la carencia de norma expresa que regule la situación, debe aplicársele analógicamente la misma regulación que la Constitución prevé para este último caso, que es que el 10 de enero se debe encargar de la Presidencia de la República el Presidente de la Asamblea Nacional, quien entre sus funciones inmediatas tiene la de determinar la situación constitucional derivada de la no comparecencia del Presidente electo, es decir, los "motivos sobrevenidos" que le impidieron presentarse ante la Asamblea, y que podrían dar lugar a un caso de falta absoluta, y con esto, a la convocatoria de una nueva elección.

Se destaca, en todo caso, que sea cual sea el motivo sobrevenido que le impide al Presidente electo comparecer a la sesión respectiva de la Asamblea Nacional el 10 de enero para tomar posesión del cargo mediante juramento, la Constitución dispone que este juramento para la toma de posesión del cargo "lo hará ante el Tribunal Supremo de Justicia," se entiende que posteriormente, dependiendo de la naturaleza y determinación que se haga sobre el "motivo sobrevenido," lo que ocurrirá siempre que el mismo no resulte finalmente en una falta absoluta. En todo caso y para el caso de que se pueda prestar el juramento con posterioridad al 10 de enero ante el Tribunal Supremo de Justicia, debe advertirse que el período constitucional del nuevo Presidente terminaría siempre el 10 de enero del año sexto del período constitucional y no en fecha posterior.

Ahora bien, en el contexto de la falta de comparecencia del Presidente electo a la juramentación ante la Asamblea el 10 de enero, en todo caso queda claro que el elemento esencial a considerar, y que es el que tiene que asumir el Presidente de la Asamblea Nacional al encargarse de la Presidencia de la República, es determinar en qué consistió el "motivo sobrevenido" que impidió la comparecencia del Presidente electo ante la Asamblea el 10 de enero.

Muchos ejemplos podrían darse para ilustrar la situación y fundamentar la lógica de la interpretación constitucional mencionada que exige que el Presidente de la Asamblea se encargue de la Presidencia mientras se determina la situación del Presidente electo no juramentado el 10 de enero. Podría tratarse por ejemplo, de un accidente aéreo, de un secuestro o en fin, de una desaparición, en cuyo caso el Presidente de la Asamblea Nacional como encargado de la Presidencia debe asegurar que se realice el proceso de constatación para determinar si dicho accidente, el secuestro o la desaparición produjeron o no una falta absoluta del Presidente electo. En el caso de un accidente aéreo la determinación podría ser más rápida que en los otros casos, en los cuales puede imponerse que transcurra más tiempo, aún cuando con un límite. De nuevo, en estos casos, hay que acudir a la interpretación constitucional y aplicar analógicamente previsiones que regulen situaciones similares, que en este caso sería la del artículo 234 de la Constitución que dispone que la Asamblea Nacional debe decidir por mayoría de sus integrantes si se considera que la prolongación de una falta temporal por más de 90 días debe considerarse como falta absoluta.

En todo caso en el que se considere que hay falta absoluta, también habría que aplicar analógicamente lo que prescribe la Constitución en los casos de falta absoluta del Presidente electo antes de tomar posesión de su cargo (art. 233), en el sentido de que el Presidente de la Asamblea como encargado de la Presidencia, debe velar porque se realice la elección correspondiente y tome posesión el nuevo Presidente. Siendo esta falta absoluta producida al inicio del período constitucional, esa elección debería realizarse dentro de los treinta días consecutivos siguientes, tal como se prescribe respecto de las faltas absolutas del Presidente que se produzcan durante los cuatro primeros años del período constitucional (art. 233). De esa norma, sin embargo, no puede aplicarse el régimen de encargaduría por parte del Vicepresidente Ejecutivo que sólo se prevé para casos de falta temporal de un Presidente en ejercicio, pues en la hipótesis de falta absoluta del Presidente electo como motivo de su no comparecencia el día 10 de enero, no podría haber Vicepresidente como "órgano directo y colaborador inmediato" del Presidente electo (art. 238), pues si este no pudo tomar posesión de su cargo el 10 de enero, mal podría haber nombrado a su Vicepresidente Ejecutivo para el período constitucional que se iniciaba ese día.

Pero sin duda, la falta de comparecencia del Presidente electo a la sesión de la Asamblea Nacional del 10 de enero del primer año del período constitucional, podría tener otras causas o "motivos sobrevenidos" que también podrían derivar en una falta absoluta del Presidente electo, y que en todo caso, habría que dilucidar a partir de esa fecha. Este es precisamente el caso que lo más probable sea que puede presentarse el 10 de enero de 2013, particularmente por lo que se deriva de los propios anuncios gubernamentales sobre la salud del Presidente Chávez.

En efecto después de haber sido sometido a una operación delicada en La Habana el 11 de diciembre de 2012, en los primeros días de enero, específicamente el 4 de enero de 2013, el Ministro de Comunicación e Información anunció al país en cadena de radio y televisión que el Presidente de la República, Hugo Chávez, presentaba "una insuficiencia respiratoria producto de una 'severa infección pulmonar' a raíz de la intervención quirúrgica a la que fue sometido el pasado 11 de diciembre"(1); y el 7 de enero de 2013, el mismo Ministro de Comunicación e Información, Ernesto Villegas, informó igualmente en cadena nacional que el presidente Chávez "se encuentra en un estado 'estacionario', luego de que se le diagnosticara una insuficiencia respiratoria."(2)

De lo anterior era más que previsible que el Presidente Chávez, como Presidente electo no podía presentarse ante la Asamblea Nacional a prestar juramento y posesionarse del cargo de Presidente para el período 2013–2019 por estar gravemente enfermo y en una situación postoperatoria igualmente grave y delicada. En este caso, en la víspera del 10 de enero de 2013, por tanto, se estaba ya en presencia de un "motivo sobrevenido" que conforme al artículo 231 de la Constitución razonablemente le iba a impedir al Presidente regresar a Venezuela y tomar posesión ante la Asamblea. En ese supuesto, como antes se ha argumentado, ante la incomparecencia del Presidente electo, a partir del mismo 10 de enero, el Presidente de la Asamblea Nacional es el que debe encargarse de la Presidencia de la República.

De la Presidencia de la República, evidentemente que no podría encargarse el Vicepresidente Ejecutivo N. Maduro designado para el período constitucional que termina el mismo día 10 de enero, y menos aún cuando para esa fecha estaba supliendo la falta temporal del propio Presidente Chávez en el final de su período constitucional 2007–2013, que termina precisamente ese día. El 10 de enero, como se ha dicho, termina un período constitucional y comienza otro, y no podrían las autoridades ejecutivas en ejercicio en el período anterior, asumir el gobierno del período subsiguiente, simplemente porque es un nuevo período. Y poco importa que en este caso se trate de una misma persona que sea el Presidente titular del período constitucional anterior (2007–2013) y el Presidente electo para el período siguiente (2013–2019), quien para asumir el cargo en este siguiente período debe juramentarse ante la Asamblea. Sin ese juramento, como se ha dicho, no puede ejercer la Presidencia para ese segundo período, y su no comparecencia ante la Asamblea para asumir el cargo, por razones de salud, como podría tener el mismo efecto que una falta absoluta del Presidente electo antes de tomar posesión del cargo que es lo que esta regulado constitucionalmente, desde el punto de vista interpretativo, y ante la carencia de norma expresa que regule la situación, debe aplicársele analógicamente la misma regulación que la Constitución prevé para este último caso, que es que el 10 de enero se debe encargar de la Presidencia de la República el Presidente de la Asamblea Nacional, quien entre sus funciones inmediatas tiene la de determinar el "motivo sobrevenido" derivado de los problemas de salud anunciados oficialmente que afectan al Presidente electo, y que con seguridad le impedirían presentarse ante la Asamblea, y que podrían dar lugar a un caso de falta absoluta, y con esto a la necesidad de la convocatoria de una nueva elección.

En esta situación, de eventual falta de comparecencia del Presidente electo a la juramentación ante la Asamblea el 10 de enero por razones de salud, queda claro que el elemento esencial a considerar, y que es el que tiene que asumir el Presidente de la Asamblea Nacional al encargarse de la Presidencia de la República, es determinar en qué consistió el "motivo sobrevenido" que impidió la comparecencia del Presidente electo ante la Asamblea el 10 de enero. En este caso, como se ha anunciado oficialmente que se trata de enfermedad grave que aqueja la salud del Presidente Chávez, el Presidente de la Asamblea Nacional como encargado de la Presidencia es quien debe asegurar que se realice el proceso de constatación para determinar si dichos problemas de salud podrían afectar la capacidad del Presidente para ejercer sus funciones, lo que podría desembocar incluso en la declaración de falta absoluta del Presidente electo.

En estos casos, ante la ausencia de regulación expresa constitucional para el supuesto de enfermedad como "motivo sobrevenido" que impida la comparecencia del Presidente electo ante la Asamblea Nacional para tomar posesión del cargo el día 10 de enero de 2013, y que podría dar origen a una falta absoluta, debe aplicarse analógicamente la regulación constitucional establecida para las faltas absolutas del Presidente de la República (art. 233), a los efectos de determinar la naturaleza de la situación de su salud, lo que tratándose de un tema médico, debe encomendarse a la junta médica prevista en la norma que el Tribunal Supremo debe designar con aprobación de la Asamblea Nacional, para determinar y certificar sobre la capacidad o la "incapacidad física o mental permanente" del Presidente. Mientras ese procedimiento se desarrolla, como se ha dicho, el Presidente de la Asamblea debe encargarse de la Presidencia de la República por aplicación analógica de la previsión que regula la falta absoluta del Presidente electo (art. 233).

Si dicha junta médica certifica que el Presidente de la República, por su situación de salud, está incapacitado para ejercer la Presidencia para el período 2013–2019, se debe proceder a declarar la falta absoluta del Presidente electo no juramentado y procederse a realizar una elección universal, directa y secreta dentro de los treinta días consecutivos siguientes a la declaratoria de tal incapacidad por la falta absoluta que ello implica, quedando el Presidente de la Asamblea Nacional encargado de la Presidencia mientras se elige y toma posesión el nuevo Presidente (art. 233).

Si dicha junta médica, por el contrario, certifica que el Presidente de la República, a pesar de la gravedad de su cuadro de salud, tal como ha sido anunciado oficialmente, sí está en capacidad física y mental para asumir y ejercer el cargo de Presidente de la República, el Presidente de la Asamblea Nacional debe continuar como encargado de la Presidencia hasta que el enfermo Presidente electo se pueda juramentar ante el Tribunal Supremo de Justicia, conforme se dispone en el artículo 231 de la Constitución. En este caso, tampoco existe previsión constitucional expresa sobre el tiempo que pueda transcurrir entre la declaratoria de capacidad por una junta médica y la toma de posesión mediante juramento ante el Tribunal Supremo, pero lo cierto es que no puede ser indefinido por atentar ello contra la gobernabilidad democrática. Ante la ausencia de norma expresa, en este caso, también hay que acudir a la interpretación constitucional y aplicarse analógicamente la previsión del artículo 234 que regula situaciones similares, conforme a la cual es la Asamblea Nacional la llamada a decidir por mayoría de sus integrantes si se considera que la prolongación de la enfermedad por más de 90 días debe considerarse como falta absoluta, en cuyo caso, como antes se ha dicho, quedaría el Presidente de la Asamblea encargado de la Presidencia mientras se elige y toma posesión el nuevo Presidente (art. 233).

La anterior era la situación constitucional para el comienzo del día 7 de enero de 2013, cuando ya se venían anunciando en declaraciones diversas del Vicepresidente Nicolás Maduro (3) y de la Procuradora General de la República (4) y de otros funcionarios públicos, que el Presidente Chávez no concurriría a la Asamblea y que no era necesaria su juramentación para considerar que seguía ejerciendo el cargo de Presidente para el cual había sido electo; todo lo cual mostraba un cuadro de absoluta inconstitucionalidad.

Notas

(1) Maduro: "Après la délicate opération du 11 décembre dernier, le commandant Chavez a souffert de complications suite à un grave infection pulmonaire. Cette infection a provoqué une insuffiance respiratoire qui implique un suivi strict de traitment," en "Chavez: des 'complications' après une 'grave infection pulmonaire'", en Le Monde, Paris 5–1–2013, p. 6.

(2) Villegas: "Chávez e encuentra en estado estacionario," Caracas 7–1–2013, en: **http://www.lapatilla.com/site/2013/01/07/villegas–en–cadena–nacional–2/**

(3) El día 4 de enero de 2013, Globovisión informaba que "El vicepresidente Nicolás Maduro reiteró que en este momento Hugo Chávez "es Presidente en funciones" de Venezuela, pues la Asamblea Nacional aprobó "por unanimidad" que atendiera asuntos relacionados con su salud en Cuba. Aseguró que si el 10 de enero Chávez no pudiese estar presente en la Asamblea Nacional para tomar posesión de su cargo, el período constitucional arrancaría igualmente ese día y "el formalismo de su juramentación podrá resolverse ante el Tribunal Supremo de Justicia" cuando éste lo estipule." Globovisión.com, 4–1–2013. .

(4) La Procuradora general de la República, Cilia Flores declaró que el Presidente "estaba en pleno ejercicio de su cargo" y que desde que se lo proclamó electo en octubre de 2012, ya tenía los símbolos del poder. Declaraciones a VTV, Caracas 6 de enero de 2013, véase en: **http://www.youtube.com/watch?v=prAZvXE93zQ**

14. COMUNICADO DE LA CONFERENCIA EPISCO-PAL VENEZOLANA ANTE LA SITUACIÓN DEL PAÍS

Los Arzobispos y Obispos de Venezuela

Reunidos en nuestra XCIX Asamblea Plenaria Ordinaria, enviamos a todos los hombres y mujeres de Venezuela un saludo de Año Nuevo y queremos compartir algunas reflexiones sobre el acontecer nacional

A finales del año pasado vivimos dos procesos electorales que se desarrollaron en un ambiente de pacífica convivencia, pero los reclamos por la falta de condiciones de equidad en el desarrollo de la campaña plantean la necesidad de una revisión y absoluta imparcialidad del sistema electoral.

Observamos con preocupación que en el conjunto de leyes, denominadas del "Poder Popular", se haga un énfasis en el carácter ideológico de las mismas, y se introduzcan conceptos como "socialismo" y "estado comunal", no contemplados en el texto constitucional. La organización político territorial no puede construirse sobre una ideología restrictiva, porque atentaría contra la concepción del Estado plural, no excluyente y democrático, consagrado por la Constitución (*Cf.* Art. 2 y 6).

El estado de salud del Señor Presidente de la República ha generado inquietud en el conjunto de la población venezolana. Junto con todo el pueblo nos solidarizamos con el Presidente y su familia en este momento difícil de su enfermedad. Abogamos y elevamos nuestra oración al Altísimo por su salud física y espiritual. Es necesario que las autoridades informen con claridad y veracidad sobre el estado y evolución de la salud del Presidente, pues es un tema de interés público dada la función que él ejerce. El dictamen de una junta médica conformada por reconocidos profesionales venezolanos despejará incertidumbres.

Así mismo, ante la situación constitucional que ha creado la condición de salud del Señor Presidente de la República, llamamos a todos los poderes públicos y a la ciudadanía en general a respetar escrupulosamente la normativa constitucional, pues del respeto del estado de derecho depende la estabilidad y la paz de la República; entendiendo que la voluntad soberana del pueblo se expresa y se ejerce en el marco de las normas de la Constitución Nacional. Una interpretación acomodaticia de la Constitución para alcanzar un objetivo político es moralmente inaceptable.

Los venezolanos debemos reafirmar nuestra vocación democrática en este difícil momento. El diálogo franco, abierto y respetuoso, que tenga como objetivo el total apego a la Constitución y la defensa de la soberanía de Venezuela, debe continuar siendo el camino para alcanzar la superación de los múltiples obstáculos que afectan nuestra convivencia ciudadana y que nos pueden llevar a una crisis más profunda.

Rogamos al Señor derrame su bendición sobre nuestro país y nos conceda vivir en un ámbito de libertad, solidaridad, tolerancia, |fraternidad y paz. Invocamos la maternal protección de la Santísima Virgen María bajo la advocación de Nuestra Señora de Coromoto. Invitamos a todos los creyentes a orar por nuestra patria.

Caracas, 8 de Enero de 2.013

15. INTERPRETACIÓN JURÍDICA

René De Sola

El artículo 4° del Código Civil establece la regla general de interpretación de las leyes:

"A la ley debe atribuírsele el sentido que aparece evidente del significado propio de las palabras, según la conexión de ellas entre sí y la intención del legislador".

A propósito de la juramentación del Presidente electo, se ha pretendido dar al artículo 231 de la Constitución diversas interpretaciones completamente ajenas a su texto y a su verdadera intención y finalidad. Al igual que cualquier otro funcionario, aquél **"deberá"** prestar juramento y tomar posesión de su cargo el 10 de enero del primer año de su período constitucional.

La forma verbal **"deberá"** tiene gramaticalmente carácter imperativo, lo que quiere decir que es en ésa y no en ninguna otra fecha cuando se cumplirá ese mandato expreso, y para que no pueda ser soslayado, de no efectuarse ante la Asamblea Nacional por cualquier motivo sobrevenido, se hará ante el Tribunal Supremo de Justicia.

Los motivos sobrevenidos tienen exclusiva relación con la Asamblea Nacional. Por ejemplo, que para la fecha indicada ésta no hubiera podido instalarse; o bien que en el día fijado no se hubiera logrado el quórum requerido para la actuación legal de este Cuerpo. Y para que ello no pueda afectar el período del Presidente electo ni que la juramentación pueda realizarse en fecha diferente, se da la alternativa de que el acto respectivo se lleve a cabo ante el Tribunal Supremo de Justicia. De este modo se respeta la terminación de un período constitucional y no se reduce el que le corresponde al Presidente electo.

El segundo aparte del artículo 233 califica de falta absoluta del Presidente electo si no se presenta a prestar el juramento y tomar posesión de su cargo el día antes indicado, lo que daría lugar a que, dentro de los treinta días consecutivos siguientes, se proceda a una nueva elección. Es obvio que esta disposición concierne exclusivamente al Presidente electo, en tanto que el primer aparte de ese mismo artículo 233 sólo puede tener aplicación cuando se trate de un Presidente en ejercicio de su cargo.

Corresponderá al Presidente de la Asamblea Nacional encargarse de la Presidencia de la República mientras se elija y tome posesión el nuevo Presidente.

Caracas, 8 de enero de 2013.

16. DECLARACIÓN SOBRE LA NO COMPARECENCIA DEL PRESIDENTE ELECTO A LA TOMA DE POSESIÓN DE SU CARGO Y LA IRREGULAR PRETENSIÓN DE PRORROGAR LAS FUNCIONES DE LOS INTEGRANTES DEL ACTUAL GOBIERNO SIN FUNDAMENTO JURÍDICO ALGUNO

*Grupo de Profesores de Derecho Público de las
Universidades de Venezuela*

El Grupo de Profesores de Derecho Público de las Universidades de Venezuela, se siente obligado a denunciar la grave inconstitucionalidad que se derivaría de una eventual ausencia de juramentación del Presidente electo el próximo 10 de enero de 2013 y de la irregular prolongación de las funciones de los integrantes del actual gobierno, sin fundamento jurídico alguno.

1. En nuestro país el período presidencial es de seis años, tal y como dispone el artículo 230 de la Constitución, período que comienza "el día 10 de enero del primer año", según establece el artículo 231 de la misma Constitución. Por lo tanto, para el 10 de enero de 2013 ya habrá culminado el período presidencial para el cual el ciudadano Hugo Chávez fue electo en 2006 y cuya toma de posesión tuvo lugar el 10 de enero de 2007.

2. Para tomar posesión del cargo para el nuevo período que se inicia el 10 de enero de 2013, el Presidente electo deberá prestar juramento ante la Asamblea Nacional, como exige dicho artículo 231 constitucional. El juramento del Presidente electo no es una mera formalidad; por el contrario, es condición exigida por la Constitución para que el candidato electo pueda tomar posesión del cargo. Por ello, la falta de juramento imposibilita al Presidente electo convertirse en Presidente en ejercicio.

3. La reelección presidencial no altera la estricta aplicación de los artículos 230 y 231 de la Constitución, que no establecieron excepción alguna en caso de reelección. Por tanto, el Presidente, habiendo sido reelecto, deberá prestar juramento para tomar posesión del cargo para el nuevo período, sin

que sea admisible considerar la "continuidad" o "extensión" del período anterior, supuesto que no permite, de ningún modo, la Constitución ya que los períodos presidenciales son fijos e improrrogables.

4. La reelección no supone, por tanto, la continuación del período presidencial anterior, que constitucionalmente es de seis años. La reelección simplemente supone que quien finaliza un período presidencial puede, inmediatamente, tomar posesión del cargo para el nuevo período, siempre y cuando cumpla con las formalidades impuestas por la Constitución, y en concreto, con el juramento, mediante el cual tomará posesión del cargo para el nuevo período.

5. Al no prestar juramento ante la Asamblea Nacional el próximo 10 de enero y al no tomar posesión del cargo para el cual fue electo el ciudadano Hugo Chávez Frías, debe entenderse – por aplicación analógica del artículo 233– que el Presidente de la Asamblea Nacional – única autoridad legitimada constitucional y popularmente para ello– debe asumir temporalmente el cargo de Presidente de la República, cumpliéndose las condiciones previstas para las faltas temporales del Presidente (artículo 234 constitucional). Esa condición podrá mantenerse por un máximo de noventa días, prorrogables por fecha igual mediante decisión de la Asamblea Nacional.

6. Es importante aclarar que al ausentarse el Presidente del país, el pasado mes de diciembre, para atender su tratamiento médico, se ocasionó una situación de hecho que generó una falta temporal, frente a la cual, sin embargo, no se ha procedido conforme a lo estipulado en la Constitución. En todo caso, las condiciones que determinaron esa falta temporal del Presidente en ejercicio, cuyo período está a pocos días de vencerse, se mantienen aún, imposibilitando al Presidente electo para prestar juramento y, mediante esa formalidad esencial, asumir el cargo para el nuevo período. Por ello, ante esa situación no prevista gramaticalmente en la Constitución, pero si en su contexto, objeto y fines, debe asumir el cargo interinamente el Presidente de la Asamblea Nacional.

7. El permiso que la Asamblea Nacional otorgó al Presidente Hugo Chávez para ausentarse del país, no puede implicar la extensión del período presidencial más allá del 10 de enero. Ese permiso habilitó al Presidente para ausentarse del país por más de cinco días (artículo 235 constitucional), pero sin que ello pueda extender el período del Presidente que, por imperativo constitucional, vencerá el 10 de enero de 2013. Por corresponder al período constitucional en curso ese permiso decaerá también en esa fecha.

8. Debemos ser muy enfáticos en esto: la solución constitucional pasa por reconocer una situación de hecho, esto es, la ausencia temporal del Presidente electo, pero en modo alguno permite afirmar el decaimiento de tal condición ante la falta de juramentación, pues ello solamente es posible ante alguna de las expresas y taxativas causas de ausencia absoluta que la Constitución dispone. Pese a no juramentarse, el ciudadano Hugo Chávez mantiene, sin dudas, su condición de Presidente electo.

9. Sin embargo, aún sin la juramentación del Presidente electo –y lo que es más grave sin que se conozca cuál es la voluntad expresa del ciudadano Hugo Chávez Frías– funcionarios del Gobierno correspondiente al período presidencial que está por culminar el 10 de enero pretenden mantenerse en ejercicio de sus cargos, incluido el Vicepresidente de la República, ciudadano Nicolás Maduro, sin fundamento jurídico alguno válido. A tal fin se ha pretendido explicar que hay una continuación del período y que, por lo tanto, el ciudadano Hugo Chávez Frías mantiene su condición de Presidente, hasta que pueda tomar posesión del cargo mediante juramento.

10. El ejercicio temporal de la Presidencia por el Presidente de la Asamblea Nacional, es por tanto una solución apegada a la Constitución que respeta la voluntad popular expresada el pasado 7 de octubre. Además, ese ejercicio asegura el normal funcionamiento de las instituciones del Gobierno Nacional y la constitucional continuidad de la Presidencia. Por el contrario, una solución distinta resulta contraria a la Constitución, al extenderse un período presidencial ya vencido, que además, genera una innecesaria incertidumbre que afecta la seguridad jurídica y la estabilidad del régimen constitucional.

Caracas, 08 de enero de 2013

Allan R. Brewer Carías
1.861.982
Alfredo Morles Hernández
226.817
Andrea Santacruz
16.815.026
Armando Rodríguez García
3.226.091
Antonio Silva Aranguren
9.435.159
Asdrúbal Aguiar
3.410.477
Carlos Ayala Corao
4.767.891
Carlos Weffe
12.389.691
Cecilia Sosa G.
2.935.735
Claudia Nikken
10.810.802

Daniela Urosa
12.384.779
Enrique J. Sánchez Falcón
2.104.359
Flavia Pesci–Feltri
6.346.183
Freddy J. Orlando S.
2.144.294
Gerardo Fernández
5.531.007
Gustavo Briceño Vivas
3.665.011
Gustavo Grau Fortoul
6.867.497
Gustavo Tarre Briceño
3.183.649
Humberto Angrisano Silva
6.500.463
Humberto Njaim
2.060.435

Jesús María Casal Hernández
9.120.434

Jorge Kiriakidis
7.446.042

José Vicente Haro
13.066.473

José Ignacio Hernández G.
11.554.371

José Antonio Muci Borjas
6.056.019

José Peña Solís
799.396

Juan Domingo Alfonzo Paradisi
6.900.078

Laura Louza
9.967.775

Luis Alfonso Herrera Orellana
12.917.388

Manuel Rachadell
2.678.077

Manuel Rojas Pérez
14.351.545

Pedro Afonso del Pino
16.460.816

Rafael J. Chavero Gazdik
11.027.970

Ricardo Antela Garrido
18.185.483

Rogelio Pérez Perdomo
2.154.827

Román Duque Corredor
2.455.372

Serviliano Abache Carvajal
13.310.588

Tomás Arias Castillo
14.500.244

17. SENTENCIA DE LA SALA CONSTITUCIONAL DEL TRIBUNAL SUPREMO DE JUSTICIA, DE 9 DE ENERO DE 2013, MEDIANTE LA CUAL SE ALTERA GRAVEMENTE EL ORDEN CONSTITUCIONAL Y DESCONOCE LA TEMPORALIDAD DE LOS MANDATOS CONSTITUCIONALES QUE ES PROPIA DE LA REPÚBLICA

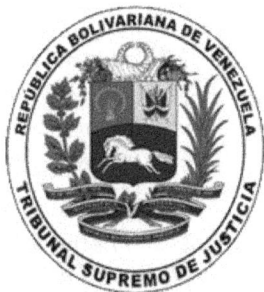

LA REPUBLICA BOLIVARIANA DE VENEZUELA
EN SU NOMBRE
EL TRIBUNAL SUPREMO DE JUSTICIA

PONENCIA CONJUNTA
Expediente N° 12–1358

Mediante escrito presentado el 21 diciembre de 2012, la ciudadana MARELYS D'ARPINO, titular de la cédula de identidad n° 3.883.856, inscrita en el Instituto de Previsión Social del Abogado bajo el n° 13.961, interpuso ante la Secretaría de esta Sala Constitucional demanda de interpretación constitucional acerca del contenido y alcance del artículo 231 de la Constitución de la República Bolivariana de Venezuela.

En la misma oportunidad de su presentación, se dio cuenta en Sala y se designó como ponente a la Magistrada Luisa Estella Morales Lamuño, quien

junto a los demás Magistrados y Magistradas de esta Sala Constitucional
suscriben unánimemente la presente decisión.

Efectuado el análisis correspondiente, pasa esta Sala a decidir, previas las
consideraciones siguientes:

I

DE LA DEMANDA

La ciudadana MARELYS D'ARPINO, identificada *supra*, fundó su pretensión de interpretación constitucional sobre la base de los siguientes argumentos:

Que *"la letra del artículo 231 constitucional se refiere a Presidentes
Electos, que tras un proceso de elecciones resulta (sic) ganador (sic) del
Cargo de Primer Mandatario, y que por tanto la formalidad del dispositivo
constitucional constituye condición sine qua non para el comienzo de su período y no como en el caso del Presidente Hugo Chávez Frías, quien sin solución de continuidad viene ejerciendo el cargo de Presidente de la República
Bolivariana de Venezuela"*.

Que *"como quiera que en este momento en el cual Hugo Chávez Frías,
está sometido a un tratamiento de salud fuera del territorio nacional, en la
hermana República de Cuba y vista la proximidad del día 10 de enero [de
2013], [cree] contribuir con esta solicitud, quizás en conjunción con otras, a
que [este] digno Tribunal aclare al País la situación in comento (sic)"*.

Que, por virtud de lo anterior, solicita que *"se interprete el alcance y contenido de la letra del artículo 231 de la Constitución de la República Bolivariana de Venezuela, en cuanto a si, la formalidad de la Juramentación prevista para el 10 de enero de 2012 [rectius: 2013] constituye o no una formalidad sine qua non para [que] un Presidente Reelecto, continúe ejerciendo sus
funciones [y] [a]simismo, solicit[a] se interprete si tal formalidad puede ser
suspendida y/o fijada para una fecha posterior"*.

II

DE LA COMPETENCIA

Con miras a determinar la competencia de esta Sala Constitucional para
conocer la petición sometida a su análisis, se observa que la demandante re-
quirió la interpretación del artículo 231 de la Carta Fundamental en cuanto a
si *"la formalidad de la Juramentación prevista para el 10 de enero de
2012 [rectius: 2013] constituye o no una formalidad sine qua non para
[que] un Presidente Reelecto, continúe ejerciendo sus funciones [y]
[a]simismo, solicit[a] se interprete si tal formalidad puede ser suspendida
y/o fijada para una fecha posterior"*.

La facultad de dirimir las controversias suscitadas con ocasión de la interpretación de normas y principios constitucionales, en su rol de máximo y
último intérprete de la Constitución en los términos que postula su artículo
335, en concordancia con el artículo 336 *eiusdem*, fue reconocida tempran-a-

mente por esta Sala mediante fallo n° 1.077/2000 (caso: *Servio Tulio León*) como un mecanismo de integración de las disposiciones pertenecientes al "*bloque de la constitucionalidad*" y garantía esencial del carácter normativo de la Carta Magna reconocido en su artículo 7 (*cfr*. entre otras, sentencias números 1415/2000, caso: *Freddy Rangel Rojas*; 1563/2000, caso: *Alfredo Peña* y 1860/2001, caso: *Consejo Legislativo del Estado Barinas*).

Por su parte, la Ley Orgánica del Tribunal Supremo de Justicia acogió la doctrina comentada, estableciendo expresamente en su artículo 25.17 la competencia de esta Sala para "*Conocer la demanda de interpretación de normas y principios que integran el sistema constitucional*".

Ello así, de conformidad con los precedentes anotados y en atención a lo dispuesto en la aludida disposición del texto orgánico que regula las funciones de este Máximo Juzgado, como quiera que ha sido instada esta jurisdicción con el fin de precisar el alcance del artículo 231 de la Constitución de la República Bolivariana de Venezuela, esta Sala resulta competente para decidir el asunto sometido a su conocimiento. Así se declara.

III
DE LA ADMISIBILIDAD

Con el objeto de determinar la admisibilidad de la demanda de autos, la Sala estima conveniente reafirmar su doctrina sobre las condiciones de admisibilidad a las que se halla sujeta esta especial demanda mero declarativa (véanse, entre otras, sentencias números 1077/2000, 1347/2000 y 2704/2001).

En este sentido, tal elaboración doctrinal ha instaurado las siguientes causales de inadmisibilidad de la acción de interpretación constitucional:

1.– La falta de legitimación del accionante, entendiendo que tal cualidad viene dada por la vinculación directa de éste con un caso concreto, con miras a brindar una utilidad práctica a esta especial acción que impida se convierta en un simple ejercicio académico.

2.– Cuando no exista una duda razonable en cuanto al contenido, alcance y aplicabilidad de las normas constitucionales, respecto del supuesto fáctico en que se encuentra el accionante.

3.– Cuando la Sala haya resuelto la duda alegada en torno al mismo caso o uno similar, persistiendo en ella ánimo de mantenerlo.

4.– Cuando se utilice esta vía como mecanismo para adelantar un pronunciamiento sobre un asunto planteado ante otro órgano jurisdiccional o para sustituir algún medio ordinario a través del cual, el juez competente para conocerlo, pueda aclarar la duda planteada. Esto es, cuando mediante su ejercicio, se pretenda desbordar su finalidad aclarativa.

5.– Cuando se acumule a la pretensión interpretativa otra de naturaleza diferente o sometida a procedimientos que se excluyan mutuamente.

6.– Cuando no se acompañen los documentos indispensables para verificar si la solicitud es admisible.

7.– Cuando el escrito sea ininteligible o contenga conceptos ofensivos o irrespetuosos.

En lo que atañe a la legitimación para interponer la demanda de interpretación constitucional se ha precisado que tal condición viene dada por la vinculación directa del accionante con un caso concreto, cuya resolución en el orden constitucional dé lugar a una duda razonable, que amerite el que sea movilizada esta Jurisdicción Constitucional con miras a solventar la posible incertidumbre derivada del máximo texto. En este sentido, en la tantas veces referida decisión n° 1077/2000 (caso: *Servio Tulio León*), la Sala dejó sentado que:

"[Q]uien intente el 'recurso' de interpretación constitucional sea como persona pública o privada, debe invocar un interés jurídico actual, legítimo, fundado en una situación jurídica concreta y específica en que se encuentra, y que requiere necesariamente de la interpretación de normas constitucionales aplicables a la situación, a fin de que cese la incertidumbre que impide el desarrollo y efectos de dicha situación jurídica. En fin, es necesario que exista un interés legítimo, que se manifiesta por no poder disfrutar correctamente la situación jurídica en que se encuentra, debido a la incertidumbre, a la duda generalizada".

En el caso de autos, conviene acotar, que la legitimación de la actora reside en el altísimo interés público que la resolución del asunto reviste para toda la ciudadanía, de cara a evitar alteraciones en el ejercicio de la función del Poder Ejecutivo y, especialmente, la preservación de la voluntad soberana del pueblo expresada en los comicios presidenciales celebrados el 7 de octubre de 2012, en los que resultó reelecto el Presidente de la República Hugo Rafael Chávez Frías; quien se encuentra recibiendo tratamiento médico en el exterior de la República, previa autorización de la Asamblea Nacional y que, en atención al mismo, no es probable su comparecencia a la sede del Legislativo el 10 de enero del año en curso.

En segundo lugar, la accionante plantea una duda razonable en la disposición cuya interpretación se requiere, en relación con la posibilidad de estimar la solemnidad de la juramentación como un acto no esencial en el caso de un Presidente reelecto y, por tanto, susceptible de ser diferido sin que ello altere el ejercicio de la función pública del Poder Ejecutivo.

En lo que respecta a la novedad del asunto, el supuesto fáctico narrado carece de precedentes en la jurisprudencia de la Sala, pues no obstante que en fallos números 457/2001 (*Francisco Encinas Verde y otros*) y 759/2001 (caso: *William Lara*) se afirmó que el artículo 231 de la Carta Fundamental (entre otras disposiciones normativas estudiadas) no requería interpretación que completase su sentido, ello se afirmó de cara a la duda elevada a su consideración en aquella oportunidad, referida exclusivamente a la *duración* del período presidencial. En cambio, en el asunto ahora sometido al análisis de la Sala, no está en duda la duración del período presidencial que –como se determinó en aquel pronunciamiento– es de seis años contados a partir del 10 de enero del período constitucional que corresponda; sino si la *juramentación* del Presidente reelecto, el 10 de enero próximo, es indispensable para la continuación de su mandato. Por otra parte, no existe precedente judicial específico en relación a la oportunidad de la investidura presidencial en nuestra historia republicana

Por otra parte, se advierte que no existen otras vías procesales para dilucidar la pretensión, ni acumulación con otra acción con la que pudiese excluirse mutuamente o cuyos procedimientos resultaran incompatibles.

Finalmente, se aprecia que la solicitud fue presentada en términos claros y no contiene conceptos ofensivos o irrespetuosos y, en tal virtud, esta Sala admite la interpretación solicitada. Así se decide.

IV
DE LA URGENCIA DEL ASUNTO

Con fundamento en los precedentes jurisprudenciales contenidos en sentencias números 226/2001, 1.684/2008 y 1.547/2011, considerando, por una parte, que el presente asunto es de mero derecho, en tanto no requiere la evacuación de prueba alguna al estar centrado en la obtención de un pronunciamiento interpretativo y, por la otra, en atención a la inminencia del 10 de enero de 2013 como oportunidad señalada en el artículo 231 de la Constitución para la juramentación del *"candidato electo"* ante la Asamblea Nacional; de conformidad con lo dispuesto en el artículo 7 del Código de Procedimiento Civil, aplicable por remisión supletoria del artículo 98 de la Ley Orgánica del Tribunal Supremo de Justicia, en concordancia con el artículo 145 *eiusdem*, la Sala estima pertinente entrar a decidir sin más trámites el presente asunto. Así se decide.

V
CONSIDERACIONES PARA DECIDIR

La disposición constitucional cuya interpretación es requerida estipula lo siguiente:

"Artículo 231: El candidato elegido o candidata elegida tomará posesión del cargo de Presidente o Presidenta de la República el diez de enero del primer año de su período constitucional, mediante juramento ante la Asamblea Nacional. Si por cualquier motivo sobrevenido el presidente o Presidenta de la República no pudiese tomar posesión ante la Asamblea Nacional, lo hará ante el Tribunal Supremo de Justicia".

La accionante alegó la existencia de una duda interpretativa en torno a si *"la formalidad de la Juramentación prevista para el 10 de enero de 2012 [rectius: 2013] constituye o no una formalidad sine qua non para [que] un Presidente Reelecto, continúe ejerciendo sus funciones [y] [a]simismo, solicit[a] se interprete si tal formalidad puede ser suspendida y/o fijada para una fecha posterior".*

En un primer momento, la Sala estima imperioso aclarar que el juramento previsto en la señalada norma no puede ser entendido como una mera formalidad carente de sustrato y, por tanto, prescindible sin mayor consideración. El acto de juramentación, como solemnidad para el ejercicio de las delicadas funciones públicas es una tradición con amplio arraigo en nuestra historia republicana y procura la ratificación, frente a una autoridad constituida y de manera pública, del compromiso de velar por el recto acatamiento de la ley, en el cumplimiento de los deberes de los que ha sido investida una determinada persona.

En el caso del Presidente de la República, ella debe tener lugar ante la Asamblea Nacional, como órgano representativo de las distintas fuerzas sociales que integran al pueblo, el 10 de enero del primer año de su período constitucional. Ahora bien, si por "*cualquier motivo sobrevenido*", a tenor de la citada norma, la misma no se produce ante *dicho órgano* y en la *mencionada oportunidad*, deberá prestarse el juramento ante el Tribunal Supremo de Justicia, sin señalarse una oportunidad específica para ello. Es decir, a todo evento, el acto de juramentación <u>debe</u> tener lugar, aunque por la fuerza de las circunstancias ("*cualquier motivo sobrevenido*") sea efectuado en otras condiciones de modo y lugar.

La separación de las oraciones que conforman el mencionado dispositivo normativo mediante un punto y seguido, apuntalan la interpretación efectuada. La Sala considera indispensable efectuar la acotación referida con el ánimo de dilucidar la duda interpretativa que realmente justifica la presente decisión aclarativa, consciente de que el ánimo de la actora no se restringe meramente a considerar si la juramentación del Presidente es una formalidad prescindible (lo cual ya quedó negado), sino a determinar con certeza los efectos jurídicos de la asistencia o inasistencia al acto de "*toma de posesión y juramentación ante la Asamblea Nacional*", el 10 de enero próximo, por parte del *Presidente reelecto*.

A tales efectos, la interpretación solicitada debe realizarse atendiendo a los principios axiológicos en los cuales descansa el Estado Constitucional venezolano (*vid.* fallo n° 1309/2001 de la Sala Constitucional). En tal sentido, es imprescindible tomar en consideración el derecho humano a la salud y los principios de justicia, de preservación de la voluntad popular –representada en el proceso comicial del 7 de octubre de 2012– y de continuidad de los Poderes Públicos, que analizará posteriormente esta Sala Constitucional en el cuerpo de este fallo.

Por el momento, conviene referir que tanto en la Carta de 1961, como en la de 1999, el inicio del período constitucional, la toma de posesión y la juramentación del Presidente de la República coinciden en principio, bajo las modalidades previstas en los artículos 186 de la Constitución derogada y 231 de la Constitución vigente.

En este sentido, establecía el artículo 186 de la Constitución de 1961 lo siguiente:

"*Artículo 186. El candidato electo tomará posesión del cargo de Presidente de la República mediante juramento ante las Cámaras reunidas en sesión conjunta, dentro de los diez primeros días de aquel en que deben instalarse en sus sesiones ordinarias del año en que comience el período constitucional. Si por cualquier circunstancia no pudiere prestar el juramento ante las Cámaras en sesión conjunta, lo hará ante la Corte Suprema de Justicia. Cuando el Presidente electo no tomare posesión dentro del término previsto en este artículo, el Presidente saliente resignará sus poderes ante la persona llamada a suplirlo provisionalmente en caso de falta absoluta, según el artículo siguiente, quién los ejercerá con el carácter de Encargado de la Presidencia de la República hasta que el primero asuma el cargo".*

Ahora bien, en relación con el Presidente saliente (en este caso, reelecto), mientras la Constitución de 1961 no permitía la prórroga del mandato y se ordenaba la resignación (entrega) de éste, de modo que el Presidente saliente fuera suplido en los términos del artículo 187 *eiusdem* (en principio, por el Presidente del Congreso), en la vigente Constitución de 1999 tal previsión no aparece recogida.

Reiterando lo dispuesto por esta Sala mediante fallos números 457/2001 y 759/2001, debe apreciarse que la derogatoria en la Constitución de la República Bolivariana de Venezuela de lo previsto para este caso en los artículos 186 y 187 de la Carta de 1961, impide considerar la posibilidad de que, una vez concluido el mandato presidencial, deba procederse como si se tratara de una falta absoluta, a los efectos de la suplencia provisional que cubriría el Presidente de la Asamblea Nacional, como lo disponían los artículos citados del ordenamiento abrogado. El cambio en la regulación constitucional, así considerado, obedece claramente a una modificación del esquema constitucional que, de forma novedosa, admite la posibilidad de reelección inmediata y sucesiva, vedada en la Carta anterior (artículo 230 constitucional, enmendado en fecha 15 de febrero de 2009 –Enmienda N° 1–).

En este sentido, no habiéndose previsto expresamente como causal de falta absoluta, la culminación del período no puede reputarse como tal, pues el artículo 233 prevé exclusivamente las circunstancias que darían lugar a ella. Por otra parte, la falta de juramentación ante la Asamblea Nacional, el 10 de enero, tampoco produce tal suerte de ausencia, pues la misma norma admite que dicha solemnidad sea efectuada ante este Máximo Tribunal, en una fecha que no puede ser sino posterior a aquella.

Agréguese que en el caso de una autoridad reelecta y, por tanto, relegitimada por la voluntad del soberano, implicaría un contrasentido mayúsculo considerar que, en tal supuesto, existe una indebida prórroga de un mandato en perjuicio del sucesor, pues la persona en la que recae el mandato por fenecer coincide con la persona que habrá de asumir el cargo. Tampoco existe alteración alguna del período constitucional pues el Texto Fundamental señala una oportunidad precisa para su comienzo y fin: el 10 de enero siguiente a las elecciones presidenciales, por una duración de seis años (artículo 230 *eiusdem*).

Téngase presente la necesidad de preservar la voluntad del pueblo manifestada en un proceso comicial, de manera que resultaría a todas luces fraudulento a la misma considerar que la solemnidad del juramento, en la oportunidad prefijada del 10 de enero y ante la Asamblea Nacional, suponga una especie de falta absoluta que, no sólo no recoge expresamente la Constitución , sino que antagoniza con la libre elección efectuada por el soberano, en franco desconocimiento de los principios de soberanía popular y democracia protagónica y participativa que postulan los artículos 2, 3, 5 y 6 del Texto Fundamental.

A mayor abundamiento, es necesario precisar que el sufragio es una manifestación directa del ejercicio de la soberanía popular (artículo 5 constitucional) por parte de su titular y que es un rasgo característico de la democracia participativa (artículo 6 *eiusdem*). Al respecto, esta Sala Constitucional en sentencia 1680/2007 expresó que, al ejercerse el sufragio, "*entra en juego un valor fundamental de nuestro máximo texto normativo que atañe al altísimo papel que ha sido reconocido a la voluntad popular, como manifestación del ejercicio de la democracia participativa y protagónica, cuyo contenido axiológico se deriva claramente de los artículos 2, 3 y 5 de la Constitución de la República Bolivariana de Venezuela, contando con vasto desarrollo en el catálogo abierto de derechos políticos, especialmente en las normas contenidas en el Capítulo IV del Título II de nuestra Carta Magna*".

Cualquier pretensión de anular una elección y/o de desproclamar a un funcionario electo por parte de algún poder constituido, al margen de una disposición constitucional expresa y desconociendo "*el preponderante rol del cuerpo electoral una vez que ha sido manifestada su voluntad en un proceso comicial*", implicaría subordinar la libre expresión de la voluntad popular a una "*técnica operativa, tomando en consideración –además– los traumatismos políticos e institucionales que supone la forzosa desincorporación de un funcionario electo...*", como expresara esta Sala en el fallo citado *supra*.

De tal manera que, al no evidenciarse del citado artículo 231 y del artículo 233 *eiusdem* que se trate de una ausencia absoluta, debe concluirse que la eventual inasistencia a la juramentación prevista para el 10 de enero de 2013 no extingue ni anula el nuevo mandato para ejercer la Presidencia de la República, ni invalida el que se venía ejerciendo.

En este punto, conviene referirse al "*Principio de Continuidad Administrativa*", como técnica que impide la paralización en la prestación del servicio público. Según la doctrina y práctica administrativa, conforme a dicho principio, la persona designada para el ejercicio de alguna función pública no debe cesar en el ejercicio de sus atribuciones y competencias, hasta tanto no haya sido designada la correspondiente a sucederle (*vid*. sentencia n° 1300/2005).

En relación con el señalado principio de continuidad, en el caso que ahora ocupa a la Sala, resultaría inadmisible que ante la existencia de un desfase cronológico entre el inicio del período constitucional (10 de enero de 2013) y la juramentación de un Presidente reelecto, se considere (sin que el texto fundamental así lo paute) que el gobierno (saliente) queda *ipso facto* inexistente. No es concebible que por el hecho de que no exista una oportuna "*juramentación*" ante la Asamblea Nacional quede vacío el Poder Ejecutivo y cada uno de sus órganos, menos aún si la propia Constitución admite que tal acto puede ser diferido para una oportunidad ulterior ante este Supremo Tribunal.

En este sentido, se reitera, tal como señaló esta Sala en los antes referidos fallos números 457/2001 y 759/2001, que no debe confundirse "*la iniciación del mandato del Presidente con la toma de posesión, términos que es necesario distinguir cabalmente*". Efectivamente, el nuevo periodo constitucional presidencial se inicia el 10 de enero de 2013, pero el constituyente previó la posibilidad de que "*cualquier motivo sobrevenido*" impida al Presidente la juramentación ante la Asamblea Nacional, para lo cual determina que en tal caso lo haría ante el Tribunal Supremo de Justicia, lo cual necesariamente tiene que ser *a posteriori*.

Por otra parte, las vacantes absolutas no son automáticas ni deben presumirse. Estas están expresamente contempladas en el artículo 233 constitucional y, al contrario de lo que disponían los artículos 186 y 187 de la Constitución de 1961, la imposibilidad de juramentarse (por motivos sobrevenidos) el 10 de enero de 2013, no está expresamente prevista como causal de falta absoluta.

Nótese, adicionalmente, por si aún quedaran dudas, que en el caso del Presidente Hugo Rafael Chávez Frías, no se trata de un candidato que asume un cargo por vez primera, sino de un Jefe de Estado y de Gobierno que no ha dejado de desempeñar sus funciones y, como tal, seguirá en el ejercicio de las mismas hasta tanto proceda a juramentarse ante el Máximo Tribunal, en el supuesto de que no pudiese acudir al acto pautado para el 10 de enero de 2013 en la sede del Poder Legislativo.

De esta manera, a pesar de que el 10 de enero se inicia un nuevo periodo constitucional, la falta de juramentación en tal fecha no supone la pérdida de la condición del Presidente Hugo Rafael Chávez Frías, ni como Presidente en funciones, ni como candidato reelecto, en virtud de existir continuidad en el ejercicio del cargo.

Por la misma razón, conserva su plena vigencia el permiso otorgado por la Asamblea Nacional, por razones de salud, para ausentarse del país por más de cinco (5) días; y no se configura la vacante temporal del mismo al no haber convocado expresamente al Vicepresidente Ejecutivo para que lo supla por imposibilidad o incapacidad de desempeñar sus funciones.

En relación con este punto, es menester señalar que el artículo 156, cardinal 2, de la Constitución de la República Bolivariana de Venezuela, establece que es competencia del Poder Público Nacional (en cualquiera de sus ramas): "*La defensa y suprema vigilancia de los intereses generales de la República, la conservación de la paz pública y la recta aplicación de la ley en todo el territorio nacional*".

Esta atribución general debe ejercerse en base a los principios de competencia y de legalidad expresamente reconocidos en el artículo 137 *eiusdem*, que a la letra dice: "*Esta Constitución y la ley definen las atribuciones de los órganos que ejercen el Poder Público, a las cuales deben sujetarse las actividades que realicen".*

En atención a lo expuesto, debe acotarse que el Presidente de la República es el Jefe del Estado y del Ejecutivo Nacional, *"en cuya condición dirige la acción de gobierno"* (artículo 226 constitucional). En tal sentido, el Presidente *"es responsable de sus actos y del cumplimiento de las obligaciones inherentes a su cargo"* (artículo 232 constitucional, encabezamiento).

En base a las disposiciones citadas, se advierte del texto constitucional, concretamente del artículo 235, que si el Presidente requiere ausentarse del territorio nacional, debe solicitar *"autorización de la Asamblea Nacional o de la Comisión Delegada, cuando se prolongue por un lapso superior a cinco días consecutivos".* Ahora bien, este artículo alude exclusivamente a la autorización para salir del territorio nacional, no para declarar formalmente la ausencia temporal en el cargo.

A modo de resumen, la Constitución establece un término para la juramentación ante la Asamblea Nacional, pero no estatuye consecuencia para el caso de que por *"motivo sobrevenido"* no pueda cumplirse con ella de manera oportuna y, por el contrario, admite expresamente esa posibilidad, señalando que pueda efectuarse la juramentación ante el Tribunal Supremo de Justicia. De allí que no pueda entenderse esta eventual ausencia como una causal de falta absoluta, pues no está prevista expresamente como tal por el artículo 233 *eiusdem*, ni puede asimilarse al abandono del cargo, al existir una autorización conferida por la Asamblea Nacional para ausentarse del territorio de la República para recibir tratamiento médico, preservando su condición de Jefe de Estado y de Gobierno y descartando, asimismo, la existencia de una falta temporal.

Recapitulando la posición sostenida a lo largo de este fallo, se concluye lo siguiente:

(i) Hasta la presente fecha, el Presidente Hugo Rafael Chávez Frías se ha ausentado del territorio nacional, por razones de salud, durante lapsos superiores a *"cinco días consecutivos"*, con la autorización de la Asamblea Nacional, de conformidad con lo previsto en el artículo 235 de la Constitución, la última de las cuales se encuentra plenamente vigente y fue ratificada en sesión de la Asamblea Nacional de fecha 8 de enero de 2013.

(ii) No debe considerarse que la ausencia del territorio de la República configure automáticamente una falta temporal en los términos del artículo 234 de la Constitución de la República Bolivariana de Venezuela, sin que así lo dispusiere expresamente el Jefe de Estado mediante decreto especialmente redactado para tal fin.

(iii) A diferencia de lo que disponían los artículos 186 y 187 de la Constitución de 1961, que ordenaban que en caso de existir un desfase entre el inicio del período constitucional y la toma de posesión, el Presidente saliente debía entregar el mandato al Presidente del Congreso y procederse *"como si se tratara de una falta absoluta"*; la Carta de 1999 eliminó expresamente tal

previsión, lo cual impide que el término del mandato pueda ser considerado una falta absoluta (que, por otra parte, tampoco está contemplada en el artículo 233 constitucional como causal y sería absurdo en el caso de un Presidente reelecto y proclamado).

(iv) A pesar de que el 10 de enero próximo se inicia un nuevo período constitucional, no es necesaria una nueva toma de posesión en relación al Presidente Hugo Rafael Chávez Frías, en su condición de Presidente reelecto, en virtud de no existir interrupción en el ejercicio del cargo.

(v) La juramentación del Presidente reelecto puede ser efectuada en una oportunidad posterior al 10 de enero de 2013 ante el Tribunal Supremo de Justicia, de no poder realizarse dicho día ante la Asamblea Nacional, de conformidad con lo previsto en el artículo 231 de la Carta Magna. Dicho acto será fijado por el Tribunal Supremo de Justicia, una vez que exista constancia del cese de los motivos sobrevenidos que hayan impedido la juramentación.

(vi) En atención al principio de continuidad de los Poderes Públicos y al de preservación de la voluntad popular, no es admisible que ante la existencia de un desfase cronológico entre el inicio del período constitucional y la juramentación de un Presidente reelecto, se considere (sin que el texto fundamental así lo paute) que el gobierno queda *ipso facto* inexistente. En consecuencia, el Poder Ejecutivo (constituido por el Presidente, el Vicepresidente, los Ministros y demás órganos y funcionarios de la Administración) seguirá ejerciendo cabalmente sus funciones con fundamento en el principio de la continuidad administrativa.

Queda, en los términos expuestos, resuelta la interpretación constitucional solicitada en esta causa. Así, finalmente, se decide.

DECISIÓN

Por las razones precedentemente expuestas, esta Sala Constitucional del Tribunal Supremo de Justicia, administrando justicia en nombre de la República por autoridad de la Ley:

1.- Se declara COMPETENTE para conocer la demanda de interpretación constitucional intentada por la ciudadana MARELYS D'ARPINO, identificada *supra*, acerca del contenido y alcance del artículo 231 de la Constitución de la República Bolivariana de Venezuela.

2.- ADMITE la demanda incoada y declara la urgencia del presente asunto.

3.- RESUELVE, de conformidad con las consideraciones vertidas en la parte motiva de este fallo, la interpretación solicitada respecto del alcance y contenido del artículo 231 de la Constitución de la República Bolivariana de Venezuela y, en consecuencia, establece lo siguiente:

(i) Hasta la presente fecha, el Presidente Hugo Rafael Chávez Frías se ha ausentado del territorio nacional, por razones de salud, durante lapsos superiores a *"cinco días consecutivos"*, con la autorización de la Asamblea Nacional, de conformidad con lo previsto en el artículo 235 de la Constitución, la

última de las cuales se encuentra plenamente vigente y fue ratificada en sesión de la Asamblea Nacional de fecha 8 de enero de 2013.

(ii) No debe considerarse que la ausencia del territorio de la República configure automáticamente una falta temporal en los términos del artículo 234 de la Constitución de la República Bolivariana de Venezuela, sin que así lo dispusiere expresamente el Jefe de Estado mediante decreto especialmente redactado para tal fin.

(iii) A diferencia de lo que disponían los artículos 186 y 187 de la Constitución de 1961, que ordenaban que en caso de existir un desfase entre el inicio del período constitucional y la toma de posesión, el Presidente saliente debía entregar el mandato al Presidente del Congreso y procederse *"como si se tratara de una falta absoluta"*; la Carta de 1999 eliminó expresamente tal previsión, lo cual impide que el término del mandato pueda ser considerado una falta absoluta (que, por otra parte, tampoco está contemplada en el artículo 233 constitucional como causal y sería absurdo en el caso de un Presidente reelecto y proclamado).

(iv) A pesar de que el 10 de enero próximo se inicia un nuevo período constitucional, no es necesaria una nueva toma de posesión en relación al Presidente Hugo Rafael Chávez Frías, en su condición de Presidente reelecto, en virtud de no existir interrupción en el ejercicio del cargo.

(v) La juramentación del Presidente reelecto puede ser efectuada en una oportunidad posterior al 10 de enero de 2013 ante el Tribunal Supremo de Justicia, de no poder realizarse dicho día ante la Asamblea Nacional, de conformidad con lo previsto en el artículo 231 de la Carta Magna. Dicho acto será fijado por el Tribunal Supremo de Justicia, una vez que exista constancia del cese de los motivos sobrevenidos que hayan impedido la juramentación.

(vi) En atención al principio de continuidad de los Poderes Públicos y al de preservación de la voluntad popular, no es admisible que ante la existencia de un desfase cronológico entre el inicio del período constitucional y la juramentación de un Presidente reelecto, se considere (sin que el texto fundamental así lo paute) que el gobierno queda *ipso facto* inexistente. En consecuencia, el Poder Ejecutivo (constituido por el Presidente, el Vicepresidente, los Ministros y demás órganos y funcionarios de la Administración) seguirá ejerciendo cabalmente sus funciones con fundamento en el principio de la continuidad administrativa.

Publíquese y regístrese. Archívese el expediente. Remítase inmediatamente copia certificada del presente fallo a la Procuradora General de la República y al Presidente de la Asamblea Nacional. Cúmplase lo ordenado.

Dada, firmada y sellada en la Sala de Audiencias de la Sala Constitucional del Tribunal Supremo de Justicia, en Caracas, a los 09 días del mes de enero de dos mil trece (2013). Años: 202° de la Independencia y 153° de la Federación.

La Presidenta,
Luisa Estella Morales Lamuño

El Vicepresidente,
Francisco Antonio Carrasquero López

Marcos Tulio Dugarte Padrón
Magistrado

Carmen Zuleta de Merchán
Magistrada

Arcadio Delgado Rosales
Magistrado

Juan José Mendoza Jover
Magistrado

Gladys María Gutiérrez Alvarado
Magistrada

El Secretario,
José Leonardo Requena Cabello

Exp. 12–1358
PC

18. SOBRE LA SENTENCIA DE LA INDIGNIDAD

Román J. Duque Corredor

"En la Sentencia de la Indignidad Constitucional del 9 de enero de 2013 (Exp. 12–1358) los integrantes de la Sala que convalidaron el fraude constitucional de la Asamblea Nacional: Luisa Estella Morales Lamuño, Francisco Antonio Carrasquero López, Marcos Tulio Dugarte Padrón, Carmen Zuleta de Merchán, Arcadio Delgado Rosales, Juan José Mendoza Jover y Gladys María Gutiérrez Alvarado, afirmaron lo siguiente:

(I) ?Hasta la presente fecha, el Presidente Hugo Rafael Chávez Frías se ha ausentado del territorio nacional, por razones de salud, durante lapsos superiores a "cinco días consecutivos". No debe considerarse que la ausencia del territorio de la República configure automáticamente una falta temporal en los términos del artículo 234 de la Constitución de la República Bolivariana de Venezuela, sin que así lo dispusiere expresamente el Jefe de Estado mediante decreto especialmente redactado para tal fin.

Falso de toda falsedad:

El propio Presidente declaró que necesitaba operarse y que por eso se ausentaba del país. ¿Que mayor declaratoria de falta temporal que el motivo alegado?, ¿Desde cuando se requiere que el funcionario que solicita autorización para operarse debe declarar su propia falta temporal?. ¿Por argumento del absurdo: el funcionario que solicite un permiso porque ha sufrido un accidente y necesita operarse, y a quien se le concede el permiso, no está en situación de falta temporal porque el mismo no se declara ausente?.

(II) A diferencia de lo que disponían los artículos 186 y 187 de la Constitución de 1961, que ordenaban que en caso de existir un desfase entre el inicio del período constitucional y la toma de posesión, el Presidente saliente debía entregar el mandato al Presidente del Congreso y procederse "como si se tratara de una falta absoluta"; la Carta de 1999 eliminó expresamente tal previsión, lo cual impide que el término del mandato pueda ser considerado una falta absoluta (que, por otra parte, tampoco está contemplada en el artículo 233 constitucional como causal y sería absurdo en el caso de un Presidente reelecto y proclamado) (Sic).

Falso de toda falsedad:

La Constitución vigente, por el contrario, establece que el Presidente se elige o reelige para un nuevo período. Si es así, el período anterior terminó, y no que por ello ocurre una falta absoluta. Sino, por el contrario, que si al inicio del nuevo período ocurre una falta absoluta, de pleno derecho el Presidente del Congreso asume la Presidencia, sin que el Presidente que terminó su período deba hacerle entrega de la Presidencia. La diferencia es clara: La vigente Constitución parte del criterio que por haber ocurrido una falta absoluta al inicio del período, el Presidente que culminó este término, no puede hacer entrega de Presidencia alguna porque ha fallecido, renunció con anterioridad o está incapacitado. Es decir que la falta ocurrió por algunos de estos motivos, no porque hubiera transcurrido el período. En el léxico forense la interpretación de la citada Sala es torcida o torticera.

(III) A pesar de que el 10 de enero próximo se inicia un nuevo período constitucional, no es necesaria una nueva toma de posesión en relación al Presidente Hugo Rafael Chávez Frías, en su condición de Presidente reelecto, en virtud de no existir interrupción en el ejercicio del cargo (Sic).

Falso de toda falsedad:

La reelección no es un mecanismo del ejercicio del cargo o para el ejercicio del cargo, sino un derecho del funcionario que ejerce un cargo electivo de poderse postular como candidato para un nuevo período para ese cargo y no de continuar en el mismo cargo. De modo que por tratarse de una nueva elección, si existe interrupción en su ejercicio. Si no fuera así, entonces, se trataría de un plebiscito y no de una elección, que es lo que parece piensan los Magistrados de la referida Sala que ha ocurrido con el candidato Hugo Chávez que se postuló para las elecciones del 7 de octubre de 20102 para ser Presidente para el nuevo período 2013–2019.

(IV) La juramentación del Presidente reelecto puede ser efectuada en una oportunidad posterior al 10 de enero de 2013 ante el Tribunal Supremo de Justicia, de no poder realizarse dicho día ante la Asamblea Nacional, de conformidad con lo previsto en el artículo 231 de la Carta Magna. Dicho Acto será fijado por el Tribunal Supremo de Justicia, una vez que exista constancia del cese de los motivos sobrevenidos que hayan impedido la juramentación (Sic).

Falso de toda falsedad:

En el caso de la juramentación del Presidente Chávez, ésta no se efectúo no porque no pudo realizarse en la Asamblea, sino porque aquél no pudo comparecer personalmente a dicha Asamblea porque por motivos de salud debió salir del territorio nacional para ser sometido a una operación como él mismo señaló en su solicitud de autorización para ausentarse por más de cinco días. Es decir, la Sala de marras falseó la verdad material para concluir en una interpretación interesada y fraudulenta del artículo 231 de la Constitución.

(V) En atención al principio de continuidad de los Poderes Públicos y al de preservación de la voluntad popular, no es admisible que ante la existencia de un desfase cronológico entre el inicio del período constitucional y la juramentación de un Presidente reelecto, se considere (sin que el texto fundamental así lo paute) que el gobierno queda ipso facto inexistente. En consecuencia, el Poder Ejecutivo (constituido por el Presidente, el Vicepresidente, los Ministros y demás órganos y funcionarios de la Administración) seguirá ejerciendo cabalmente sus funciones con fundamento en el principio de la continuidad administrativa (Sic)

Falso de toda falsedad:

La continuidad de los poderes públicos no se afecta, ni tampoco el gobierno queda ipso facto inexistente, cuando de pleno derecho se establece un régimen transitorio precisamente para el caso que los funcionarios que deban ejercer sus funciones no lo puedan hacer, como ocurre cuando por su falta absoluta el candidato electo o reelecto Presidente no pueda asumir su cargo en la fecha programada, en cuyo caso el gobierno sigue existiendo en forma transitoria pero en manos del Presidente de la Asamblea Nacional. Y precisamente para garantizar la voluntad popular, ante la falta absoluta del candidato electo o reelecto para el inicio del nuevo período, la Constitución prevé que se realicen nuevas elecciones y que la Presidencia, transitoriamente hasta la nueva elección, la ejerza un funcionario elegido mediante sufragio directo y universal y no el Vicepresidente que no fue elegido ni designado para el nuevo período. Así como si dicha falta ocurre después del inicio del período y con posterioridad a la toma de posesión, el gobierno lo ejerza el Vicepresidente que si fue designado por el Presidente electo, que tomo posesión del cargo, pero que dejó su cargo por alguna falta absoluta, y ello solo mientras se llevan a cabo nuevas elecciones para que la voluntad popular se pueda manifestar.

Caracas, 9 de enero de 2013

19. CRÓNICA SOBRE LA ANUNCIADA SENTENCIA DE LA SALA CONSTITUCIONAL DEL TRIBUNAL SUPREMO DE 9 DE ENERO DE 2013 MEDIANTE LA CUAL SE CONCULCÓ EL DERECHO CIUDADANO A LA DEMOCRACIA Y SE LEGITIMÓ LA USURPACIÓN DE LA AUTORIDAD EN GOLPE A LA CONSTITUCIÓN

Allan R. Brewer-Carías
New York 9-1-2013

En un Estado constitucional democrático de derecho, además de los clásicos derechos civiles, políticos, sociales, económicos y ambientales, los ciudadanos tienen un conjunto de derechos que derivan de la propia concepción de dicho Estado de derecho, como son por ejemplo, el derecho ciudadano a la supremacía constitucional y el *derecho a la democracia*, de manera que los derechos políticos no se reducen a los que desde antaño generalmente se han establecido expresamente en las Constituciones, como son los clásicos derecho a elegir y a ser electo, el derecho de asociarse en partidos políticos, el derecho a ocupar cargos públicos o el derecho a la participación política.

Además de éstos, en la Constitución también se puede identificar igualmente como derecho político, el derecho a la democracia como un derecho ciudadano a la existencia de un régimen político en el cual se garanticen los siguientes *elementos esenciales* que precisamente enumera la *Carta Democrática Interamericana*: 1) el respeto a los derechos humanos y las libertades fundamentales; 2) el acceso al poder y su ejercicio con sujeción al Estado de derecho; 3) la celebración de elecciones periódicas, libres, justas y basadas en el sufragio universal y secreto, como expresión de la soberanía del pueblo; 4) el régimen plural de partidos y organizaciones políticas y 5) la separación e independencia de los poderes públicos (art. 3) (1). Este derecho a la democracia, por supuesto, sólo puede configurarse en Estados democráticos de derecho, y es inconcebible en los Estados autoritarios donde esos elementos esenciales no se pueden garantizar, por la ausencia de controles en el ejercicio del poder, aún se trate de Estados en los cuales, en fraude a la Constitución y a la propia democracia, los gobiernos puedan haber tenido su origen en algún ejercicio electoral. No debe olvidarse que "Es una experiencia eterna – como lo advirtió hace varias centurias Charles Louis de Secondat, Barón de Montesquieu – que todo hombre que tiene poder tiende a abusar de él; y lo hace hasta que encuentra límites" de lo que dedujo su famoso postulado de que "para que no se pueda abusar del poder es necesario que por la disposición de las cosas, el poder limite al poder" (2).

Ha sido precisamente este derecho a la democracia, como derecho de los ciudadanos a ser gobernados por funcionarios electos democráticamente en elecciones libres y que acceden al poder en la forma prescrita en la Constitución, el que se ha violado abierta y flagrantemente en Venezuela por la Sala Constitucional del Tribunal Supremo de Justicia en sentencia No. 02 del día 9 de enero de 2013, al resolver un recurso de interpretación (3) intentado el 21 de diciembre de 2012, para determinar el contenido y alcance del artículo 231 de la Constitución, en particular, "en cuanto a si, la formalidad de la Juramentación prevista para el 10 de enero de 2013 constituye o no una formalidad sine qua non para que un Presidente Reelecto, continúe ejerciendo sus funciones y si tal formalidad puede ser suspendida y/o fijada para una fecha posterior." (4)

En esta sentencia, en definitiva, la Sala Constitucional resolvió que el *derecho que tiene un solo ciudadano* como es el caso de H. Chávez, electo o reelecto como Presidente de la República, a ejercer el cargo para el cual fue electo, pero que al momento de tomar posesión del mismo mediante su juramentación ante la Asamblea Nacional conforme al artículo 231 de la Constitución, no puede hacerlo ni puede, por tanto, iniciar su acción de gobierno por un motivo sobrevenido como es la operación quirúrgica y complicaciones postoperatorias, prevalece sobre el *derecho de todos los ciudadanos* a estar gobernaos por gobernantes electos popularmente. Se violó así la Constitución, se violó el derecho ciudadano a la democracia, y se le impuso a los venezolanos la carga antidemocrática de comenzar el 10 de enero de 2013 a estar gobernados por funcionarios que no tienen legitimidad democrática pues no han sido electos.

Como se ha señalado, el artículo 231 de la Constitución cuya interpretación se buscó ante el Tribunal Supremo de Justicia, establece que:

> "El candidato elegido o candidata elegida tomará posesión del cargo de Presidente o Presidenta de la República el diez de enero del primer año de su período constitucional, mediante juramento ante la Asamblea Nacional. Si por cualquier motivo sobrevenido el Presidente o Presidenta de la República no pudiese tomar posesión ante la Asamblea Nacional, lo hará ante el Tribunal Supremo de Justicia."

La primera parte de la norma, en realidad, no requiere de interpretación alguna, pues concatenada con el artículo anterior que establece que el período constitucional del Presidente "es de seis años" (art. 230), dispone con toda claridad que el Presidente electo (o reelecto) debe tomar ("tomará") posesión del cargo "el diez de enero del primer año de su período constitucional, mediante juramento ante la Asamblea Nacional. Es la segunda parte de la norma la que sin duda requería de interpretación, por no regular con precisión quién debe encargarse de la Presidencia de la república en el nuevo periodo que se inicia cuando por motivos sobrevenidos el Presidente electo no comparece a tomar posesión de su cargo mediante juramento ante la Asamblea.

Por ello, en relación con la primera parte de la norma (que no requería interpretación), la Sala Constitucional precisó, desmintiendo afirmaciones que se habían hecho con anterioridad por altos funcionarios del Estado, que el juramento previsto en la norma constitucional del artículo 231, "no puede ser entendido como una mera formalidad carente de sustrato y, por tanto, prescindible sin mayor consideración" sino que más bien se trata de una "solemnidad para el ejercicio de las delicadas funciones públicas" con "amplio arraigo en nuestra historia republicana," que "procura la ratificación, frente a una autoridad constituida y de manera pública, del compromiso de velar por el recto acatamiento de la ley, en el cumplimiento de los deberes de los que ha sido investida una determinada persona."

Partiendo de esta afirmación que rechazaba el criterio de que la juramentación era un mero formalismo, (5) la Sala Constitucional se refirió al juramento en el caso del Presidente de la República, indicando que el mismo "debe tener lugar ante la Asamblea Nacional, como órgano representativo de las distintas fuerzas sociales que integran al pueblo, el 10 de enero del primer año de su período constitucional." Precisó además, la Sala, que "si por *"cualquier motivo sobrevenido"*, a tenor de la citada norma, la misma no se produce ante **dicho órgano** y en la **mencionada oportunidad**, deberá prestarse el juramento ante el Tribunal Supremo de Justicia, sin señalarse una oportunidad específica para ello" (Cursiva y negritas de la Sala).

Esto significaba, en criterio de la Sala Constitucional, que el acto de juramentación no es una "formalidad prescindible, sino que al contrario "debe tener lugar, aunque por la fuerza de las circunstancias (*"cualquier motivo sobrevenido"*) sea efectuado en otras condiciones de modo y lugar."

En todo caso, luego de estas aclaratorias, la Sala Constitucional precisó que el objetivo de la interpretación de la norma constitucional que se le requería, no era el determinar el carácter imprescindible del acto de la juramentación, que no lo era, sino a determinar "con certeza los efectos jurídicos de la asistencia o inasistencia al acto de *"toma de posesión y juramentación ante la Asamblea Nacional"*, el 10 de enero próximo, por parte del **Presidente reelecto.**"

Para ello, la Sala Constitucional consideró "imprescindible tomar en consideración el derecho humano a la salud y los principios de justicia, de preservación de la voluntad popular –representada en el proceso comicial del 7 de octubre de 2012- y de continuidad de los Poderes Públicos," refiriéndose además, a la tradición constitucional en la materia, particularmente conforme se consagraba en la Constitución de 1961.

De este último análisis, y contrariamente a lo que se establecía en el artículo 186 de la Constitución de 1961 que regulaba la consecuencia jurídica de la no comparecencia del Presidente entrante al acto de juramentación, al precisar que *"Cuando el Presidente electo no tomare posesión dentro del término previsto en este artículo, el Presidente saliente resignará sus poderes ante la persona llamada a suplirlo provisionalmente en caso de falta absoluta, según el artículo siguiente, quién los ejercerá con el carácter de Encargado de la Presidencia de la República hasta que el primero asuma el cargo"*; ante la ausencia de una norma similar en la Constitución de 1999, la Sala Constitucional concluyó que ello "impide considerar la posibilidad de que, una vez concluido el mandato presidencial, deba procederse como si se tratara de una falta absoluta, a los efectos de la suplencia provisional que cubriría el Presidente de la Asamblea Nacional."

Por supuesto, era evidente que la falta de comparecencia al acto de juramentación, en si misma conforme a la Constitución de 1999, no puede ser considerada como una "falta absoluta," pues no encuadra en ninguno de los supuestos establecidos en el artículo 233 de la Constitución, que por lo demás se aplican al Presidente electo en virtud de la misma norma, sólo cuando se produce "antes de tomar posesión"; (6) pero nada autoriza a señalar (incluso habiéndose incorporado la reelección inmediata a la Constitución de 1999) que para la solución constitucional del hecho de la no comparecencia y determinar en esos casos quién se debe encargar de la Presidencia de la República, no deba procederse "como si se tratara de una falta absoluta" del Presidente electo y que conforme al artículo 233 de la Constitución conlleva a que sea el Presidente de la Asamblea Nacional en que se encargue de la Presidencia.

Así como puede considerarse correcta la apreciación de la Sala de que la falta de comparecencia del Presidente electo al acto de toma de posesión no puede *per se* considerarse como una "falta absoluta," (7) sin embargo no puede considerarse correcta la apreciación de la misma Sala de negar que en esos casos, para determinar quién se debe encargar de la Presidencia haya que rechazar a esos solos efectos, que se proceda "como si se tratara de una falta absoluta" encargándose el Presidente de la Asamblea de la Presidencia mientras el Presidente electo se juramenta ante el Tribunal Supremo, quién en definitiva es el único que tiene legitimidad democrática, pues fue a su vez electo popularmente, y asegurar así el derecho a la democracia.

Por otra parte, la Sala argumentó que "la falta de juramentación ante la Asamblea Nacional, el 10 de enero, tampoco produce tal suerte de ausencia, pues la misma norma admite que dicha solemnidad sea efectuada ante este Máximo Tribunal, en una fecha que no puede ser sino posterior a aquella." Ello es correcto en cuanto al hecho de que se permita en la norma que la juramentación pueda hacer en una fecha posterior, pero es innegable que si el Presidente electo no acude a juramentarse el 10 de enero por estar postrado en una cama de hospital, fuera de Venezuela, gravemente enfermo, en ese caso su "ausencia" es patente, como cuestión de hecho encargarse de la Presidencia el Presidente del Congreso, hasta que cese la ausencia.

La Sala Constitucional luego pasó a argumentar que "en el caso de una autoridad reelecta y, por tanto, relegitimada por la voluntad del soberano," sería un "contrasentido mayúsculo considerar que, en tal supuesto, existe una indebida prórroga de un mandato en perjuicio del sucesor, pues la persona en la que recae el mandato por fenecer coincide con la persona que habrá de asumir el cargo." Esta afirmación no tiene sentido alguno, pues en ningún caso en que se posponga el acto de toma de posesión de un presidente se puede operar una "prorroga" del mandato del período constitucional que termina; por lo que la afirmación es contradicha en la misma sentencia al afirmarse de seguidas que "tampoco existe alteración alguna del período constitucional pues el Texto Fundamental señala una oportunidad precisa para su comienzo y fin: el 10 de enero siguiente a las elecciones presidenciales, por una duración de seis años (artículo 230 *eiusdem*)." Por ello, es que al no presentarse al acto de toma de posesión, el nuevo mandato se inicia indefectiblemente el 10 de enero y para ello es que mientras comparece el Presidente electo para tomar posesión del nuevo mandato, se encarga el Presidente de la Asamblea Nacional. Nada cambia esta solución constitucional el hecho de que el Presidente electo sea a la vez "reelecto."

La Sala Constitucional, a renglón seguido pasó luego a referirse a otro aspecto jurídico en el ejercicio de cargos públicos, que nada tiene con la norma constitucional que se buscaba interpretar, y es el referido al *"Principio de Continuidad Administrativa"*, como técnica que impide la paralización en la prestación del servicio público," según el cual, "la persona designada para el ejercicio de alguna función pública no debe cesar en el ejercicio de sus atribuciones y competencias, hasta tanto no haya sido designada la correspondiente a sucederle (*vid.* sentencia n° 1300/2005)." Ciertamente es un principio elemental del derecho administrativo de la función pública, pero que no se puede aplicar a la terminación de un período constitucional y al inicio del otro. (8) La Sala Constitucional, en efecto, erradamente resolvió que" ´

"En relación con el señalado principio de continuidad, en el caso que ahora ocupa a la Sala, resultaría inadmisible que ante la existencia de un desfase cronológico entre el inicio del período constitucional (10 de enero de 2013) y la juramentación de un Presidente reelecto, se considere (sin que el texto fundamental así lo paute) que el gobierno (saliente) queda *ipso facto* inexistente. No es concebible que por el hecho de que no exista una oportuna *"juramentación"* ante la Asamblea Nacional quede de vacío el Poder Ejecutivo y cada uno de sus órganos, menos aún si la propia Constitución admite que tal acto puede ser diferido para una oportunidad ulterior ante este Supremo Tribunal."

Por supuesto, esta afirmación, absolutamente errada, ignora primero que como la misma sentencia lo afirmó antes, que el Texto Fundamental señala para el período constitucional "una oportunidad precisa para su comienzo y fin: el 10 de enero siguiente a las elecciones presidenciales, por una duración de seis años (artículo 230)." Y por supuesto, en esa fecha, en ningún caso se produce "vacío del Poder Ejecutivo" alguno pues al terminar su período el Presidente en ejercicio, en esa fecha 10 de enero, el Presidente electo toma posesión de su cargo iniciando el nuevo período, y si por algún motivo sobrevenido no lo puede hacer, se encarga de la Presidencia el Presidente de la Asamblea Nacional. (9) No hay, en caso alguno, tal vacío, debiendo corresponder al Presidente encargado designar el nuevo tren ejecutivo de Vicepresidente y Ministros, estando por supuesto obligados los anteriores a permanecer en sus cargos hasta ser reemplazados en virtud del señalado principio de continuidad administrativa.

Luego pasó la Sala Constitucional a considerar la situación específica del Presidente Chávez, a pesar de que la sentencia interpretativa debía ser abstracta, notando,

"por si aún quedaran dudas, que en el caso del Presidente Hugo Rafael Chávez Frías, no se trata de un candidato que asume un cargo por vez primera, sino de un Jefe de Estado y de Gobierno que no ha dejado de desempeñar sus funciones y, como tal, seguirá en el ejercicio de las mismas hasta tanto proceda a juramentarse ante el Máximo Tribunal, en el supuesto de que no pudiese acudir al acto pautado para el 10 de enero de 2013 en la sede del Poder Legislativo.

De esta manera, a pesar de que el 10 de enero se inicia un nuevo periodo constitucional, la falta de juramentación en tal fecha no supone la pérdida de la condición del Presidente Hugo Rafael Chávez Frías, ni como Presidente en funciones, ni como candidato reelecto, en virtud de existir continuidad en el ejercicio del cargo."

En estas afirmaciones, la Sala Constitucional sin duda incurre en varios errores fácticos y jurídicos:

El primero, es afirmar que el Presidente Chávez, en las circunstancias de su enfermedad e inhabilitación desde la operación quirúrgica efectuada en La Habana el 11 de diciembre de 2012, pueda considerarse que es "un Jefe de Estado y de Gobierno que no ha dejado de desempeñar sus funciones." Por supuesto que no ha perdido la titularidad de su cargo, pero al contrario de lo afirmado por la Sala, desde el 11 de diciembre de 2012 el Presidente Chávez ha estado postrado en una cama de hospital totalmente imposibilitado de ejercer sus funciones de Jefe de Estado y Jefe de Gobierno, situación constitucional que se configura como de falta temporal por estar ausente del país. El mismo Presidente Chávez previó que su ausencia del país sería por más de 5 días y por ello él mismo solicitó la autorización correspondiente a la Asamblea Nacional (art. 235). Su falta temporal, en consecuencia, era un hecho evidente, que imponía la obligación en el Vicepresidente de suplirla conforme a la Constitución, no siendo posible afirmar que durante su enfermedad y postración en La Habana "no ha dejado de desempeñar sus funciones." Por otra parte, en esta materia de falta temporal, menos sentido y fundamento constitucional tiene la errada afirmación de la Sala Constitucional de que la solicitud de autorización a la Asamblea Nacional que pueda formular el Presidente para ausentarse del territorio nacional *por un lapso superior a cinco días, se refiere* "exclusivamente a la autorización para salir del territorio nacional, no para declarar formalmente la ausencia temporal en el cargo." De nuevo, la Sala Constitución ignoró la Constitución: las faltas temporales en el ejercicio de la Presidencia constituyen una cuestión de hecho, que no se declara. Si el Presidente en gira por el interior del país, sufre un accidente de tránsito que lo mantiene inconsciente y hospitalizado por un tiempo, sin duda, origina una falta temporal que suple el Vicepresidente así el Presidente no la haya "decretado" anunciando que iba a tener el accidente con sus consecuencias.

Por lo demás, toda ausencia del territorio nacional se configura como una falta temporal (que temporalmente el Presidente no está en ejercicio de sus funciones por imposibilidad física), por lo que no es más que un gran disparate la afirmación que hizo la sala Constitucional en su sentencia, en el sentido de que: *"(ii)* No debe considerarse que la ausencia del territorio de la República configure automáticamente una falta temporal en los términos del artículo 234 de la Constitución de la República Bolivariana de Venezuela, sin que así lo dispusiere expresamente el Jefe de Estado mediante decreto especialmente redactado para tal fin." Esto no tiene lógica y mucho menos asidero constitucional. (10)

Pero además, también carece de toda base constitucional la afirmación infundada de la Sala Constitucional de que con posterioridad al 10 de enero de 2013 "conserva su plena vigencia el permiso otorgado por la Asamblea Nacional, por razones de salud, para ausentarse del país por más de cinco (5) días," lo cual no es cierto pues fue otorgada para un Presidente en funciones cuyo período constitucional terminó el 10 de enero de 2013. (11)

Y más infundada es la afirmación de que con motivo de la ausencia del Presidente Chávez del territorio nacional desde el 10 de diciembre de 2012, en la situación que resultó de la operación a la que fue sometido el 11 de diciembre de 2012, "no se configura la vacante temporal del mismo al no haber convocado expresamente al Vicepresidente Ejecutivo para que lo supla por imposibilidad o incapacidad de desempeñar sus funciones." No causa sino asombro leer esta afirmación, ante normas tan precisas como las de los artículos 234 y 239.8 de la Constitución que afirman, clara, pura y simplemente, que "las faltas temporales del Presidente serán suplidas por el Vicepresidente" y que entre las atribuciones del Vicepresidente está la de "suplir las faltas temporales del Presidente," lo que opera automáticamente, resultado de una situación de hecho, sin que nadie lo decrete o lo decida, y sin que el Presidente deba "convocar al Vicepresidente" para que cumpla su obligación constitucional. Sin embargo, como es sabido y lo apunta el profesor Manuel Rachadell, lo que ha ocurrido en los últimos tiempos en Venezuela es que el Vicepresidente no ha estado cumpliendo con su obligación constitucional de suplir las frecuentes ausencias temporales del Presidente, limitándose:

"a ejecutar acciones en el estrecho ámbito de la delegación que le hizo el Presidente, dada la ficción de que Chávez no ha incurrido en falta temporal ni absoluta. De esta forma, Chávez sigue siendo, para el oficialismo, el Presidente en funciones, aún cuando se encuentre sumido, frecuente o esporádicamente (no se sabe), en períodos de inconsciencia por anestesia o por otros motivos. Durante esos períodos, Venezuela no tiene Presidente." (12)

La segunda observación que debe formularse a lo afirmado en la sentencia de la Sala Constitucional, y que causa mayor asombro, es la que asevera que el Presidente Chávez, una vez concluido su mandato del período constitucional 2007-2013, como jefe de Estado y de Gobierno "seguirá en el ejercicio de las mismas hasta tanto proceda a juramentarse ante el Máximo Tribunal, en el supuesto de que no pudiese acudir al acto pautado para el 10 de enero de 2013 en la sede del Poder Legislativo." Al contrario, si el Presidente ya electo, o reelecto, al concluir su período constitucional 2007-2013, no se presenta al acto de la toma de posesión y juramentación ante la Asamblea Nacional, simplemente no puede comenzar en su período constitucional 2013-2019 al no entrar en ejercicio del cargo ni poder cumplir sus funciones. Sus funciones del período 2007-2013 concluyen el 10 de enero, por lo que es una imposibilidad constitucional que a partir del 10 de enero pueda seguir "en el ejercicio de las mismas;" y como no se juramente el 10 de enero ante la Asamblea no puede asumir el ejercicio del cargo de Presidente para el período 2013-2019. (13) En consecuencia, es un gran disparate y no tiene asidero constitucional alguno la afirmación de la Sala Constitucional de que:

"*(iv)* A pesar de que el 10 de enero próximo se inicia un nuevo período constitucional, no es necesaria una nueva toma de posesión en relación al Presidente Hugo Rafael Chávez Frías, en su condición de Presidente reelecto, en virtud de no existir interrupción en el ejercicio del cargo."

Al contrario, precisamente porque el 10 de enero de 2013 se iniciaba un nuevo período constitucional, era absolutamente necesaria una nueva toma de posesión del Presidente Chávez Frías, en su condición de Presidente reelecto, en virtud de que el período constitucional 2007-2013 termino y de que el período 2013-2019 no podía iniciar sin tal juramento, produciéndose en ese caso, inevitablemente, una interrupción en el ejercicio del cargo. (14) La Sala Constitucional al hacer esta afirmación infundada, contradijo lo expresado en su propia sentencia en el sentido de que el juramento previsto en el artículo 231 de la Constitución, "no puede ser entendido como una mera formalidad carente de sustrato y, por tanto, prescindible sin mayor consideración" sino que más bien se trata de una "solemnidad para el ejercicio de las delicadas funciones públicas" con "amplio arraigo en nuestra historia republicana," que "procura la ratificación, frente a una autoridad constituida y de manera pública, del compromiso de velar por el recto acatamiento de la ley, en el cumplimiento de los deberes de los que ha sido investida una determinada persona." Ese juramento debe hacerse ante la Asamblea nacional que está compuesta por los representantes del pueblo, y con ello, el pueblo puede tomar conocimiento de quién es que va a gobernarlo. Es una especie de acto constitutivo de "fe de vida" del Presidente, de su propia existencia física, y de su capacidad para gobernar, realizado ante los representantes del pueblo. Y ello no puede eliminarse porque el electo haya sido reelecto, y menos aún cuando ha permanecido ausente del país durante un mes, sin que la nación tenga conocimiento claro de su estado.

Después de todos las anteriores comentadas "consideraciones para decidir," la Sala Constitucional puntualizó lo que debió ser el objeto de la interpretación solicitada, en el sentido de que "la Constitución establece un término para la juramentación ante la Asamblea Nacional, pero no estatuye consecuencia para el caso de que por "*motivo sobrevenido*" no pueda cumplirse con ella de manera oportuna y, por el contrario, admite expresamente esa posibilidad, señalando que pueda efectuarse la juramentación ante el Tribunal Supremo de Justicia," resumen que implicaba precisamente pasar a determinar quien debía en esa situación encargarse de la Presidencia de la República mientras el Presidente electo por las causas sobrevenidas alegadas procede a tomar posesión del cargo. La Sala Constitucional, sin embargo, en lugar de cumplir su función interpretativa de la segunda parte de la norma del artículo 231 de la Constitución, se limitó a reafirmar lo que la propia norma constitucional dispone en el sentido de que la juramentación del Presidente reelecto puede ser efectuada en una oportunidad posterior al 10 de enero de 2013 ante el Tribunal Supremo de Justicia, de no poder realizarse dicho día ante la Asamblea Nacional; agregando sólo su apreciación de que le corresponde al propio Tribunal fijar dicho acto "una vez que exista constancia del cese de los motivos sobrevenidos que hayan impedido la juramentación."

Y de allí, sin resolver la consecuencia jurídica derivada del hecho de que por un "motivo sobrevenido" el Presidente electo no pueda tomar posesión del cargo con su juramentación ante la Asamblea nacional el día fijado constitucionalmente, la Sala concluyó su sentencia, afirmando como por arte de magia, sin que las "consideraciones para decidir" en realidad fundamentaran y condujeran a ello, que:

> "*(vi)* En atención al principio de continuidad de los Poderes Públicos y al de preservación de la voluntad popular, no es admisible que ante la existencia de un desfase cronológico entre el inicio del período constitucional y la juramentación de un Presidente reelecto, se considere (sin que el texto fundamental así lo paute) que el gobierno queda *ipso facto* inexistente. En consecuencia, el Poder Ejecutivo (constituido por el Presidente, el Vicepresidente, los Ministros y demás órganos y funcionarios de la Administración) seguirá ejerciendo cabalmente sus funciones con fundamento en el principio de la continuidad administrativa."

Sobre esto, que es en definitiva la parte resolutiva de la sentencia y que pretende legitimar una usurpación de autoridad, (15) deben formularse las siguientes observaciones:

Primero, es una apreciación errada y sin fundamento considerar que "ante la existencia de un desfase cronológico entre el inicio del período constitucional y la juramentación de un Presidente reelecto, se considere (sin que el texto fundamental así lo paute) que el gobierno queda *ipso facto* inexistente." Ello no tiene posibilidad de ocurrencia. Si el Presidente electo por un motivo sobrevenido no puede prestar su juramento ante la Asamblea nacional, e, incluso, tampoco ante el Tribunal Supremo, el hecho de que el período constitucional anterior concluya no implica "que el gobierno queda *ipso facto* inexistente." Esta no es más que una lucubración llevada al absurdo que no tiene asidero alguno en el derecho constitucional, salvo en la visión distorsionada de la Sala Constitucional, al negarse a interpretar la norma constitucional que se le solicitó, y que precisamente era con el objeto de determinar, como el gobierno no puede dejar de existir, quién en esa situación se encargaba de la Presidencia de la República. Así como el Presidente de la Asamblea se debe encargar de la Presidencia en caso de falta absoluta del Presidente electo antes de la toma de posesión de su cargo, con la misma lógica de que ejerza interinamente la Presidencia un funcionario con legitimidad electiva, en caso de que por motivo sobrevenido el Presidente electo no pueda tomar posesión de su cargo y juramentarse, quien debe encargarse de la Presidencia para iniciar el nuevo período constitucional es el Presidente de la Asamblea nacional.(16)

Segundo, luego de la errada apreciación anterior, y sin resolver el tema central de la interpretación solicitada sobre quién se debe encargar de la Presidencia de la República a partir del 10 de enero de 2013, la Sala se limitó a afirmar que "En consecuencia, el Poder Ejecutivo (constituido por el Presidente, el Vicepresidente, los Ministros y demás órganos y funcionarios de la Administración) seguirá ejerciendo cabalmente sus funciones con fundamento en el principio de la continuidad administrativa."

En cuanto al Presidente, no sólo ello es inconstitucional porque no se ha juramentado para tomar posesión de su cargo y entrar en ejercicio de sus funciones para el nuevo período constitucional, sino porque por lo que se ha informado oficialmente, su estado de salud lo imposibilita e inhabilita totalmente para ejercer el cargo y las funciones inherentes al mismo. Respecto del Presidente de la República no tiene sentido alguno invocar el principio de continuidad administrativa, pues como Jefe del Estado y del Gobierno, lo que le corresponde prioritariamente es dirigir la acción de gobierno (art. 226).

Lo resuelto por la Sala Constitucional, en realidad, es la decisión que sus Magistrados han adoptado de poner el gobierno de Venezuela para el inicio del período 2013-2019, en manos de funcionarios que no han sido electos popularmente, contrariando el principio democrático. No es que con fundamento en el principio de la continuidad administrativa, la Sala Constitucional haya resuelto que mientras son reemplazados en sus cargos, el Vicepresidente, los Ministros y demás órganos y funcionarios de la Administración están obligados a ejercer cabalmente sus funciones; sino que lo que ha resuelto la Sala Constitucional violando la Constitución y el derecho ciudadano a la democracia, es que en el nuevo período constitucional 2013-2019 que se inicie el 10 de enero de 2013, sin Presidente en ejercicio por estar éste confinado a una cama de hospital en La Habana con graves problemas de salud, el gobierno de la República esté a cargo de funcionarios no electos, sin legitimidad democrática, como son el Vicepresidente y de los Ministros que habían sido nombrados en el período constitucional anterior, hasta cuando el propio Tribunal Supremo fije la oportunidad de que el Presidente electo enfermo se juramente ante el mismo.

Ni más ni menos que un golpe contra la Constitución, (17) dado por un Juez Constitucional que estaba llamado a defender su supremacía e integridad, vulnerando el derecho ciudadano a ser gobernados por gobernantes electos.

La decisión de la Sala Constitucional, por lo demás, es totalmente inconveniente para la gobernabilidad de la República. El Vicepresidente Maduro a quien se deja gobernando el país, conforme a lo decidido en la misma sentencia, supuestamente no está supliendo una falta temporal del Presidente Chávez pues éste según la Sala ni la decretó ni la invocó, de manera que supuestamente sólo podría actuar como Vicepresidente, con las atribuciones que tiene en la Constitución (art. 239) y las que el Presidente Chávez le delegó mediante Decreto No. 9315 de 9 de diciembre de 2012, (18) de contenido absolutamente limitativo.

De resultas, a partir del 10 de enero de 2013, por voluntad la Sala Constitucional del Tribunal Supremo de Justicia en Venezuela, comienza a gobernar en Venezuela, un funcionario que supuestamente no está supliendo al Presidente de la República electo y enfermo, que sólo puede ejercer sus atribuciones establecidas en la Constitución (art. 239) y las enumeradas en el decreto de delegación de diciembre de 2013, y quién entre otras atribuciones que sólo al Presidente en ejercicio podría ejercer, por ejemplo, no podrá nombrar y remover los Ministros; no podrá dirigir las relaciones exteriores de la República y celebrar y ratificar los tratados, convenios o acuerdos internacionales; no podrá dirigir las Fuerza Armada Nacional ni tendrá el carácter de Comandante en Jefe de la misma, no pudiendo ejercer la suprema autoridad jerárquica de ella y fijar su contingente; no podrá ejercer el mando supremo de la Fuerza Armada Nacional, promover sus oficiales a partir del grado de coronel o capitán de navío, y nombrarlos para los cargos que les son privativos; no podrá declarar los estados de excepción y decretar la restricción de garantías en los casos previstos en esta Constitución; no podrá convocar a la Asamblea Nacional a sesiones extraordinarias; no podrá reglamentar total o parcialmente las leyes, sin alterar su espíritu, propósito y razón; no podrá negociar los empréstitos nacionales; no podrá celebrar los contratos de interés nacional conforme a la Constitución y la ley; no podrá designar, previa autorización de la Asamblea Nacional o de la Comisión Delegada, al Procurador General de la República y a los jefes o jefas de las misiones diplomáticas permanentes; no podrá formular el Plan Nacional de Desarrollo y dirigir su ejecución previa aprobación de la Asamblea Nacional, no podrá conceder indultos; no podrá fijar el número, organización y competencia de los ministerios y otros organismos de la Administración Pública Nacional, así como también la organización y funcionamiento del Consejo de Ministros, dentro de los principios y lineamientos señalados por la correspondiente ley orgánica; no podrá disolver la Asamblea Nacional en el supuesto establecido en la Constitución; no podrá convocar referendos; ni podrá convocar y presidir el Consejo de Defensa de la Nación. (19)

A esta absurda ingobernabilidad es a lo que condujo la sentencia de la Sala Constitucional; a raíz de la cual el gobierno comenzó incluso a perseguir a quienes argumentaran o informaran sobre la interpretación que debía darse a las normas constitucionales y sobre la inconstitucional decisión del Tribunal Supremo y sus efectos; (20) de manera que hasta los estudiantes universitarios que comenzaron a protestar contra la sentencia de la Sala Constitucional, fueron por ello amenazados con cárcel. (21)

Notas:

(1). Véase Allan R. Brewer-Carías, "Sobre las nuevas tendencias del derecho constitucional: del reconocimiento del derecho a la Constitución y del derecho a la democracia", en *VNIVERSITAS, Revista de Ciencias Jurídicas (Homenaje a Luis Carlos Galán Sarmiento)*, Pontificia Universidad Javeriana, facultad de Ciencias Jurídicas, N° 119, Bogotá 2009, pp. 93-111; "Algo sobre las nuevas tendencias del derecho constitucional: el reconocimiento del derecho a la constitución y del derecho a la democracia," en Sergio J. Cuarezma Terán y Rafael Luciano Pichardo (Directores), *Nuevas tendencias del derecho constitucional y el derecho procesal constitucional*, Instituto de Estudios e Investigación Jurídica (INEJ), Managua 2011, pp. 73-94; "El derecho a la democracia entre las nuevas tendencias del Derecho Administrativo como punto de equilibrio entre los Poderes de la Administración y los derecho del administrado," en Víctor Hernández Mendible (Coordinador), *Desafíos del Derecho Administrativo Contemporáneo (Conmemoración Internacional del Centenario de la Cátedra de Derecho Administrativo en Venezuela*, Tomo II, Ediciones Paredes, Caracas 2009, pp. 1417-1439

(2). *De l'Espirit des Lois* (ed. G. Tunc), Paris 1949, Vol. I, Libro XI, Cáp. IV, pp.162-163

(3). Expediente N° 12-1358, Solicitante: Marelys D'Arpino

(4). Véase el texto de la sentencia en **http://www.tsj.gov.ve/decisiones/scon/Enero/02-9113-2013-12-1358.html**

(5). Al contrario, el día anterior a la sentencia, en la reseña de un programa de televisión, se informó que la Fiscal General de la República, Sra. Ortega, afirmaba que "Estamos en presencia de un presidente reelecto y el requisito que exige el **231 es la toma de posesión**, y toma posesión del cargo a través del juramento, pero como es reelecto él está en posesión de cargo y él está en el cargo por el juramento", puntualizó. Por ello señaló que las posibles circunstancias planteadas en el 231 de la Constitución "no se hacen necesarias" porque el presidente Chávez sigue en la posición del cargo. Precisó que dicha formalidad no puede poner "en riesgo la estabilidad de un país, la institucionalidad, el estado de derecho, social, sencillamente porque el Presidente que está en posesión del cargo, se encuentra debidamente autorizado por la Asamblea Nacional para recuperarse de su estado de salud". En "Fiscal Ortega Díaz: Presidente Chávez y tren ministerial están en posesión de su cargo," en **http://www.patriagrande.com.ve/temas/venezuela/fiscal-ortega-diaz-presidente-chavez-tren-ministerial-posesion-cargo/**

(6).   La Sala, en la sentencia agregó sobre esto que "considerar que la solemnidad del juramento, en la oportunidad prefijada del 10 de enero y ante la Asamblea Nacional, suponga una especie de falta absoluta que, no sólo no recoge expresamente la Constitución, sino que antagoniza con la libre elección efectuada por el soberano, en franco desconocimiento de los principios de soberanía popular y democracia protagónica y participativa que postulan los artículos 2, 3, 5 y 6 del Texto Fundamental." Dijo además la Sala en este aspecto que "al no evidenciarse del citado artículo 231 y del artículo 233 *eiusdem* que se trate de una ausencia absoluta, debe concluirse que la eventual inasistencia a la juramentación prevista para el 10 de enero de 2013 no extingue ni anula el nuevo mandato para ejercer la Presidencia de la República, ni invalida el que se venía ejerciendo."

(7).   Esto lo reitera la sala en otro párrafo de la sentencia al señalar que "las vacantes absolutas no son automáticas ni deben presumirse. Estas están expresamente contempladas en el artículo 233 constitucional y, al contrario de lo que disponían los artículos 186 y 187 de la Constitución de 1961, la imposibilidad de juramentarse (por motivos sobrevenidos) el 10 de enero de 2013, no está expresamente prevista como causal de falta absoluta."

(8).   Como lo expresó el profesor Ricardo Combellas en declaraciones a BBC Mundo:"Ese es un principio muy sano del derecho administrativo: que independientemente de los cambios en la dirección administrativa de los asuntos del estado, las funciones del gobierno continúan. Lo que está planteado es que ha terminado un período constitucional y que eso no es un supuesto de continuidad administrativa sino es un supuesto de renovación de los poderes públicos que tienen un plazo limitado en la Constitución." En Carlos Chirinos, "El limbo de consecuencias impredecibles", BBC Mundo, 11 de enero de 2013. En: **http://www.bbc.co.uk/mundo/movil/noticias/2013/01/130110 venezuela constityente combellas opinion cch.shtml**

(9).   Es en este contexto que debe leerse lo reiterado por la misma Sala en la sentencia, "tal como señaló esta Sala en los antes referidos fallos números 457/2001 y 759/2001, que no debe confundirse *la iniciación del mandato del Presidente con la toma de posesión, términos que es necesario distinguir cabalmente*". Efectivamente, el nuevo periodo constitucional presidencial se inicia el 10 de enero de 2013, pero el constituyente previó la posibilidad de que "*cualquier motivo sobrevenido*" impida al Presidente la juramentación ante la Asamblea Nacional, para lo cual determina que en tal caso lo haría ante el Tribunal Supremo de Justicia, lo cual necesariamente tiene que ser *a posteriori.*"

(10).   Sobre ello, el profesor Ricardo Combellas en declaraciones a BBC Mundo: "eso me parece un planteamiento absurdo, porque se le solicita al sujeto sobre el cual actúa la falta temporal que se pronuncie. Imagínese, no es el caso del presidente Chávez, sino de un presidente que esté incapacitado en una clínica recibiendo cuidado especial, incapaz de tomar voluntariamente una decisión. Entonces quedamos en un limbo jurídico si el presidente no se pronuncia. Poner ese requisito, que no establece la Constitución, me parece un exabrupto." En Carlos Chirinos, "El limbo de consecuencias impredecibles", BBC Mundo, 11-1-2013,   en   **http://www.bbc.co.uk/mundo/movil/noticias/2013/01/130110 venezuela constityente combellas opinion cch.shtml**

(11).   Como lo ha hincado el profesor Manuel Rachadell, "Chávez tiene el permiso de la Asamblea Nacional, otorgado por unanimidad del 9 de diciembre pasado, para ausentarse del país "por un lapso superior a los cinco días consecutivos" (art. 235), el cual mantiene su vigencia hasta el vencimiento del período constitucional el 10 de enero próximo, porque la Asamblea Nacional no puede dar permisos para el período siguiente. Llegados a esta fecha, si el Presidente electo no toma posesión del cargo, la Asamblea Nacional no tiene competencia para darle permiso ni prórroga para la juramentación de cumplir la Constitución." Véase Manuel Rachadell, "Tres observaciones a la carta de Maduro sobre la imposibilidad de juramentarse el Presidente electo ante la Asamblea Nacional." 9-1-2013, en: **http://t.co/Sd5R2EwX**

(12). *Idem.*

(13). Como también lo ha indicado Manuel Rachadell, "La interpretación que le ha dado la fracción gubernamental en la Asamblea Nacional de que Chávez sigue siendo Presidente en ejercicio, cuya ausencia del acto de juramentación no tendría ninguna incidencia porque es una simple formalidad, que no es necesario que el Presidente de la Asamblea Nacional se juramente para cubrir la ausencia (que ni es temporal ni absoluta) del Presidente, porque tal función la ejerce, parcialmente, el Vicepresidente Ejecutivo de la República, carece de toda fundamentación en la Ley Suprema. No hay continuidad administrativa al concluir el período constitucional y comenzar el otro, ni siquiera en el supuesto de la reelección, y el nombramiento del Vicepresidente Ejecutivo caduca, como el del Presidente que lo ha designado, al vencimiento del período constitucional, el 10 de enero próximo". *Idem.*

(14). Por ello, el profesor Román José Duque Corredor considera esta afirmación "falsa de toda falsedad" agregando que "La reelección no es un mecanismo del ejercicio del cargo o para el ejercicio del cargo, sino un derecho del funcionario que ejerce un cargo electivo de poderse postular como candidato para un nuevo período para ese cargo y no de continuar en el mismo cargo. De modo que por tratarse de una nueva elección, si existe interrupción en su ejercicio. Si no fuera así, entonces, se trataría de un plebiscito y no de una elección, que es lo que parece piensan los Magistrados de la referida Sala que ha ocurrido con el candidato Hugo Chávez que se postuló para las elecciones del 7 de octubre de 20102 para ser Presidente para el nuevo período 2013-2019." Véase Román José Duque Corredor, Observaciones a la sentencia de la Sala Constitucional de 9 de enero de 2013. Véase en **http://www.uma.edu.ve/interna/424/0/novedades del derecho publico**

(15). Con razón la diputada María Corina Machado expresó el 11 de enero de 2013: "que el acto que vimos ayer no tiene precedentes. Dijo que Venezuela amaneció con un gobierno usurpado y el Vicepresidente, los ministros y la Procuradora General pretenden seguir ejerciendo sus cargos. "Todos los cargos de gobierno cesaron el pasado jueves y ante esa pretensión, todos su actos son nulos, como lo establece el artículo 138 de la Constitución", recalcó. Reiteró que Diosdado Cabello ha violado su juramento, porque debió llamar a la sesión solemne de toma de posesión del nuevo período presidencial y agregó que "no reconocemos a Maduro como Vicepresidente, porque hay una situación de ilegitimidad profunda". Aseguró que en Venezuela no existe separación de poderes, "tenemos un TSJ sumiso, nuestra soberanía está siendo pisoteada". Véase reseña de Programa Primera   página   de   Globovisión,   11-1-2013,   en **http://www.lapatilla.com/site/2013/01/11/maria-corina-nuestra-soberania-esta-siendo-pisoteada/**

(16). El profesor Román José Duque Corredor expuso sobre la errada conclusión de la sentencia su apreciación de que:"La continuidad de los poderes públicos no se afecta, ni tampoco el gobierno queda *ipso facto* inexistente, cuando de pleno derecho se establece un régimen transitorio precisamente para el caso que los funcionarios que deban ejercer sus funciones no lo puedan hacer, como ocurre cuando por su falta absoluta el candidato electo o reelecto Presidente no pueda asumir su cargo en la fecha programada, en cuyo caso el gobierno sigue existiendo en forma transitoria pero en manos del Presidente de la Asamblea Nacional. Y precisamente para garantizar la voluntad popular, ante la falta absoluta del candidato electo o reelecto para el inicio del nuevo período, la Constitución prevé que se realicen nuevas elecciones y que la Presidencia, transitoriamente hasta la nueva elección, la ejerza un funcionario elegido mediante sufragio directo y universal y no el Vicepresidente que no fue elegido ni designado para el nuevo período. Así como si dicha falta ocurre después del inicio del período y con posterioridad a la toma de posesión, el gobierno lo ejerza el Vicepresidente que si fue designado por el Presidente electo, que tomo posesión del cargo, pero que dejó su cargo por alguna falta absoluta, y ello solo mientras se llevan a cabo nuevas elecciones para que la voluntad popular se pueda manifestar." Véase Román José Duque Corredor, Observaciones a la sentencia de la Sala Constitucional de 9 de enero de 2013. Véase en **http://www.uma.edu.ve/interna/424/0/novedades del derecho publico**

(17). También puede calificarse la situación como golpe de Estado, pues en definitiva, todo golpe contra la Constitución es un golpe de Estado. Véase   Claudio J. Sandoval, ¿Golpe de Estado en Venezuela?, en *El Universal*, Caracas, 10 de enero de 2013, en **http://www.eluniversal.com/opinion/130110/oea-golpe-de-estado-en-venezuela.**

(18). Véase en *Gaceta Oficial* N° 40.078 del 26 de diciembre de 2012

(19). Véase sobre esta situación, Manuel Rachadell, "Continuidad de la presidencia compartida o un país presidencialista sin Presidente," Caracas, 10 de enero de 2013, en **http://manuelrachadell@blogspot.com.**

(20). El 9 de enero de 2013, el consultor jurídico de Globovisión, Ricardo Antela, explicó sobre el nuevo procedimiento administrativo sancionatorio abierto por la Comisión Nacional de Telecomunicaciones (CONATEL) contra la estación de TV, "por la difusión de cuatro micros informativos sobre el articulado de la Constitución", que a juicio del ente regulador, "incitan al odio, la zozobra y la alteración del orden público", prohibiendo de entrada "a la televisora retransmitir dichos mensajes o algunos similares." En horas de la tarde de ese mismo día el "presidente de la Asamblea Nacional, Diosdado Cabello; y el ministro Rafael Ramírez, habían sugerido al ente regulador "iniciar una investigación contra el canal por difundir el artículo 231 de la Constitución.". Véase la información en **http://globovision.com/articulo/conatel-notifica-a-globovision-de-nuevo-procedimiento-administrativo-sancionatorio**

(21). El Gobernador del Estado Táchira, José Gregorio Vielma Mora, afirmó a la prensa "que los estudiantes de las universidades Católica y de Los Andes de esa entidad, que manifestaron en contra del fallo del Tribunal Supremo de Justicia, estaban ebrios y otros consumieron drogas para "valentonarse en contra de la autoridad". "Son delincuentes", aseveró. Advirtió al rector académico de la ULA, Omar Pérez Díaz y demás profesores, que irá a la Fiscalía a denunciarlos. "No mienta (Pérez Díaz), usted está promoviendo la violencia en Táchira. Les están pagando desde el extranjero. "Tienen armamento y municiones dentro de la universidad", acusó. De seguir protestando "van a ser tratados como bandas criminales e irán a la cárcel de Santa Ana". Véase en **http://m.notitarde.com/nota.aspx?id=159398.**

20. EL CAMINO CONSTITUCIONAL

Asdrúbal Aguiar
Ex Presidente encargado de la
República de Venezuela (1998)

Encontrándose concluido, este 10 de enero de 2013, el período constitucional de seis años para el que fuera electo el actual Presidente de la República, Hugo Rafael Chávez Frías, a tenor de lo previsto en los artículos 230 y 231 constitucionales; y al ceder éste, por lo mismo, en el ejercicio – improrrogable – de sus actuales atribuciones constitucionales y de suyo agotar sus mandatos respectivos el Vicepresidente Ejecutivo – quien suple al primero por ausencia temporal – y los distintos ministros integrantes del Consejo de Ministros, por ser éstos y aquél "órganos directos" del mismo Presidente cuyo ejercicio llega a término, según lo dispuesto por los artículos 238 y 242 *ejusdem*.

Siendo indiscutible que los períodos constitucionales y sus mandatos tienen entidad propia e identidad temporal, no siendo por ello susceptibles de prórroga o reconducción por exigencias de nuestra tradición constitucional republicana y no monárquica, hecha aquélla de mandatos temporales y alternativos; dado lo cual se obliga al Presidente de la República en ejercicio "resignar sus poderes" de manera fatal en la fecha del término de su mandato, con independencia de que pueda volver a ejercerlos durante otro período constitucional inmediato o posterior;

Observando que, como lo muestran nuestros textos constitucionales desde el primero que aprueba el Congreso de Valencia al separarnos de Colombia, tanto los que prohíben la reelección presidencial (1830, 1858, 1864, 1874, 1881, 1891, 1893, 1901, 1904, 1936, 1945) como los que la permiten de forma inmediata (1857, 1909, 1914, 1922,1925, 1928, 1929, 1931, 1953) o los que la aceptan de forma diferida (1947 y 1961), todos a uno señalan que la "resignación de poderes" ha lugar – a manera de ejemplos – a manos del Presidente Electo una vez juramentado (1961), y caso de no tomar éste su juramento y posesión en el día constitucional previsto y mientras lo hace, el primero – el Presidente en ejercicio – asume en lo inmediato la condición de

Encargado de la Presidencia (1936 y 1945) o resigna sus poderes en el Presidente de la Corte Suprema de Justicia (1947) o en la persona llamada a suplirlo provisionalmente en caso de falta absoluta, a saber, el Presidente del Congreso (Constitución de 1961);

Considerando que la circunstancia de coincidir el nombre del Presidente en ejercicio y del Presidente electo, en modo alguno varía las apreciaciones anteriores, ya que de lo contrario se atentaría contra la Constitución y hasta se permitiría el absurdo, como lo es que el Presidente en ejercicio, al término de su período constitucional prorrogue su mandato a la espera de que el Presidente electo – si fuere otro y no él – tome juramento el día previsto por la Constitución y no lo haga por cualquier razón;

Resultando indiscutible que la toma de posesión del cargo de Presidente de la República sólo ha lugar mediante el juramento constitucional, que es una exigencia sacramental sustantiva e inexcusable para el inicio de la función de gobierno, como lo indican el artículo 231 constitucional y lo ratifica luego la Sala Constitucional del Tribunal Supremo de Justicia, que en su sentencia de 26 de mayo de 2009 precisa que la juramentación "es formalidad esencial para la toma de posesión del cargo y condición inseparable del acto previo de elección popular";

Destacando que en los precedentes constitucionales inmediatos a la vigente Constitución de 1999, se reconoce la figura de la "ausencia temporal" del Presidente electo (1947 y 1961), en cuyo caso y mientras puede juramentarse asume como Encargado de la Presidencia el Presidente de la Corte Suprema de Justicia (1947) o el Presidente del Congreso (1961); y es sólo la Constitución reeleccionista que rige durante el gobierno de Marcos Pérez Jiménez (1953) la única que dispone considerar la "ausencia absoluta" del Presidente electo quien no tome posesión y juramento de su cargo en la fecha prevista por la misma Constitución;

Visto que el acto de juramentación del Presidente electo de la República sólo puede tener lugar en el sitio donde constitucionalmente residen los poderes públicos, es decir, en la ciudad de Caracas o "en otros lugares de la República" cuando ello se disponga, como lo manda el artículo 18 de la Constitución;

Siendo elemental que de no hacerse presente el Presidente Electo de la República, Hugo Rafael Chávez Frías, para tomar posesión de su cargo mediante juramento ante la Asamblea Nacional en la fecha constitucionalmente establecida; de encontrarse regularmente reunida y constituida la citada Asamblea, en cuyo caso no se da el "motivo sobrevenido" que autoriza al Tribunal Supremo de Justicia para tomar el juramento del Presidente electo en defecto de aquélla, de acuerdo a lo que señalan el citado artículo 231 y las enseñanzas del Derecho comparado constitucional; y no estando permitida la extensión del mandato del Presidente en ejercicio ni la de su Vicepresidente Ejecutivo, quien le ha suplido durante su ausencia temporal, es inevitable la puesta en marcha los mecanismos constitucionales que impidan la ocurrencia de un vacío de poder en Venezuela;

Siendo impostergable, pues, la resignación de los poderes que detentan los actuales integrantes del Poder Ejecutivo cuyos mandatos concluyen, cabe predicar lo siguiente:

• La sana interpretación constitucional indica – atendiendo a nuestros antecedentes constitucionales – que la resignación de poderes, de no acudir para su juramentación el Presidente electo, ha de ocurrir transitoriamente a manos de la persona llamada a encargarse de la Presidencia de la República en los supuestos de falta absoluta del "Presidente electo", de acuerdo a lo que prevé el párrafo segundo del artículo 233 constitucional. De modo que, a partir de la citada fecha, 10 de enero de 2013, debe asumir como Encargado de la Presidencia de la República el Presidente de la Asamblea Nacional en ejercicio.

• El Presidente de la Asamblea Nacional, como Encargado de la Presidencia de la República, en consecuencia, ha de proveer en lo inmediato, llenando las vacantes sucedidas del Poder Ejecutivo – designando un Encargado de la Vicepresidencia y encargados de los despachos ministeriales – hasta tanto se resuelve, de acuerdo con las indicadas previsiones constitucionales, sobre la situación del Presidente electo; quien, como cabe repetirlo, no se encuentra en ejercicio por falta de juramentación y toma de posesión para el período constitucional que se inaugura.

• A objeto de que se determine sobre la eventual falta absoluta del Presidente electo, quien, según la información oficial disponible, se encuentra enfermo de cáncer y fuera de Venezuela, cabe que el Encargado de la Presidencia de la República requiera del Tribunal Supremo de Justicia la designación de una junta médica que certifique la incapacidad permanente o no del Presidente electo, en dictamen que debe ser aprobado por la Asamblea Nacional, según lo previsto en el artículo 233.

• Si ha lugar a la hipótesis de una "falta temporal" del Presidente electo – con fundamento en la certificación médica en cuestión – y la misma se prolonga por más de noventa días, no prorrogables, como lo indica el artículo 234 *in fine*, la Asamblea Nacional debe declarar si la considera absoluta, y sucesivamente, de acuerdo a la misma previsión constitucional del artículo 233, "procederá a una nueva elección universal, directa y secreta dentro de los treinta días consecutivos" siguientes.

Este es el camino constitucional, a la sazón el mismo fijado por el Presidente de la República, Hugo Rafael Chávez Frías, ante la probabilidad de su ausencia para tomar posesión de un nuevo mandato en calidad de Presidente electo, y que demandó acatar antes de su abandono del territorio nacional.

Lo actuado en contrario y de forma concertada, sin solución de continuidad, entre los distintos poderes del Estado, incluida la Sala Constitucional del Tribunal Supremo de Justicia, que afirma la continuidad administrativa del Presidente y la irrelevancia de su juramentación, significa una alteración grave del ordenamiento constitucional mediante una "mutación" a cuyo tenor se modifica en la práctica la Constitución de 1999 y se le dan a sus palabras un significado distinto y que no tienen; todavía más y lo que es aún más grave, plantea una usurpación de las atribuciones del Presidente de la República y representa un atentado a los principios de la república como modelo constitucional de nuestra organización política.

Caracas, 10 de enero de 2012

21. CONTINUIDAD DE LA PRESIDENCIA COMPARTIDA O UN PAÍS PRESIDENCIALISTA SIN PRESIDENTE

Manuel Rachadell

En su sentencia N° 2 del 9 de enero de 2013, la Sala Constitucional del Tribunal Supremo de Justicia decidió que *"el Poder Ejecutivo (constituido por el Presidente, el Vicepresidente, los Ministros y demás órganos y funcionarios de la Administración) seguirá ejerciendo cabalmente sus funciones con fundamento en el principio de la continuidad administrativa"*, lo que permite –según la Sala– que el ciudadano Nicolás Maduro siga en el ejercicio de sus funciones pese a que había caducado el período del Presidente que lo había nombrado y, además, que la estructura de gobierno que rige en el país continúe en la misma forma que ha tenido desde hace un mes. En las presentes consideraciones no nos ocuparemos de evidenciar las graves y múltiples violaciones al ordenamiento constitucional en que incurre la sentencia citada, sino de mostrar cuál es esa estructura de gobierno cuya continuidad se asegura.

Debemos previamente señalar que las veces en que el Presidente de la República ha salido al exterior, por enfermedad o por otra razón, nunca se ha reconocido que se haya producido el supuesto de la **falta temporal**. Desde que tomó posesión por primera vez en febrero de 1999, Chávez no ha sido sustituido ni un solo día en el ejercicio de sus funciones, aún cuando ha estado inconsciente por someterse varias veces a anestesia general o por otras razones. Por ello, permanece virgen la previsión constitucional según la cual *"Son atribuciones del Vicepresidente Ejecutivo o Vicepresidenta Ejecutiva...8. Suplir las faltas temporales del Presidente o Presidenta de la República"* (art. 239).

Por ese criterio de que la Revolución tiene un único líder, cuando el Presidente de la República confiesa ante el país el 8 de diciembre pasado que adolece de un grave estado de salud, por lo cual va a viajar a La Habana para someterse a una intervención quirúrgica, no se estrena la norma que citamos sino que procede a delegar en el Vicepresidente Ejecutivo de la República algunas de las atribuciones de su cargo. A tal fin, dicta el Decreto N° 9.315, del 9 de diciembre de 2012 (*Gaceta Oficial* N° 40.078 del 26 de diciembre de 2012), por el cual atribuye al Vicepresidente Ejecutivo el ejercicio de las atribuciones y la firma de los actos que allí se señalan. Entre las competencias que no se delegan en el Vicepresidente Ejecutivo, y que por tanto su ejercicio se reserva el Presidente Chávez, se encuentran:

a) Nombrar y **remover los** Ministros, **b) Dirigir las relaciones exteriores de la República y celebrar y ratificar los tratados, convenios o acuerdos internacionales; c)** Dirigir las Fuerza Armada Nacional **en su carácter de Comandante en Jefe, ejercer la suprema autoridad jerárquica de ella** y fijar su contingente, **d)** Ejercer el mando supremo de la Fuerza Armada Nacional, **promover sus oficiales a partir del grado de coronel o coronela o capitán o capitana de navío, y nombrarlos o nombrarlas para los cargos que les son privativos, e)** Declarar los estados de excepción **y decretar la restricción de garantías en los casos previstos en esta Constitución, f) Convocar a la Asamblea Nacional a sesiones extraordinarias, g)** Reglamentar total o parcialmente las leyes, **sin alterar su espíritu, propósito y razón, h) Negociar los empréstitos nacionales, i) Celebrar los contratos de interés nacional conforme a esta Constitución y la ley, j)** Designar, **previa autorización de la Asamblea Nacional o de la Comisión Delegada, al Procurador o Procuradora General de la República y a los jefes o jefas de las misiones diplomáticas permanentes, k) Formular el Plan Nacional de Desarrollo y dirigir su ejecución previa aprobación de la Asamblea Nacional, l) Conceder indultos, m)** Fijar el número, organización y competencia de los ministerios **y otros organismos de la Administración Pública Nacional, así como también la organización y funcionamiento del Consejo de Ministros, dentro de los principios y lineamientos señalados por la correspondiente ley orgánica, n) Disolver la Asamblea Nacional en el supuesto establecido en esta Constitución, o) Convocar referendos, p) Convocar y presidir el Consejo de Defensa de la Nación.** (Véase: Jesús Rangel Rachadell: *"LO QUE NO SE LE DELEGÓ AL VICEPRESIDENTE EN EL DECRETO DE DELEGACIÓN"*, en: http://manuelrachadell.blogspot.com/).

Conforme a lo expuesto, a partir del 9 de diciembre pasado el ejercicio de las competencias presidenciales se encuentra compartido entre dos funcionarios: el Vicepresidente Ejecutivo, quien ejerce (o puede ejercer) las atribuciones presidenciales que expresamente le delegó el Presidente, de un lado, y del otro, el Presidente de la República, quien se reserva todas las atribuciones no delegadas, antes enumeradas. **Es cierto que el Presidente podría realizar actividades o dictar actos en el ámbito de las atribuciones que le delegó al Vicepresidente Ejecutivo, pero su estado de salud no le permite hacer tal cosa; pero es cierto también que el Vicepresidente Ejecutivo no puede ejecutar actividades ni dictar actos en los ámbitos que el Presidente se ha reservado (y que éste no puede ejercer), porque ello constituiría extralimitación de atribuciones.**

De modo que el Vicepresidente Ejecutivo, además de que ha incurrido en usurpación de autoridad en cuanto a las funciones que atañen al Presidente de la Asamblea Nacional, a quien le correspondía ser investido en el día de hoy de la condición de Presidente encargado, por la ausencia del Presidente electo, tal como lo hemos demostrado en anteriores oportunidades –y como también lo han hecho destacados profesores de Derecho Público–, tiene un ámbito muy limitado para el ejercicio de sus funciones.

Pero además, la estructura centralista y personalista que había impreso al gobierno el Presidente Chávez hasta el 9 de diciembre pasado, dado que se reservaba las decisiones, incluso las más pequeñas, en todos los ámbitos del Estado, el Vicepresidente Ejecutivo carece de todo entrenamiento para decidir, incluso, en los menguados aspectos que le tocan. Adicionalmente, la mayor parte de las funciones presidenciales están entremezcladas, lo que traerá como consecuencia la abstención del Vicepresidente Ejecutivo de adoptar decisiones que puedan caer en el ámbito reservado al Presidente, so pena de ser tildado de usurpador de funciones presidenciales y de traidor a la Revolución.

Pues bien, el principio de la continuidad administrativa en que se fundamenta la sentencia de la Sala Constitucional lo que hace es mantener el sistema hemipléjico de gobierno que tenemos desde diciembre pasado, por la ficción de que el ciudadano Chávez, postrado en su lecho de enfermo grave, no se encuentra en falta temporal ni en falta absoluta en el ejercicio de sus funciones. De haberse seguido el procedimiento establecido en la Constitución para suplir la ausencia del candidato electo (temporal, por ahora), se hubiera podido unificar el ejercicio de las competencias presidenciales bajo una persona –el Presidente de la Asamblea Nacional– hasta que el Presidente electo pudiera tomar posesión del cargo al prestar juramento de cumplir la Constitución, las leyes y las atribuciones del cargo, o hasta que se declare la falta absoluta del electo.

En su lugar, los factores de poder dominantes han preferido instruir al máximo tribunal para que declare la continuidad del sistema del gobierno compartido (lo que ocasiona una grave hemiplejia institucional) en la función presidencial, lo que significa que Venezuela carece, en la actualidad y en los días por venir, de un efectivo titular de la Presidencia de la República. Llegados a esta situación, y dadas las pocas posibilidades de que se produzca una curación milagrosa del candidato electo, sólo su falta absoluta (muerte, renuncia o declaratoria de incapacidad para ejercer el cargo) permitiría unificar, temporalmente, el funcionamiento de la jefatura del Estado y del gobierno, mientras se cumple la previsión constitucional sobre nuevas elecciones.

Lo triste de todo esto es que no hay otra razón para que se haya mantenido la escisión de las competencias presidenciales como no sea establecer un equilibrio inestable entre las facciones que se disputan el delfinato, con grave perjuicio para el país, tanto en su funcionamiento interno como en sus relaciones internacionales.

Para evidenciar la gravedad de esta situación, basta plantearse las siguientes preguntas: **¿Quién nombra y remueve a los ministros? ¿Quién dirige las relaciones internacionales? ¿Quién ejerce el mando supremo de la Fuerza Armada?**

Caracas, 10 de enero de 2013

22. EN DEFENSA DE LA CONSTITUCIÓN Y LA SOBERANÍA POPULAR

Diputados de la Unidad Democrática

Los Diputados de la Unidad Democrática rechazamos la alteración del orden constitucional que se esta produciendo en virtud de la negativa de la mayoría oficialista de la Asamblea Nacional a permitir que el Presidente de la Asamblea Nacional asuma como Presidente encargado durante el lapso que transcurra entre el día de hoy, 10 de enero de 2013, fecha en que se inicia un nuevo periodo constitucional, y la fecha en que Hugo Chávez tome juramento como Presidente de la República ante el Tribunal Supremo de Justicia, quedando ello sujeto a los plazos del artículo 234 de la Constitución.

La correspondiente sentencia de la Sala Constitucional del Tribunal Supremo de Justicia del día de ayer, 9 de enero de 2013, ha venido a consolidar esa alteración, afectando gravemente el orden democrático del Estado. Como consecuencia de esta sentencia los venezolanos estaremos sometidos a funcionarios no elegidos que detentarán la función ejecutiva hasta que cese la causa sobrevenida que impide al Presidente electo acudir el 10 de enero a la Asamblea Nacional. Sin existencia de plazo alguno, el Poder Ejecutivo Nacional quedará en manos del Vicepresidente Ejecutivo y otros funcionarios no elegidos por el voto popular, cuyo periodo de designación vencería además en el día de hoy, junto con la expiración del mandato del Presidente de la República. La mencionada sentencia dispone que tal mandato se prorroga más allá de esta fecha, ante la falta de juramentación para un nuevo periodo constitucional, pero ello no menoscaba la afirmación de que el poder estará en cabeza de funcionarios no elegidos por el voto popular, ya que el Presidente electo está en una delicada situación de salud que no le permite acudir hoy a su juramentación y limita su capacidad para ejercer plenamente las funciones de gobierno, lo cual significa una violación al articulo 5 de la Constitución de la República Bolivariana de Venezuela. La sentencia indicada descarta además la aplicación del régimen de las faltas temporales y lo somete a condiciones no previstas en la Constitución, dándole un carácter indefinido a la ausencia del Presidente.

Respetamos la sentencia de interpretación vinculante que ha sido dictada, aunque no la compartimos. La posición de quienes representamos la Unidad Democrática reconoce que Hugo Chávez Frías tiene el derecho de gobernar a Venezuela por 6 años más, por decisión del pueblo venezolano expresada el pasado 07 de octubre, pero sostiene que los principios democráticos deben respetarse mientras él presta juramento para un nuevo mandato, y la lucha dirigida a rescatar estos principios no cesará. Esta decisión se enmarca en un contexto de un país paralizado, donde todos los días los venezolanos protestan por sus derechos básicos a la salud, la vivienda, el salario justo, el desabastecimiento y mejoras en la calidad de vida.

La actual situación presidencial crea incertidumbre sobre quién está gobernando en Venezuela, ya que quien solicita el diferimiento de la juramentación es Nicolás Maduro y no Hugo Chávez, por lo que debemos presumir que el Presidente no está en condiciones de suscribir comunicaciones y genera dudas sobre si las decisiones se toman en el país o en el asiento del gobierno cubano, en cuyo territorio el Presidente Chávez se ha mantenido recluido en un centro médico, circunstancia que puede ser aprovechada por los dirigentes de ese país, que tienen interés en los recursos económicos de Venezuela, para influir en las decisiones políticas que corresponde tomar a los venezolanos.

En vista de que la Unidad Democrática está comprometida con la defensa de los derechos de todos los venezolanos y nada tiene que ver con los conflictos dentro del oficialismo, reiteramos que lucharemos por el restablecimiento del respeto a la Constitución hasta que se haya logrado, y en ese sentido convocamos a todo el pueblo venezolano, sin distinciones políticas o sociales, para que se incorpore a esta lucha cívica, pacífica y democrática (asambleas, foros, concentraciones.), hasta tanto se restablezca la vigencia plena de la Constitución, para lo cual desarrollaremos diferentes acciones pacíficas y democráticas, principalmente dentro de nuestro país, además de llevar ante la comunidad internacional la denuncia del atropello a nuestra Constitución y a sus principios democráticos.

Además de este mensaje que hemos dado el día de hoy, queremos dirigirnos especialmente al pueblo de Venezuela y convocar al país entero a que este 23 de Enero demos una demostración masiva de fuerza en las calles de Venezuela reiterando como todos los años que somos un pueblo digno, un pueblo pacífico y un pueblo que no se deja someter a los intereses de otros países. Este 23 de Enero sin distinción política vamos a reafirmar en las calles de Venezuela nuestro carácter democrático.

La Unidad Democrática se mantiene en la primera línea de la lucha por el respeto a los derechos de todos los venezolanos.

Caracas, 10 de enero de 2013

23. A TODOS LOS SECTORES DEMOCRÁTICOS DEL PAÍS Y EN ESPECIAL A LAS FUERZAS ARMADAS NACIONALES: ¡HAGAMOS CUMPLIR LA CONSTITUCIÓN E IMPIDAMOS LA DOMINACIÓN CUBANA!

Nosotros, los abajo firmantes, nos dirigimos a todos los sectores democráticos del país y en especial a los integrantes de las Fuerzas Armadas Nacionales, en esta hora aciaga de la patria, para plantearles lo siguiente:

1. Desde hace catorce años Venezuela ha sido víctima de una invasión por parte del régimen castro–comunista cubano. Esta invasión se ha efectuado debido a que fue propiciada y amparada desde el más alto gobierno.

2. De manera lenta y progresiva, los cubanos han tomado control de nuestras notarías, los registros, el sistema de identificación y extranjería, la política exterior, y sectores importantes de la economía nacional. El control de los cubanos ha llegado incluso a los cuerpos policiales y a las Fuerzas Armadas, en detrimento de la seguridad y defensa del Estado.

3. Las consecuencias de la dominación castro–comunista se evidencian en todos los ámbitos del quehacer nacional. Esto ha significado, entre otros muchos males, la destrucción de nuestra industria petrolera; el desmantelamiento del aparato productivo, tanto en el campo como en la industria; la progresiva eliminación de las libertades civiles y económicas; y el avance del narcotráfico, la guerrilla y el crimen organizado.

4. Para garantizar su control sobre Venezuela, el castro–comunismo ha diseñado un sistema electoral a su medida, que le permite tergiversar la voluntad de los electores, mediante el ventajismo, el abuso, la coacción, la compra de conciencias, y un sinnúmero de vicios e irregularidades.

5. Los recursos del Estado venezolano ya no se invierten en resolver los múltiples problemas que afectan a nuestro pueblo, sino que se utilizan abiertamente para financiar la expansión del castro–comunismo en toda la región. Es por ello que una parte de la comunidad internacional, sobornada con petrodólares venezolanos, avala y legitima la invasión cubana en Venezuela.

6. Es público y notorio que el destino de los venezolanos ya no lo deciden nuestras propias autoridades, sino que se define descaradamente en La Habana, con la participación abierta de los hermanos Castro.

7. Preocupados por la desaparición física del presidente Chávez, el régimen cubano ha diseñado un mecanismo para perpetuar su control sobre Venezuela. La maniobra incluye apuntalar a un sucesor sumiso a sus intereses, Nicolás Maduro, y propiciar un "pacto" entre los diferentes sectores del PSUV, que garantice la continuidad de la injerencia cubana en nuestra nación.

8. Esta maniobra cuenta con el respaldo de varios presidentes latinoamericanos, entre ellos, los de Argentina, Bolivia, Cuba, Ecuador, Nicaragua y Uruguay; la mayoría de los cuales no solo comparte la misma ideología y las mismas metas políticas, sino que se benefician todos de los aportes económicos que les proporciona el gobierno venezolano.

9. Todo lo anterior constituye una clara violación a la Constitución y a las leyes; configura un golpe de Estado en favor de una potencia extranjera; y significa, a la larga, la transformación del Estado venezolano en un apéndice de Cuba.

10. Pese a que nuestro planteamiento es razonable, democrático y constitucional, voceros del gobierno y algunos sectores de la oposición lo calificarán de "golpista". Pero ocurre justamente lo contrario; golpistas son quienes han venido violando la Constitución de manera sistemática. Restablecer su vigencia es un mandato explícito, contemplado en el Artículo 333 de la Carta Magna.

Durante los próximos días se definirá si Venezuela dejará de existir como nación, para convertirse definitivamente en una colonia de Cuba; o si recuperaremos nuestra identidad y nuestro destino histórico. Estamos convencidos de que nuestras Fuerzas Armadas, respaldadas por todos los sectores de la sociedad civil, daremos un paso al frente, e impediremos la disolución de la patria.

Caracas, 10 de enero de 2013

Enrique Aristeguieta Gramcko
Oscar Centeno Lusinchi
Enrique Tejera París
Pedro Pablo Aguilar
Oswaldo Álvarez Paz
María Corina Machado
Diego Arria
Pablo Medina
Marcel Granier
Oscar García Mendoza
Héctor Silva Michelena
Emeterio Gómez
Aníbal Romero

Alberto Arteaga Sánchez
Antonio Sánchez García
Asdrúbal Aguiar
Eduardo Roche Lander
Julio César Moreno León
G/D Fernando Ochoa Antich
José Curiel
Rafael Alfonzo
Alfredo Coronil Hartmann
Paulina Gamus
Blas Bruni Celli
Rafael Muci Mendoza
V/A Rafael Huizi Clavier

G/D Carlos Julio Peñaloza
V/A Mario Iván Carratú Molina
G/D Jesús Emilio Hung Abreu
G/D Manuel Andara Clavier
G/D José Antonio Olavarría
Ángela Zago
Luis Betancourt Oteyza
G/B Juan Antonio Herrera Betancourt
Valentín Arenas
Macky Arenas
Nitu Pérez Osuna
Humberto Maio Negrete
Hugo Groening Pulido
Alfredo Weil
Antonio Rodríguez Iturbe
J. Oswaldo Páez Pumar
Alejandro Páez Pumar
Marisol Sarría Pietri
Iruña Urruticoechea
Carlos Ramírez López
Rosa A. de Pardo
C/A Elías Buchszer Cabriles
Adolfo R. Taylhardat
María Elena Arenas
Theresly Malavé
V/A Jesús Enrique Briceño García
V/A Eddy Guerra Conde
G/D Enrique Prieto Silva
G/B Juan Ferrer Barazarte
G/B Teodoro Díaz Zavala
G/B Simón Figuera Pérez
G/B Miguel Aparicio Ramírez
Guillermo Salas
Ludwig Moreno Ladera
Luis Manuel Aguana

Iñaki Gainzaraín Gaztelu
Elsa Boccheciampe
Janet Fermín
Eduardo Báez Torrealba
Luis Octavio Diez Rodríguez
Carlos Alvarado Grimán
Antonio Suels Aranda
Rafael A. Escalona Z.
Carlos A. Escalona Z.
Cnel. Rubén Bustillos R.
Cnel. Antonio Semprún
Cnel. Silvino Bustillos
Edgar Parra Moreno
Juan Alcides Escalona
Luis Guillermo Pilonieta
Juan José Monsant
Miguel Alfonzo Ocanto
Gustavo Sosa Izaguirre
Andrés Scott Velásquez
Luis Hidalgo Parisca
Rodolfo Álvarez Bajares
Julio Dávila Cárdenas
Hans E. Adam
T/F Gerardo Maldonado Cámera
José M. Lander
Alfonso Graterol
Hermann Boede
Eckart Boede
Margarita Palacios Cabré
Miriam Nikken de López
Luis J. Joly Tinoco
Alicia Chagín Nazar
Carlos Redondo Morazzani
(Siguen 3.000 firmas en depósito)

24. MANIFIESTO CIUDADANO 10 DE ENERO 2013
URGENTE–COMUNICADO–URGENTE
ALERTA GENERAL AL PUEBLO VENEZOLANO

CIUDADANO VENEZOLANO, LA REPÚBLICA, TU PAÍS, ESTÁ EN VERDADERO PELIGRO Y A LAS PUERTAS DE CONVERTIRSE EN UNA EXTENSIÓN AUTORITARIA Y CRIMINAL DEL PERNICIOSO CASTRO–COMUNISMO, CON EL APOYO CIERTO DE LA NARCO–GUERRILLA Y DE LOS GRUPOS TERRORISTAS DEL MEDIO ORIENTE.

DEBES CONOCER CON CLARIDAD LO ESTABLECIDO EN NUESTRA CONSTITUCION NACIONAL, PARA NO DEJARTE ENGAÑAR POR EL GOBIERNO, NI MANIPULAR POR LA OPOSICIÓN IRRESPONSABLE Y GENUFLEXA DE UN SECTOR DE LA MUD.

ANTE LA SITUACIÓN PLANTEADA POR LA ENFERMEDAD DE HUGO CHAVEZ, A TALES EFECTOS TE INFORMAMOS:

• SI EL DÍA 10 DE ENERO DEL 2013, EL PRESIDENTE ELECTO NO SE PRESENTARE A LA JURAMENTACIÓN Y TOMA DE POSESIÓN ANTE LA ASAMBLEA NACIONAL O EN SU DEFECTO POR CAUSAS SOBREVENIDAS. IMPUTABLES A ELLA (A.N), NO LO HICIERE TAMPOCO ANTE EL TRIBUNAL SUPREMO DE JUSTICIA, ESE MISMO DÍA 10 DE ENERO (Art. 231 C.N), DEBERÁ JURAMENTARSE DE INMEDIATO AL PRESIDENTE DE LA ASAMBLEA NACIONAL COMO PRESIDENTE INTERINO DE LA REPÚBLICA Y EL GOBIERNO NACIONAL DEBERÁ DAR A LA ASAMBLEA NACIONAL Y AL PUEBLO VENEZOLANO, FE DE VIDA DEL PRESIDENTE ELECTO, DE LO CONTRARIO, DEBERÁ LA ASAMBLEA NACIONAL DECLARAR LA AUSENCIA ABSOLUTA DEL PRESIDENTE DE LA REPÚBLICA.

• SI LA ASAMBLEA NACIONAL DECLARARA LA AUSENCIA TEMPORAL DEL PRESIDENTE ELECTO POR 90 DÍAS; DEBERÁ DESIGNAR UNA COMISIÓN PLURIPARTIDISTA DE DIPUTADOS, Y SOLICITAR INMEDIATAMENTE AL TSJ, QUE DESIGNE UNA JUNTA MÉDICA AVALADA POR LA FEDERACIÓN MÉDICA VENEZOLANA Y LA ACADEMIA NACIONAL DE MEDICINA (Art. 233 C.N).

• ESTA JUNTA MÉDICA EN COMPAÑÍA DE LOS DIPUTADOS, VIAJARÁN A LA HABANA–CUBA Y DEBEN DAR "FE DE VIDA" O DEMOSTRAR FEHACIENTEMENTE QUE EL PRESIDENTE ELECTO ESTÁ EN CAPACIDAD FÍSICA Y MENTAL DE EJERCER SU MANDATO. SI LA REPÚBLICA DE CUBA NO OTORGA EL PERMISO DE INGRESO O VISA, A LA REFERIDA COMISIÓN Y JUNTA MÉDICA, ESTARÍAMOS ANTE UN HECHO GRAVÍSIMO Y SIN PRECEDENTE EN LA HISTORIA, EL SECUESTRO DE LA PERSONA DEL PRESIDENTE ELECTO DE LA REPÚBLICA DE VENEZUELA POR UN GOBIERNO EXTRANJERO.

• AL VIAJAR A LA HABANA, LA REFERIDA COMISIÓN, DEBERÁ PRESENTAR LA CERTIFICACIÓN MÉDICA Y SER CONSIGNADA A LA ASAMBLEA NACIONAL; EN CASO QUE DEL CONTENIDO DE LA MISMA, QUEDE DEMOSTRADA LA MUERTE O INCAPACIDAD FÍSICA O MENTAL DEL PRESIDENTE ELECTO PARA EJERCER LAS FUNCIONES, POR LA URGENCIA DEL CASO, SE PROCEDERÁ A DECLARAR LA AUSENCIA ABSOLUTA.

• LA ASAMBLEA NACIONAL EN CONSECUENCIA, DE INMEDIATO Y EN LA MISMA SESIÓN QUE DECLARE LA AUSENCIA ABSOLUTA (POR MUERTE O INCAPACIDAD), PROCEDERÁ A OFICIAR AL CONSEJO NACIONAL ELECTORAL, PARA QUE DENTRO DE LOS 30 DÍAS DE LA DECLARACIÓN DE LA FALTA ABSOLUTA, PROCEDA A REALIZAR NUEVAS ELECCIONES LIBRES, TRANSPARENTES, UNIVERSALES, DIRECTAS Y SECRETAS A LA PRESIDENCIA DE LA REPÚBLICA.

• LA INTERPRETACIÓN DE "CONTINUIDAD ADMINISTRATIVA" POR HABER SIDO REELECTO, NO TIENE NINGÚN ASIDERO CONSTITUCIONAL, PORQUE SE TRATA CLARAMENTE DEL FIN DE UN MANDATO Y EL COMIENZO DE UN NUEVO PERÍODO, POR LO QUE ES INCONGRUENTE Y NO ES APLICABLE ESTE CRITERIO; YA QUE EL PERIODO PRESIDENCIAL POR DISPOSICION CONSTITUCIONAL ES DE 6 (SEIS) AÑOS, NI UN DIA MAS NI UN DIA MENOS Y ESTE PERIODO TERMINA EL 10 DE ENERO DEL 2013, YA QUE NUESTRA CONSTITUCIÓN NO ESTABLECE PRÓRROGA PARA LA JURAMENTACIÓN NI EXTENSIÓN DEL MANDATO, EN CONSECUENCIA CUALQUIER PERMISO OTORGADO POR LA A.N AL PRESIDENTE PARA AUSENTARSE DEL PAÍS, VENCE INEXORABLEMENTE EL 10 DE ENERO DEL 2013.

• EL ART. 231, DE LA CONSTITUCIÓN ES CLARO Y PRECISO, NO ES INTERPRETATIVO BAJO NINGÚN CONCEPTO JURÍDICO NI MUCHO MENOS POLÍTICO, LA FECHA DEL 10 DE ENERO ES IMPRORROGABLE.

• NO SE PUEDE DECLARAR LA FALTA TEMPORAL DEL CARGO DEL PRESIDENTE DE LA REPÚBLICA, SI ESTE NO HA TOMADO POSESIÓN FORMAL Y OFICIAL DEL MISMO. ¿CÓMO SE AUSENTA TEM-

PORALMENTE DE UN CARGO UNA PERSONA, QUE NO HA ASUMIDO EL MISMO FORMALMENTE, SI NO SE HA JURAMENTADO?

• NI EL TRIBUNAL SUPREMO DE JUSTICIA, NI LA ASAMBLEA NACIONAL, NI EL ALTO MANDO DE LAS FANB, Y MUCHO MENOS LAS MANIFESTACIONES TUMULTUARIAS DE PARCIALIDADES POLÍTICAS, PODRÁN REVERTIR NI ALTERAR LO ESTABLECIDO CLARAMENTE EN LA CONSTITUCION NACIONAL, SIN EVITAR LAS REACCIONES CORRESPONDIENTES DE LA MAYORÍA, ESTABLE-CIDAS EN LOS ART. 333 Y EL 350 DE LA CONSTITUCIÓN.

VENEZOLANOS ANTE ESTA SITUACIÓN DEBEMOS PREPARAR-NOS PARA:

• MANIFESTAR CONTUNDENTEMENTE, RECHAZAR Y DESCO-NOCER CUALQUIER INTENTO QUE PRETENDA MANIPULAR Y VIOLAR LO ESTABLECIDO EN LA CONSTITUCIÓN.

• PREPARARSE A DEFENDER LOS VALORES Y FUNDAMENTOS DEMOCRÁTICOS YA SERIAMENTE DEBILITADOS, DE LO QUE SER-ÍA EL COMIENZO DE UN RÉGIMEN ABIERTAMENTE TOTALITARIO Y CASTRO–COMUNISTA.

• DEFENDER CON VALOR, CORAJE Y DETERMINACIÓN EN LAS CALLES PACÍFICAMENTE Y POR TODOS LOS MEDIOS DISPONI-BLES, ESTE ÚLTIMO INTENTO DE CUBA, SUS SECUACES Y UN GRUPO DE MILITARES TRAIDORES, DE APROPIARSE DE LOS RE-CURSOS ECONÓMICOS Y DE LA VIDA NACIONAL.

• NO DEBE HABER MAS DISTRACCIÓN, LA MAYORÍA DE-MOCRÁTICA Y NACIONALISTA DEBE RECONDUCIR Y RECONS-TRUIR LOS DESTINOS DE NUESTRA PATRIA, NO HAY RETORNO!

VIVA VENEZUELA... VIVA LA LIBERTAD... VIVA LA DEMOCRACIA...

ONG RED NACIONAL DE ASAMBLEAS DE CIUDADANOS.
ELTERCER FACTOR
ONG FUNDACIÓN ORIÓN CÍVICO MILITAR
ONG CONGRESO FEDERAL
COORDINADORA DEMOCRÁTICA DE ACCIÓN CÍVICA
ALIANZA MILITAR POR VENEZUELA
FORO DE CARACAS
FORMACIÓN Y CAPACITACIÓN DE LÍDERES COMUNITARIOS
ASAMBLEA PROVIDA
FETRACARABOBO
ASOCIACIÓN DEL MERCADO ENERGÉTICO LATINOAMERICA-NO (ASELO)
EXPRESIÓN CIUDADANA

25. CARTA A LA OEA DE LA MESA DE LA UNIDAD DEMOCRÁTICA

Ramón Guillermo Aveledo

Caracas, 11 de enero de 2013

Señor:
José Miguel Insulza
Secretario General de la Organización de los Estados Americanos
Washington DC

Señor Secretario General:

En seguimiento a nuestra anterior comunicación de fecha 7 de enero pasado, nos vemos en la imperiosa necesidad de hacer de su conocimiento, sobre la base de lo dispuesto en la Carta Democrática Interamericana (CDI), que en Venezuela se han sucedido acontecimientos que, a nuestro juicio, configuran una alteración del orden constitucional que afecta gravemente el orden democrático y que deben ser dados a conocer a los Estados Miembros de la OEA, conforme el artículo 20 de la CDI, pues requieren de la atención y vigilancia de la Comunidad Internacional.

Tal como fue advertido, el 10 de enero pasado no se realizó el acto de toma de posesión mediante la juramentación del Presidente Electo Hugo Chávez, razón por la cual, dejó de ser Presidente en ejercicio por el período 2007-2013. Y a pesar de ser el Presidente electo para el próximo período 2013-2019, estamos al menos ante una falta temporal que debe ser cubierta por el Presidente de la Asamblea Nacional. El Vicepresidente Ejecutivo y el gabinete o tren ministerial también cesaron en sus funciones el 10 de enero de 2013 y deben dejar sus cargos, ser ratificados o sustituidos por quien ejerciera la Presidencia, ya que sus mandatos devienen de la designación hecha por el Presidente Chávez durante el período constitucional anterior.

El 10 de enero de 2013, de acuerdo con el artículo 231 de nuestra Constitución, se inició un nuevo período constitucional de seis años para el Presidente Hugo Chávez, quien resultó electo en las pasadas elecciones presidenciales del 7 de octubre de 2012, por lo que no cabe interpretación alguna que justifique el argumento oficialista de la "continuidad" del mandato constitucional. Si el Presidente electo no toma posesión del cargo, su falta debe ser cubierta mientras dura, por el Presidente de la Asamblea Nacional.

Ante la imposibilidad del Presidente Chávez de asistir, por razones de enfermedad, al acto de juramentación requerido por la Constitución, tal como fue informado en misiva fechada el 08 de enero suscrita por el Vicepresidente Nicolás Maduro, la Asamblea Nacional se ha negado a admitir lo que es un hecho evidente, que estamos sin duda ante una ausencia temporal del Presidente y no se han aplicado las disposiciones constitucionales que rigen las faltas temporales o absolutas del Mandatario Nacional.

Más grave aún resulta el hecho que el Tribunal Supremo de Justicia, en sentencia del 9 de enero de 2013 decidió: (iv) A pesar de que el 10 de enero próximo se inicia un nuevo período constitucional, no es necesaria una nueva toma de posesión en relación al Presidente Hugo Rafael Chávez Frías, en su condición de Presidente reelecto, en virtud de no existir interrupción en el ejercicio del cargo; (v) La juramentación del Presidente reelecto puede ser efectuada en una oportunidad posterior al 10 de enero de 2012 ante el Tribunal Supremo de Justicia, de no poder realizarse dicho día ante la Asamblea Nacional, de conformidad con lo previsto en el artículo 231 de la Carta Magna. Dicho acto será fijado por el Tribunal Supremo de Justicia, una vez que exista constancia del cese de los motivos sobrevenidos que hayan impedido la juramentación; (vi) En atención al principio de continuidad de los Poderes Públicos y al de preservación de la voluntad popular, no es admisible que ente la existencia de una desfase cronológico entre el inicio del período constitucional y la juramentación de un Presidente reelecto, se considere (sin que el texto fundamental así lo paute) que el gobierno queda ipso facto inexistente. En consecuencia, el Poder Ejecutivo (constituido por el Presidente, el Vicepresidente, los Ministros y demás órganos y funcionarios de la Administración) seguirá ejerciendo cabalmente sus funciones con fundamento en el principio de la continuidad administrativa".

Vale destacar que estos argumentos contradicen la doctrina ya fijada por esa misma Sala Constitucional en sentencias del 08 de mayo de 2008 y del 26 de mayo de 2009, ésta última en relación a la juramentación del para entonces candidato electo a la Gobernación del Estado Carabobo. En tal sentido, esta Sala decidió lo siguiente: "Ciertamente y tal como señaló esta Sala en la decisión N° 780 del 8 de mayo de 2008, la eficacia tangible del principio democrático constituye un parámetro esencial en la determinación de la finalidad humanista del Estado y como quiera que el inicio de la acción de gobierno depende de la correspondiente toma de posesión, resulta patente que el acto de juramentación del jefe del ejecutivo estadal constituye una solemnidad imprescindible para la asunción de la magistratura estadal y, por tanto, condiciona la producción de los efectos jurídicos de una de las funciones esenciales de los entes político territoriales, a saber, la función ejecutiva del gobernador electo y, el consiguiente, desarrollo de las facultades de dirección y gobierno de la entidad, así como la gestión del interés público que satisface real y efectivamente las necesidades colectivas, resulta patente la difusividad del asunto planteado ya que de ello depende el funcionamiento de uno de los poderes del Estado Carabobo. En tal virtud, esta Sala se declara competente para conocer de la acción interpuesta. Así se declara".

Esta decisión, corrobora lo ya verificado por las instancias internacionales como la Comisión Interamericana de Derechos Humanos y la Relatoría de la Organización de las Naciones Unidad para la independencia del poder judicial, que en efecto en Venezuela no tenemos una verdadera separación y autonomía de los poderes. En lugar de controles y equilibrios hay complicidades y coloca a los ciudadanos en virtual indefensión.

Queremos subrayar que esta situación no puede interpretarse como un hecho aislado sino se inscribe en el marco de algo mucho mas delicado que no sabemos hasta donde pueda llegar. Le alertamos que esos extremos abren la puerta a otros abusos como el ejemplificado en el octavo proceso administrativo abierto en contra del canal de televisión Globovisión el día 09 de enero de 2013. En este sentido, queremos resaltar las opiniones coincidentes con estos planteamientos que han sido expuestas públicamente por los más reconocidos constitucionalistas del país; por los rectores de las universidades nacionales, por las autoridades de la Conferencia Episcopal de Venezuela y por los profesores de derecho público de las universidades nacionales mediante comunicado que nos permitimos acompañar a esta comunicación.

Ante este acontecimiento que tal como hemos indicado precedentemente configura una alteración del orden constitucional que afecta gravemente el orden democrático, es perentorio dar a conocer a los Estados Miembros de la OEA la situación institucional de Venezuela, mediante la convocatoria inmediata a una sesión del Consejo Permanente, conforme al artículo 20 de la CDI.

Solicitamos se nos conceda un derecho de palabra en la sesión del Consejo Permanente que a tales efectos se convoque, a fin de explicar las graves violaciones denunciadas y poder brindar información que ayude a los Estados Miembros a la apreciación colectiva de la situación.

Atentamente,

Ramón Guillermo Aveledo
Secretario Ejecutivo de la
Mesa de la Unidad Democrática

26. LA ASOCIACION VENEZOLANA DE DERECHO CONSTITUCIONAL (AVDC) ANTE LA JURAMENTACION Y TOMA DE POSESION DEL PRESIDENTE ELECTO PARA EL PERIODO CONSTITUCIONAL 2013–2019

La Junta Directiva de la AVDC se dirige a la opinión pública venezolana y a los representantes de las Instituciones del Estado venezolano, y hace un llamado al fiel y estricto cumplimiento de lo previsto en nuestra Constitución con relación a la juramentación y toma de posesión del Presidente electo. Recordando que ella es expresión de la voluntad popular expresada por el pueblo actuando en ejercicio de su Poder Constituyente y aprobada mediante referendo, y que es norma suprema y fundamento del ordenamiento jurídico, por lo que todas las personas y los órganos que ejercen el Poder Público están sujetos a esta Constitución (art. 7), y por lo que sus normas o disposiciones no pueden ser consideradas mero formalismo, pues su cumplimiento garantiza la legitimidad de los órganos que ejercen el Poder Público.

El Presidente electo se convierte en Presidente titular con la toma de posesión de su cargo, lo que se inicia con el acto formal de juramentación, que es una forma solemne, no simple formalismo. La ausencia del Presidente electo es una hipótesis distinta a las faltas temporales o absolutas del Presidente titular, por lo que no se puede transferir, mecánicamente, los supuestos previstos para identificar ésta, con los que se requiere para las situaciones de falta temporal o absoluta del electo.

La Constitución vigente ha sido muy rígida al fijar las fechas para la instalación de la AN y para la toma de posesión y juramentación del Presidente electo; mientras las Constituciones de 1947 y 1953, aunque establecían una fecha precisa, eran procedimentalmente flexibles para atender las situaciones extraordinarias. Conforme a la Constitución vigente (art. 231) al Presidente electo le corresponde tomar posesión del cargo el 10 de enero del primer año de su periodo constitucional, mediante juramento ante la AN. Se trata de una fecha que no puede ser cambiada, es una fecha cierta e inmodificable, no requiere que se trate de día hábil, a diferencia de la Constitución de 1961, que la preveía para dentro de los diez primeros días luego de instaladas las Cámaras en sesiones ordinarias, las que comenzaban el 2 de marzo de cada año o el día posterior más inmediato posible, por lo que se trataba, siempre, de un día hábil. De no ser posible su realización ante el Parlamento, al igual que en las Constituciones 1947, 1953 y 1961, se prevé la opción de la juramentación por ante el más alto tribunal de la República; según la Constitución anterior en una fecha ubicable dentro del término establecido por la norma, según la vigente en una fecha inmodificable. Es un acto que se realiza en la Capital de la República, asiento de los órganos del Poder Público Nacional (art. 18); pero no en embajadas ni sedes diplomáticas, por no ser parte del Territorio de la República (Convención de Viena).

La ausencia del Presidente electo, para esa fecha, es considerada como falta absoluta, caso en el cual se procederá a una nueva elección dentro de los 30 días consecutivos siguientes (art. 233, primer aparte). Ante la falta de previsión expresa, se entiende que corresponde al CNE, como expresión del Poder Electoral, la fijación de la fecha de esas elecciones, sólo así se puede explicar que el constituyente de 1999 obviara la previsión que se establecía en la Constitución anterior que facultaba a las Cámaras en sesión conjunta para fijar la fecha. En sentido estricto, son elecciones convocadas de pleno derecho como consecuencia de haberse producido el hecho de la ausencia presidencial y corresponde a un órgano del Estado fijar la fecha respectiva.

En la situación actual, el Presidente electo coincide con la misma persona del titular para el momento de la elección, es el Presidente reelecto, no el Presidente ratificado. El 10–01–13 deja de ser Presidente titular al concluir el periodo para el cual fue electo en 2006 y deberá tomar posesión para el nuevo periodo. El supuesto de la ratificación, conforme a la Constitución vigente, sólo es posible como consecuencia de un referéndum revocatorio, y no se requiere formalidad alguna para el ejercicio del cargo, porque no está prevista la separación del mismo mientras se realiza el referéndum. Si el constituyente hubiera equiparado reelección a ratificación por referéndum, habría diferenciado Presidente reelecto de Presidente electo, y no existe esa distinción en la norma constitucional, luego, no podría el intérprete distinguir.

Es incorrecto confundir entidad orgánica y persona que ejerce el cargo; no distinguir la Presidencia de un Presidente en particular, permitiría interpretar que cuando el titular ha sido reelecto, habría continuidad en el ejercicio del cargo, como si se tratara de una simple ratificación o una prolongación o prorroga del periodo; de manera que la falta temporal provocada por el viaje del Presidente, con autorización de la AN, que deberá ser de 90 días, afectaría la fecha de toma de posesión con su diferimiento hasta tanto se reincorporase; lo que tiene cierta semejanza con lo previsto en la Constitución de 1953 (que no prohibía la reelección y con la que se convocó un plebiscito). Tal interpretación conduciría a entender que el caso venezolano habría derivado en una democracia plebiscitaria. Pero, según la Constitución vigente, la falta temporal del titular del periodo 2007–2013 sólo podrá extenderse hasta el 10–01–13, cuando concluye el periodo, y no hasta 90 días, como hubiera ocurrido antes de culminar el periodo. De manera que quien lo suple en esa falta temporal, no podría asumir la Presidencia en caso de no juramentación.

Las Constituciones de 1947, 1953 y 1961 preveían la falta temporal del Presidente electo; según la primera asumía como encargado el Presidente de la Corte Suprema de Justicia, según la segunda lo hacía el Presidente saliente, y según la tercera el Presidente del Congreso, a su falta el Vicepresidente del Congreso, y en su defecto el Presidente de la Corte Suprema de Justicia. Pero la Constitución vigente no prevé la falta temporal del Presidente electo, pues se trata de un ciudadano que ha sido electo para ocupar el cargo de Presidente de la República, y no ha podido juramentarse, por lo que para la fecha prevista no existe titular del cargo, ya que ha vencido el periodo del titular anterior y no se ha posesionado quien fue electo para sustituirlo. Para evitar ese vacío, el constituyente previó que lo ocupara provisionalmente el Presidente de la AN hasta que tome posesión el Presidente electo en las elecciones extraordinarias (art. 233, primer aparte), el mismo que ocuparía el cargo hasta producirse la juramentación, si la Constitución hubiera previsto la falta temporal del Presidente electo; se trata de la reelección del Presidente, no de su Gabinete, por lo que Vicepresidente y Ministros cesan en sus funciones.

La Constitución establece claramente las reglas que rigen la juramentación y toma de posesión del Presidente electo para un nuevo período constitucional, y su rigidez en esta materia podría dificultar las salidas a situaciones extraordinarias, pero también prevé medios para las soluciones democráticas y constitucionales destinadas a resolver, en forma constitucional y legítima, cualquier circunstancia que pueda afectar su cumplimiento; así, el constituyente concibió la Sala Constitucional como máximo y último interprete de la Constitución; por lo que se podría pensar que para una efectiva aplicación de la Constitución, sin que ello derive en condiciones de riesgosa inestabilidad, pudiera la Sala inferir una salida, dentro de los marcos previstos por el artículo 335 (garantizar la supremacía y efectividad de las normas y principios constitucionales y velar por su uniforme interpretación y aplicación). Pero es la AN, expresión de la pluralidad del pueblo, a quien corresponde, siempre en el marco de la Constitución, discutir y considerar, en un debate democrático, público y abierto, el camino constitucional a seguir frente a la no asistencia del Presidente electo al acto de juramentación, aunque con posterioridad podría haber una interpretación de la Sala como consecuencia de una acción al respecto, o de una solicitud del Parlamento.

En ese caso, la Sala no podría obviar las Sentencias 457 y 759 de fechas 05–04–01 y 16–05–01, con ponencias de Delgado Ocando, que consideran que la fecha establecida en la norma constitucional determina el inicio y final del periodo presidencial, y que no se puede desaplicar el artículo 231, porque implicaría una enmienda de la norma suprema, de allí la necesaria interpretación restrictiva de ese artículo; por lo que de darse una toma de posesión en fecha distinta, como sucedió en el 2000 (relegitimación de poderes públicos), no alteraría el periodo y su finalización. No siendo ese el contexto actual, y a falta de acción alguna con respecto a un acuerdo de la AN, sólo quedaría la posibilidad de la interpretación para dilucidar el momento en el que se produciría el acto ante el TSJ, cuando fuere imposible realizarla por hechos ocurridos ese día como consecuencia de conflictos con la AN o dentro de ella; para ello debería constatar las condiciones para reunir la Sala Plena el día más inmediato posible al 10 de enero, según lo previsto por el Reglamento Interno del TSJ. De no producirse la juramentación en el plazo inmediato, habría, de manera definitiva, ausencia absoluta; pero esa no es la situación que estaría planteada en esta oportunidad. En todo caso, la juramentación ante el TSJ no puede interpretarse como una escogencia a preferencia y gusto del electo.

Argenis Urdaneta.
Presidente. Universidad de Carabobo.

José Vicente Haro.
Primer Vicepresidente. Universidad Católica Andrés Bello.

María Elena León Álvarez.
Segunda Vicepresidenta. Universidad del Zulia.

Yelitza Barreto.
Tesorera. Universidad de Carabobo.

María Milagros Matheus.
Primera vocal. Universidad del Zulia.

Lolymar Hernández.
Segunda Vocal. Universidad Católica Andrés Bello.

José Luís Villegas.
Tercer Vocal. Universidad Católica del Táchira.

Carlos Luís Carrillo A.
Cuarto Vocal. Universidad Central de Venezuela
(Instituto de Derecho Público).

Juan Berríos.
Primer Suplente. Universidad del Zulia.

Emercio Aponte.
Segundo Suplente. Universidad del Zulia.

27. MANIFIESTO DEL FORO ACADEMICO DEL ESTADO ANZOÁTEGUI

*"..Se puede abandonar a una patria dichosa y triunfante.
Pero amenazada, destrozada y oprimida no se le deja nunca;
se le salva o se muere por ella."*

Maximilien Robespierre

AL PUEBLO DE ANZOÁTEGUI Y DE VENEZUELA:

CIUDADANOS: En esta hora aciaga hacemos llegar a todos los ciudadanos libres de Anzoátegui y de la Patria de Bolívar, una palabra de aliento y de alerta ante el zarpazo cometido por las fuerzas extranjeras ocupantes de nuestra Patria, quienes en connivencia y contubernio con venezolanos traidores han cometido la mayor infamia que ha sufrido nuestra República y nuestra Nación. Alertamos a todos los venezolanos, que cursa en la actualidad un golpe constitucional que pretende torcer el camino de nuestra Democracia que nos ha costado dolor y sangre, para dar cabida a un gobierno de facto y títere del régimen castrista que subyuga desde hace más de 50 años a la nación caribeña.

Ha sido la intervención divina quien ha puesto término a la existencia del caudillo militar que sujetó las riendas del Gobierno de nuestra Nación por 14 años. Esta circunstancia beneficiosa ha sido aprovechada por las fuerzas malignas extranjeras y nacionales para en su intento de instaurar un régimen títere que les permita usurpar el poder y su riqueza a los fines de continuar direccionando recursos patrimoniales de todos los venezolanos con la intención última de financiar la instauración y desarrollo del neocomunismo latinoamericano y particularmente al régimen castrista de Cuba.

Ante la realidad que atravesamos al día de hoy, luce indubitable e incontrovertible el hecho de que el ciudadano Hugo Chávez, electo en elecciones presidenciales de fecha 07 de Octubre pasado, no acudió al seno de la Asamblea Nacional en fecha 10 de Enero próximo pasado a expresar de manera explícita, libre y asertiva, mediante su juramento, su expresa voluntad de asumir el cargo para el cual fue elegido. Asimismo, resulta indubitable, que el ciudadano no se presentó a asumir su cargo ni expresó personalmente ni por medio de apoderado legítimamente validado, alguna causa legítima o razonable para justificar su ausencia. En tal sentido, tal hecho deviene inexorablemente, en una causal que se equipara a la falta absoluta, y sobre todo ante el hecho público y notorio e incontrovertible que el ciudadano electo padece de una enfermedad terminal, que lo ha postrado e incapacitado totalmente y que le ha impedido concluir el último mes de su mandato anterior y que es reforzada tal apreciación, por ser público y notorio, que no se ha comunicado personalmente con sus gobernados ni a través de ningún medio comprobable de su voluntad personal.

El análisis de este hecho irrebatible, nos impone asumir como única salida constitucional la disposición consagrada en el Artículo 233 de la Constitución de la República, el cual indica de manera expresa y sin lugar a dudas, que se debe convocar nuevas elecciones presidenciales en un término preciso dentro de treinta (30) días consecutivos. Todo intento de obviar, manipular o banalizar esta solución constitucional configura un golpe constitucional continuado que debe ser condenado por los ciudadanos libres de la Patria de Bolívar y actuar en consecuencia, como así lo dispone expresamente los artículos 333 y 350 constitucionales, para determinar así actos eficaces que permitan el restablecimiento de la vigencia plena de la Constitución, e igualmente el resguardo de sus valores, principios y las garantías democráticas como exigencias supremas de la sociedad venezolana.

En Barcelona, a los once días del mes de Enero del 2.013.

POR: EL FORO ACADEMICO DEL ESTADO ANZOATEGUI

JOSE EDUARDO GUZMAN PEREZ

JESUS ANTONIO BARRIOS CLAVIER

ENMA ROSA PARABAVIRE

JESUS ALBERTO BOLAÑOS

PEDRO SOTO FUENTES

JORGE MENDEZ BONILLA

28. COMUNICADO

Nosotros, los miembros del Consejo de Facultad de la Facultad de Derecho de la Universidad Católica Andrés Bello y demás Profesores que suscriben este Comunicado.

Considerando

El deber que corresponde a las Universidades en "la orientación de la vida del país mediante nuestra contribución doctrinaria en el esclarecimiento de los problemas nacionales", conforme lo establecido en el artículo 2 de la Ley de Universidades, y artículo 6, ordinal 2°, del Estatuto Orgánico de la Universidad Católica Andrés Bello.

Considerando

Nuestro "deber de inspirar la enseñanza universitaria en un espíritu definido de democracia", exponiendo y analizando de manera rigurosamente científica todas las corrientes del pensamiento universal, según lo establecido en el artículo 6, ordinal 4° del Estatuto Orgánico de la Universidad Católica Andrés Bello.

Considerando

Lo que representa para el Estado Democrático y Social de Derecho y de Justicia, establecido en la Constitución vigente, el Acuerdo publicado en la Gaceta Oficial N° 40.085 del 8 de enero de 2013, dictado por la Asamblea Nacional, así como la decisión N° 2/2013 (ponencia conjunta) dictada por la Sala Constitucional del Tribunal Supremo de Justicia, el 9 de enero de 2013, emitimos la siguiente opinión:

Primero: observamos que los criterios expuestos por la Asamblea Nacional y la Sala Constitucional, en los actos referidos *supra*, al interpretar los hechos y la Constitución venezolana, con ocasión de la no comparecencia del Presidente reelecto, ciudadano Hugo Chávez Frías (período constitucional 2013–2019), ante la Asamblea Nacional, el día 10 de enero para prestar juramento y ser investido de las funciones del cargo de Presidente de la República, coliden con la noción de Constitución democrática, en la cual las actuaciones y relaciones de los órganos del Poder Público, así como las relaciones entre gobernantes y gobernados, están regidas por controles jurídicos que las legitiman y le otorgan validez.

Segundo: la no comparecencia del Presidente reelecto (período constitucional 2013–2019), al acto de juramentación previsto por la Constitución para el día 10 de enero de 2013, que simultáneamente se ha fijado como el día de inicio perentorio del período constitucional o presidencial, debe solventarse aplicando los supuestos normativos de faltas absolutas y temporales del Presidente de la República establecidos en la Constitución.

Bajo ningún supuesto tendría cabida que la titularidad del órgano de la Presidencia de la República, correspondiente al período constitucional 2013–2019, sea asumida por el Vicepresidente Ejecutivo designado para el pasado período constitucional (10 de enero de 2007–10 de enero de 2013) debido a que la tipología orgánica que la Constitución le otorga al Vicepresidente Ejecutivo es la de "órgano directo y de colaborador inmediato del Presidente dela República" (artículo 238 constitucional). De allí que el ejercicio de sus funciones propias, o asumidas por delegación de la Presidencia de la República, solo se encuadran en el período constitucional o presidencial para el cual fue designado.

Tercero: lo previsto en los artículos 227, 228, 229 y 231 de la Constitución, son elementos de obligatorio cumplimiento como parte de las formalidades que constitucionalmente se requieren para asumir las funciones como titular de la Presidencia de la República, formalidades que se inician con la verificación de los requisitos de elegibilidad, la siguiente proclamación como Presidente electo o reelecto para el período constitucional respectivo, y la adquisición de la titularidad y asunción de las funciones inherentes al cargo de Presidente reelecto, mediante la juramentación conforme lo establece la normativa constitucional.

La importancia del acto de juramentación radica en que permite el perfeccionamiento del acto complejo constituido por la elección y proclamación del Presidente de la República, y se establece y reconoce el inicio de la responsabilidad del Presidente de la República en el ejercicio de sus funciones. Todo lo anterior de conformidad con el reiterado criterio expuesto por la Sala Constitucional en su sentencia N° 626 del 9 de mayo de 2009, en la que sostiene:

"Ciertamente y tal como señaló esta Sala en la decisión N° 780 del 8 de mayo de 2008, la eficacia tangible del principio democrático constituye un parámetro esencial en la determinación de la finalidad humanista del Estado y como quiera que el inicio de la acción de gobierno depende de la correspondiente toma de posesión, resulta patente que el acto de juramentación del jefe del ejecutivo estadal constituye una solemnidad imprescindible para la asunción dela magistratura estadal y, por tanto, condiciona la producción de los efectos jurídicos de una de las funciones esenciales de los entes político territoriales, a saber, la función ejecutiva del gobernador electo y, el consiguiente, desarrollo de las facultades de dirección y gobierno de la entidad, así como la gestión del interés público que satisface real y efectivamente las necesidades colectivas, resulta patente la difusividad del asunto planteado ya que de ello depende el funcionamiento de uno de los poderes del Estado Carabobo". Si la juramentación es esencial para la asunción de la magistratura de un gobernador de Estado, con mayor razón lo debe ser en el caso del Presidente de la República.

Cuarto: el acto de juramentación del Presidente reelecto para el período constitucional 2013–2019 ante la Asamblea Nacional, no se establece como reconocimiento, ni como garantía, del principio de continuidad de la Administración Pública, o de continuidad de la función administrativa. Se trata de un acto inherente a la investidura del titular del órgano. Cuando se trata de un cargo de elección popular, los mecanismos para asumir temporalmente el cargo de la Presidencia de la República, ante la ausencia del funcionario electo, y a los fines de garantizar la unidad y coherencia de la organización administrativa y mantener su funcionamiento, están previstos constitucionalmente. Dichas soluciones normativas no fueron debidamente consideradas en la decisión del 9 de enero de 2013. Visto lo anterior, y dado que el principio de continuidad administrativa en los órganos superiores del Poder Ejecutivo no se debe asimilar al principio de continuidad administrativa en la prestación de los servicios públicos, rechazamos la pretendida justificación dada por la Sala Constitucional, dirigida a hacer ver como ajustada a la Constitución la ratificación en el cargo del anterior Vicepresidente Ejecutivo.

Quinto: observamos que tanto el Acuerdo de la Asamblea Nacional como la decisión de la Sala Constitucional, constituyen una grave alteración de las normas establecidas por la Constitución para el ejercicio de la Presidencia de la República, referidas a la temporalidad del período constitucional – duración, fecha de inicio y fecha de culminación–, y del cumplimiento de los requisitos para la investidura de las funciones del Presidente de la República como Jefe de Estado y Jefe de Gobierno (artículos 230 y 231, constitucionales). Esta mutación constitucional vacía de contenido los artículos citados a lo largo de este comunicado, así como interpreta incorrectamente los artículos 230 y 231 constitucionales, al no aplicar e integrar los supuestos de faltas temporales y absolutas previstos en los artículos 233 y 234 del texto constitucional. Finalmente, y dada la gravedad de los vicios expuestos, requerimos y demandamos el respeto y salvaguarda del principio de supremacía de la Constitución, base de la juridificación de la democracia.

17 de enero de 2013

29. ILUSTRE COLEGIO DE ABOGADOS DE CARACAS

La interpretación del artículo 231 Constitucional que acaba de hacer la Sala Constitucional del Tribunal Supremo de Justicia mediante una sentencia evidentemente política, ratifica que en nuestra patria no hay Separación de Poderes, hecho éste admitido por su Presidenta cuando ha expresado: "la división de poderes debilita al Estado". Dicha interpretación contraviene lo previsto en el artículo 230 Constitucional que a la letra dice: "El período presidencial es de seis años". Según este artículo, el período presidencial 2007–2013, culmina mañana 10–01–2013, fecha en la que se inicia el período 2013–2019 y a tal efecto es imprescindible la Juramentación del candidato electo o en su defecto y por aplicación analógica del artículo 233 Constitucional, del presidente de la Asamblea Nacional, de conformidad con los mencionados artículos 230 y 231, interpretados con anterioridad por esa misma Sala Constitucional, en la Sentencia del 16–05–01. Exp. N° 01–0401, donde expresó: dichos artículos "no requieren aclaración alguna, pues sus textos son explícitos. La duración del mandato del Presidente de la República es de seis años y la toma de posesión, mediante juramento ante la Asamblea Nacional, el 10 de enero del primer año del período constitucional.". Igualmente en la Sentencia del 26–05–2009. Exp. N° 09–0026 estableció el criterio: que el acto de juramentación "es una formalidad esencial para la toma de posesión del cargo", que "el inicio de la acción de gobierno depende de la correspondiente toma de posesión", "que el acto de juramentación del jefe del ejecutivo Estadal" "constituye una solemnidad imprescindible para la asunción de la magistratura" "y, por tanto, condiciona la producción de los efectos jurídicos de una de las funciones esenciales de los entes político territoriales, a saber, la función ejecutiva Estadal", criterio éste que no puede ser distinto al aplicable al Ejecutivo Nacional por tener en este sentido el mismo régimen constitucional. En consecuencia el alargamiento del período presidencial "por una continuidad administrativa" no prevista en el texto constitucional, configura una interpretación arbitraria y acomodaticia a la conveniencia política del partido de gobierno y en fraude a la Constitución posibilita que asuma el Poder Ejecutivo Nacional una autoridad manifiestamente ilegítima, que no ha sido electa sino nombrada a dedo, gracias a la inobservancia de la Constitución con la consecuente aplicación de los Artículos 138 Constitucional: "Toda autoridad usurpada es ineficaz y sus actos son nulos" y 333: "Esta Constitución no perderá su vigencia si dejare de observarse por acto de fuerza o porque fuere derogada por cualquier otro medio distinto al previsto en ella. En tal eventualidad, todo ciudadano investido o ciudadana investida o no de autoridad, tendrá el deber de colaborar en el restablecimiento de su efectiva vigencia". Es sumamente grave la situación de incertidumbre, propia de los regímenes totalitarios, que se ha mantenido durante año y medio, aproximadamente, sobre el estado de salud del Jefe del Ejecutivo Nacional y que se agrava con esta interpretación antijurídica que la prolonga indefinidamente al asentar: "que no debe considerarse que la ausencia del Territorio de la República (refiriéndose al Presidente) deba considerarse una falta temporal sin que así lo dispusiere el Jefe del Estado en un decreto especialmente redactado para tal fin", "no podemos decir dónde, cuándo y cómo" será la juramentación, "cuando cese la causa sobrevenida", con lo cual no hay ni ausencia temporal ni absoluta, aun cuando es público y notorio que el Presidente está hospitalizado fuera del País. Tampoco piensa el TSJ nombrar una Junta médica, a pesar de que la ausencia del informe médico no sólo ha violentado el derecho de la gente a que se le diga la verdad sino que impide el cumplimiento de las previsiones constituciones sobre la falta presidencial, porque no se sabe si el candidato electo está o no en capacidad física de desempeñar el cargo para el período 2013–2019, e incluso si aún vive. Situación esta agravada porque su hospitalización se hizo en Cuba, cuyo régimen totalitario ha sido cómplice de esta prevaricación y de la pérdida de la independencia de la nación venezolana. En virtud de lo expuesto: 1– Exigimos una fe de vida y la inmediata designación de una Junta médica confiable de conformidad con el citado artículo 233 y en caso de que de acuerdo al informe médico emitido por ésta estemos ante una falta absoluta, sea declarada de inmediato y se proceda a convocar nuevas elecciones en el plazo de 30 días consecutivos siguientes. 2– Exhortamos a los Órganos del Poder Público a cumplir con el principio de legalidad dispuesto en el artículo 137 Constitucional que les obliga a sujetar sus actividades a la Constitución y la Ley, de lo contrario estarían incursos en la responsabilidad prevista en el Artículo 139 ejusdem: "El ejercicio del Poder Público acarrea responsabilidad individual por abuso o desviación de poder o por violación de esta Constitución o de la ley". 3– Recordamos a los Gobiernos democráticos y a los organismos multilaterales su deber de defender la democracia amenazada en Latinoamérica. 4– Advertimos a los jefes de estado de otras naciones que están manifestando su solidaridad con el régimen en vez de hacerlo con la nación venezolana que se encuentra en estado de indefensión total por carecer de una Institucionalidad democrática, en especial de un Poder Judicial autónomo e independiente al cual acudir para restablecer el hilo constitucional, que esto los convierte en cómplices de una interrupción al hilo constitucional. 5– Reiterar a la población venezolana nuestra solidaridad y compromiso de defender sus derechos humanos, en el aquí y en el ahora, donde nadie puede sentirse a salvo ni tener seguridad de su particular paz.

Yvett Lugo Urbáez,
Presidente

30. SALA CONSTITUCIONAL PONENCIA CONJUNTA EXPEDIENTE N° 13–0196

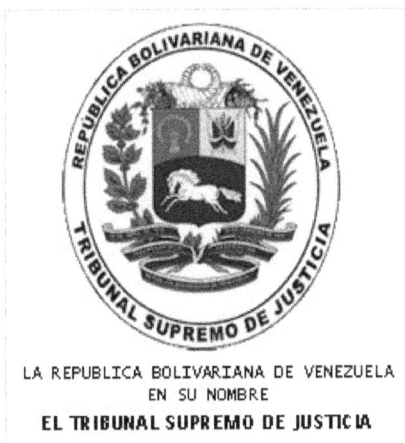

LA REPUBLICA BOLIVARIANA DE VENEZUELA
EN SU NOMBRE
EL TRIBUNAL SUPREMO DE JUSTICIA

El 6 de marzo de 2013, el ciudadano **OTONIEL PAUTT ANDRADE**, titular de la cédula de identidad núm. 13.638.880, abogado inscrito en el Instituto de Previsión Social del Abogado bajo el núm. 154.755, *"procediendo con el carácter de miembro de la sociedad civil venezolana"*, interpuso ante esta Sala escrito contentivo de la solicitud de interpretación constitucional del artículo 233 de la Constitución de la República Bolivariana de Venezuela.

En esa misma fecha, se dio cuenta en Sala del presente expediente y se determinó resolver la presente causa, bajo la ponencia conjunta de los Magistrados que suscriben la presente decisión.

Revisado el escrito presentado, así como los recaudos que lo acompañan, pasa esta Sala a emitir pronunciamiento sobre el asunto sometido a su consideración, sobre la base de las siguientes consideraciones.

I
DE LA SOLICITUD DE INTERPRETACIÓN

La parte actora sustentó su pretensión en los siguientes argumentos:

Que, el *"5 de marzo de 2013, fecha histórica que se quedará como huella indeleble en el colectivo venezolano por el lamentable fallecimiento del Presidente Chávez, el canciller Elías Juaa (sic) aseguró ante los medios (...) que [el] Vicepresidente Ejecutivo Nicolás Maduro asumirá de manera temporal la Presidencia de la República, lo que contradice palmariamente el contenido del primer aparte del artículo constitucional 233, pues dicho primer aparte establece que: 'Mientras se elige y toma posesión el nuevo Presidente o la nueva Presidenta, se encargará de la Presidencia de la República el Presidente o Presidenta de la Asamblea Nacional' (...). Que, en virtud de la falta absoluta del Presidente de la República por su fallecimiento, han surgido ahora diversas opiniones contrapuestas entre destacados juristas venezolanos en cuanto a quien debe ser el presidente encargado, tal y como se evidencia en el recorte de prensa que anexo marcado con la letra 'D' (...)".*

Que, *"desde mi humilde punto de vista, el artículo 233 de la Constitución de la República Bolivariana de Venezuela consagra una obligación específica, que únicamente puede ser cumplida por el ciudadano Presidente de la Asamblea Nacional, a quien no les es aplicable el principio de la continuidad administrativa en virtud del principio de la separación de los poderes públicos, por lo que habiéndose producido de hecho la falta absoluta del Presidente electo antes de tomar posesión de su cargo de elección popular, nace en consecuencia un deber para el Presidente del Parlamento, cual es el de encargarse temporalmente de la Presidencia de la República, mientras se elige y toma posesión el nuevo Presidente o la nueva Presidenta".*

Que *"es evidente que existe una antinomia en el contenido y alcance del primer y segundo parte del artículo constitucional 233, por cuanto contempla dos supuestos aplicables que derivan consecuencias jurídicas distintas, ya que, por una parte, al haberse producido la falta absoluta del Presidente antes de la toma de posesión, ello daría lugar a que el Presidente de la Asamblea Nacional: ciudadano Diosdado Cabello Rondón asuma la jefatura de gobierno, pero por la otra, al haberse también producido dicha falta absoluta 'durante los primeros cuatro años del periodo constitucional', si tomamos en cuenta que el nuevo período constitucional se inicio (sic) el 10 de enero de 2013, en tal supuesto vendría a ser entonces el Vicepresidente Ejecutivo: Nicolás Maduro Moros el que asumiría temporalmente la Presidencia de la República".*

Que *"en el caso concreto han concurrido los dos mencionados supuestos del citado artículo constitucional 233, en virtud [de] que se ha producido la falta absoluta del Presidente tanto 'antes de tomar posesión', como 'durante los primeros cuatro años del periodo constitucional' que se inicio (sic) a partir del 10 de enero de 2013, lo cual en consecuencia, origina el problema jurídico y político de quien en definitiva debe asumir la jefatura del Estado, a menos que se interprete que nunca se inició el nuevo período constitucional 2013–2019 porque nunca se concretó el acto de juramentación del Presidente electo. Ante tal situación no prevista por el Constituyente, se justifica la interposición de la presente solicitud de interpretación constitucional, para contribuir desinteresadamente en aras de la efectiva vigencia de la Constitución y de la paz social, procurando así evitar conflicto entre los poderes públicos (sic) constituidos, toda vez que el Estado de Derecho descansa en el respecto (sic) a la ley, y entre sus principios fundamentales está la necesaria separación de cada órgano constitucional en el ejercicio de sus funciones propias".*

Que *"otro punto a considerar que igualmente justifica la solicitud en referencia, es la duda razonable en lo que se refiere al lapso de inicio del gobierno interino, pues si bien es cierto que su término lo previó claramente el Constituyente en el primer aparte del artículo constitucional 233 al indicarlo 'dentro de los treinta días consecutivos siguientes', no es menos cierto que en dicha norma constitucional no se precisa el lapso a partir del cual se debe asumir la Presidencia de la República cuando se produce la falta absoluta del Presidente, siendo evidente así la existencia de un vacío normativo que bien puede ser suplido por una correcta interpretación constitucional por parte de los honorables miembros de esta Sala, para así evitar que se prolongue de manera indefinida el inicio del gobierno interino, con las consecuencias jurídicas, económicas, sociales y políticas que ello implicaría para el País".*

Que *"surge la problemática en cuanto a ¿cuál autoridad de rango constitucional le corresponde constitucionalmente encargarse de la Presidencia de la República?, mientras se elige y toma posesión el nuevo Presidente o la nueva Presidenta, como consecuencia de la aludida falta absoluta producida, toda vez que se puede aplicar tanto el supuesto que señala el primer aparte, como el indicado en el segundo aparte de la menciona norma constitucional, dependiendo del criterio interpretativo que se adopte, todo lo cual podría desatar una confusión generalizada en menoscabo de la voluntad popular y de la estabilidad política del País, e igualmente surge otra problemática en cuanto al lapso de inicio de la interinaría (sic) que se debe precisar desde el momento en el cual se produce el fallecimiento del Presidente Reelecto, pues la falta de dicho lapso podría torna (sic) indefinida la transición hacia un nuevo gobierno al no estar establecido en ninguna norma del Texto Fundamental, ni tampoco en ninguna norma de rango sub–legal el lapso que se debería observar de modo obligatorio para que se asuma temporalmente la jefatura del Estado cuando se haya producido una de las señaladas faltas absolutas que contempla el citado artículo constitucional 233 –en su encabezamiento– (...)".*

Que ostenta la *"legitimidad (sic) en virtud de [su] condición de ciudadano venezolano, cuyos derechos políticos están consagrados en la Constitución. En segundo término, me asaltan dudas razonables en cuanto al contenido, alcance y aplicabilidad del artículo 233– en su primer y segundo aparte–*

porque es evidente que en el terreno de los intereses políticos surge cualquier tipo de interpretación constitucional descabellada para favorecer a unos y perjudicar a otros, por lo que de acuerdo al caso de marras se hace necesario con carácter exclusivo una interpretación constitucional obligatoria para todos en aras de la paz y del mantenimiento del orden constitucional. En tercer término, desconozco hasta la fecha la existencia de algún criterio jurisprudencial vinculante que haya resuelto la problemática en cuanto a quien (sic) debe asumir la jefatura del Estado cuando la falta absoluta del Presidente se produce tanto 'antes de la toma de posesión', como 'durante los primeros cuatro años del período constitucional', e igualmente tampoco existe sentencia emanada de la Sala Constitucional que haya resuelto dudas en torno a la problemática del lapso de inicio del gobierno interino, luego de haberse producido una falta absoluta. En cuarto término, no estoy utilizando esta vía de interpretación como mecanismo para que se adelante algún pronunciamiento sobre un asunto planteado ante otro órgano jurisdiccional. En quinto término, con la interposición de la presente solicitud, no estoy incurriendo en inepta acumulación de causas. En sexto término, dado que los motivos por los cuales interpongo la presente pretensión, son hechos públicos, notorios y de trascendencia nacional, bastaría acompañar la solicitud con los anexos marcados con las letras: 'A', 'B', 'C' y 'D'. En séptimo término, bien se puede apreciar la Sala que la solicitud está siendo presentada en términos claros y no contiene conceptos ofensivos o irrespetuosos para con alguna autoridad pública".

Finalmente, solicitó a esta Sala que *"ADMIT[A] Y RESUELVA como asunto de mero derecho y con carácter de extrema urgencia la presente solicitud de interpretación acerca del contenido y alcance del primer y segundo aparte del artículo 233 de la Constitución de la República Bolivariana de Venezuela y, en consecuencia, declare lo conducente a fin de asegurar la integridad de la Constitución y el proceso de una transición pacífica y democrática".*

II
DE LA COMPETENCIA

Como premisa procesal, esta Sala Constitucional debe pronunciarse respecto de la competencia para resolver la solicitud de autos. En ese sentido, la pretensión se circunscribe a obtener un pronunciamiento de esta Sala Constitucional dirigido a esclarecer el alcance y contenido de la norma contenida en el artículo 233 de la Constitución de la República Bolivariana de Venezuela.

Visto que la pretensión de interpretación recae sobre una norma constitucional, esta Sala, en su propia jurisprudencia, ha reconocido la existencia de la *acción de interpretación constitucional* (Vid. Sentencia de esta Sala núm. 1.077 del 22 de septiembre de 2000, caso: *Servio Tulio León Briceño*), como un mecanismo procesal destinado a la comprensión del Texto Constitucional, en supuestos determinados que pudieran generar dudas en cuanto al alcance de sus normas y principios, y cuyo conocimiento corresponde exclusivamente a esta Sala como máximo órgano de la jurisdicción constitucional; distinguiéndola de la *acción de interpretación de textos legales* a que se refieren los artículos 266.6 constitucional y 31.5 de la Ley Orgánica del Tribunal Supremo de Justicia, cuya competencia se encuentra distribuida entre las distintas Salas que conforman este Máximo Tribunal, en atención a la materia sobre la cual verse el texto legal que ha de ser interpretado.

En la indicada sentencia núm. 1.077/2000, esta Sala, a partir de lo estipulado en el artículo 335 de la Constitución de la República Bolivariana de Venezuela en concordancia con el artículo 336 del mismo texto fundamental, afirmó respecto de su competencia para resolver la interpretación de normas y preceptos constitucionales, lo siguiente:

"A esta Sala corresponde con carácter exclusivo la interpretación máxima y última de la Constitución, y debido a tal exclusividad, lo natural es que sea ella quien conozca de los recursos de interpretación de la Constitución, como bien lo dice la Exposición de Motivos de la vigente Carta Fundamental".

En ese sentido, esta Sala ha precisado que su facultad interpretativa está supeditada a que la norma que ha de ser interpretada esté contenida en la Constitución (Vid. Sentencia núm. 1.415, del 22 de noviembre de 2000, caso: *Freddy Rangel Rojas*, entre otras) o integre el sistema constitucional (Vid. Sentencia núm. 1.860, del 5 de octubre de 2001, caso: *Consejo Legislativo del Estado Barinas*), del cual formarían parte los tratados o convenios internacionales que autorizan la producción de normas por parte de organismos multiestatales (Sentencia núm. 1.077/2000, ya mencionada) o las normas de carácter general dictadas por la Asamblea Nacional Constituyente (Cfr. Sentencia núm. 1.563, del 13 de diciembre de 2000, caso: *Alfredo Peña*).

Sobre la base de lo expuesto, visto que en el presente caso, como ya se apuntó, la interpretación requerida versa sobre el artículo 233 de la Constitución de la República Bolivariana de Venezuela, esta Sala declara su competencia para resolver la duda interpretativa que ha sido planteada, y así se declara.

III
DE LA DECLARATORIA DEL ASUNTO COMO URGENTE

Con anterioridad a la entrada en vigencia de la Ley Orgánica del Tribunal Supremo de Justicia vigente, esta Sala, en la referida sentencia núm. 1.077/2000, dejó abierta la posibilidad de que, una vez recibida la solicitud, si lo creyere necesario y en aras de la participación de la sociedad pudiera emplazar por *"edicto"* a cualquier interesado que quisiera coadyuvar en el sentido que ha de darse a la interpretación, para lo cual se señalaría un lapso de preclusión a fin de que aquéllos concurrieran y expusieran por escrito (dada la condición de mero derecho de este tipo de causas), lo que creyeren conveniente. Además, a los mismos fines, se haría saber de la admisión de la acción, mediante notificación, a la Fiscalía General de la República y a la Defensoría del Pueblo, quedando a criterio del Juzgado de Sustanciación de la

Sala el término señalado para las observaciones, así como la necesidad de llamar a los interesados, ya que la urgencia de la interpretación puede conducir a que ello sea obviado (Vid. Sentencia núm. 226, del 20 de febrero del 2001, caso: *Germán Mundaraín Hernández y otros*).

Sin embargo, visto que la solicitud que se plantea implica una interpretación constitucional y que no se trata formalmente de una solicitud contenciosa que amerite un contradictorio formal, ni la producción y contradicción de medio de prueba alguno, la Sala determina que la presente causa no está sujeta a sustanciación; y, con base en los artículos 98, 145, párrafo primero, y 166 de la referida ley, así como en el artículo 7 del Código de Procedimiento Civil, tratándose de un asunto de mero derecho que, además, debe resolverse con la menor dilación posible, se declara el mismo como urgente, todo de acuerdo con las disposiciones citadas y con los precedentes jurisprudenciales contenidos en los fallos números 1.684, del 4 de noviembre de 2008, caso: *Carlos Eduardo Giménez Colmenárez;* 226, del 20 de febrero de 2001, caso: *Germán Mundaraín Hernández y otros;* 1.547, del 11 de diciembre de 2011, caso: *Procurador General de la República,* y, más recientemente, la sentencia número 1.701, del 6 de diciembre del 2012, caso: *Carlos Alfredo Oberto Vélez.*

En consecuencia, se entra a decidir sin trámite y sin fijar audiencia oral para escuchar a los interesados, ya que no requiere el examen de ningún hecho, omitiéndose asimismo la notificación a la Fiscalía General de la República, a la Defensoría del Pueblo y a los terceros interesados, en razón de las circunstancias señaladas en la solicitud y verificado uno de los supuestos de falta absoluta del Presidente de la República Bolivariana de Venezuela, la Sala estima pertinente entrar a decidir sin más trámites el presente asunto (Cfr. Sentencia de esta Sala núm. 2/2013). Así se decide.

IV

DE LA ADMISIBILIDAD

En virtud del específico contenido de la pretensión de interpretación de normas constitucionales, esta Sala fijó en su sentencia número 1.029 del 13 de junio de 2001, caso: *Asamblea Nacional,* los presupuestos de admisibilidad de la solicitud de interpretación constitucional, en atención a su objeto y alcance. En este sentido, estableció como elementos que deben ser examinados preliminarmente –algunos sistematizados en el artículo 133 de la Ley Orgánica del Tribunal Supremo de Justicia vigente–, los siguientes:

"...1.– *Legitimación para recurrir. Debe subyacer a la consulta una duda que afecte de forma actual o futura al accionante.*

2.– *Precisión en cuanto a la oscuridad, ambigüedad o contradicción de las disposiciones enlazadas a la acción.*

3.– *Novedad del objeto de la acción. Este motivo de inadmisibilidad no opera en razón de la precedencia de una decisión respecto al mismo asunto planteado, sino a la persistencia en el ánimo de la Sala del criterio a que estuvo sujeta la decisión previa.*

4.– Inexistencia de otros medios judiciales o impugnatorios a través de los cuales deba ventilarse la controversia, ni que los procedimientos a que ellos den lugar estén en trámite.

5.– Cuando no se acumulen acciones que se excluyan mutuamente o cuyos procedimientos sean incompatibles;

6.– Cuando no se acompañen los documentos indispensables para verificar si la acción es admisible;

7.– Ausencia de conceptos ofensivos o irrespetuosos;

8.– Inteligibilidad del escrito;

9.– Representación del actor.

10.– En caso de que no sean corregidos los defectos de la solicitud, conforme a lo que se establece seguidamente.

La solicitud deberá expresar:

1.– Los datos concernientes a la identificación del accionante y de su representante judicial;

2.– Dirección, teléfono y demás elementos de ubicación de los órganos involucrados;

3.– Descripción narrativa del acto material y demás circunstancias que motiven la acción.

En caso de instancia verbal, se exigirán, en lo posible, los mismos requisitos...".

De una revisión de la solicitud, observa la Sala que ésta cumple con todos los requisitos formales y, además, la actora efectúa un planteamiento, con vigencia actual, no hipotético, que legitima su petición ante la jurisdicción constitucional y, por ende, le reviste de la legitimación activa para solicitar la interpretación requerida.

Asimismo, la exposición de las circunstancias que ameritan la interpretación son claras y permiten al intérprete fijar los extremos de su decisión; en tal sentido, la ambigüedad denunciada recae sobre el alcance y contenido del artículo 233 de la Constitución de la República Bolivariana de Venezuela, particularmente en lo que se refiere a *"¿cuál autoridad de rango constitucional le corresponde constitucionalmente encargarse de la Presidencia de la República? (...)* [cuál es] *el lapso a partir del cual se debe asumir la Presidencia de la República cuando se produce la falta absoluta del Presidente".*

Además, conviene acotar que la legitimación de la parte actora reside en el altísimo interés público que la resolución del asunto reviste para toda la ciudadanía, de cara a dilucidar el alcance y contenido del artículo 233 de la Constitución de la República Bolivariana de Venezuela, particularmente en lo que se refiere al ejercicio de la función del "Presidente encargado", en relación con la jurisprudencia vinculante de esta Sala (Cfr. Sentencia N° 2/2013), más aún cuando el accionante plantea una duda razonable en la disposición cuya interpretación se requiere, en relación con cuál autoridad debe asumir la Presidencia de la República una vez verificado uno de los supuestos de ausencia absoluta, regulados en el Texto Fundamental, siendo la muerte del presidente reelecto en ejercicio de sus funciones, un supuesto fáctico que carece de precedentes en la jurisprudencia de esta Sala.

Por último, esta Sala deja establecido que la solicitud interpuesta no contiene conceptos ofensivos; no existe un recurso paralelo para dilucidar esta específica consulta; ni se han acumulado a dicho recurso otros medios de impugnación o gravamen, ni pueda colegirse del mismo que persigue un fin distinto al declarado por esta Sala como objeto del recurso de interpretación, en virtud de ello, puede afirmarse que no hay razones de inadmisión de la solicitud interpuesta y por ello la misma debe ser admitida, y así se decide.

V

CONSIDERACIONES PARA DECIDIR

1.– El día 5 de marzo de 2013, el Vicepresidente Ejecutivo ciudadano Nicolás Maduro Moros anunció, desde la sede del Hospital Militar de Caracas "Dr. Carlos Arvelo", el lamentable fallecimiento del Presidente de la República ciudadano Hugo Chávez Frías.

El ciudadano Hugo Chávez Frías fue electo por primera vez Presidente de la República el 6 de diciembre de 1998 y, luego de haberse aprobado la Constitución de la República Bolivariana de Venezuela de 1999, proyecto éste que impulso y acompañó de forma decidida, fue relegitimado mediante las elecciones del 30 de julio de 2000. Posteriormente, el 3 de diciembre de 2006 y el 7 de octubre de 2012 fue reelecto mediante la manifestación de la voluntad popular.

Quisiera la Sala aprovechar la ocasión para dar cuenta en forma breve, respetuosa e institucional, como corresponde a un órgano que integra el Poder Judicial, de la relevancia, influencia e importancia de la figura, mensaje, ideario y participación del Presidente de la República ciudadano Hugo Chávez Frías en la vida del país, así como de su huella en los aspectos sociales, económicos, políticos y culturales de la nación, a partir de una nueva Constitución que refunda la República.

2.– Dicho esto, es necesario ahora examinar lo que establece el artículo 233 de la Constitución de la República Bolivariana de Venezuela, para así dar respuesta a la solicitud de interpretación planteada.

Dicho artículo prevé, entre los supuestos de falta absoluta del Presidente o Presidenta de la República, la muerte de dicho funcionario.

El referido artículo establece lo siguiente:

Serán faltas absolutas del Presidente o Presidenta de la República: su muerte, su renuncia, o su destitución decretada por sentencia del Tribunal Supremo de Justicia, su incapacidad física o mental permanente certificada por una junta médica designada por el Tribunal Supremo de Justicia y con aprobación de la Asamblea Nacional, el abandono del cargo, declarado como tal por la Asamblea Nacional, así como la revocación popular de su mandato.

Cuando se produzca la falta absoluta del Presidente electo o Presidenta electa antes de tomar posesión, se procederá a una nueva elección universal, directa y secreta dentro de los treinta días consecutivos siguientes. Mientras se elige y toma posesión el nuevo Presidente o la nueva Presidenta, se encargará de la Presidencia de la República el Presidente o Presidenta de la Asamblea Nacional.

Si la falta absoluta del Presidente o Presidenta de la República se produce durante los primeros cuatro años del período constitucional, se procederá a una nueva elección universal, directa y secreta dentro de los treinta días consecutivos siguientes. Mientras se elige y toma posesión el nuevo Presidente o la nueva Presidenta, se encargará de la Presidencia de la República el Vicepresidente Ejecutivo o la Vicepresidenta Ejecutiva.

En los casos anteriores, el nuevo Presidente o Presidenta completará el período constitucional correspondiente.

Si la falta absoluta se produce durante los últimos dos años del período constitucional, el Vicepresidente Ejecutivo o Vicepresidenta Ejecutiva asumirá la Presidencia de la República hasta completar dicho período.

De la lectura de dicho precepto se observa que cuando se produce la falta absoluta del Presidente de la República se habrá de realizar una nueva elección y se encargará de la Presidencia de la República el Vicepresidente Ejecutivo o la Vicepresidenta Ejecutiva.

En este caso, el Estado Venezolano contaba con un Presidente de la República reelecto y en funciones, y con un período presidencial que había iniciado el 10 de enero de 2013, tal y como lo pauta el artículo 231 de la Constitución, y todo ello lo aclaró está Sala en su sentencia núm. 2, del 9 de enero de 2013.

En dicha sentencia se afirmó, en lo que concierne al período constitucional del Presidente de la República, lo siguiente:

"Agréguese que en el caso de una autoridad reelecta y, por tanto, relegitimada por la voluntad del soberano, implicaría un contrasentido mayúsculo considerar que, en tal supuesto, existe una indebida prórroga de un mandato en perjuicio del sucesor, pues la persona en la que recae el mandato por fenecer coincide con la persona que habrá de asumir el cargo. Tampoco existe alteración alguna del período constitucional pues el Texto Fundamental señala una oportunidad precisa para su comienzo y fin: el 10 de enero siguiente a las elecciones presidenciales, por una duración de seis años (artículo 230 *eiusdem*)" (subrayado de esta decisión).

Y en lo que atañe al ejercicio de las funciones del Presidente reelecto, en la referida sentencia se observó lo que sigue:

De tal manera que, al no evidenciarse del citado artículo 231 y del artículo 233 *eiusdem* que se trate de una ausencia absoluta, debe concluirse que la eventual inasistencia a la juramentación prevista para el 10 de enero de 2013 no extingue ni anula el nuevo mandato para ejercer la Presidencia de la República, ni invalida el que se venía ejerciendo.

(…)

En relación con el señalado principio de continuidad, en el caso que ahora ocupa a la Sala, resultaría inadmisible que ante la existencia de un desfase cronológico entre el inicio del período constitucional (10 de enero de 2013) y la juramentación de un Presidente reelecto, se considere (sin que el texto fundamental así lo paute) que el gobierno (saliente) queda *ipso facto* inexistente. No es concebible que por el hecho de que no exista una oportuna "*juramentación*" ante la Asamblea Nacional quede vacío el Poder Ejecutivo y cada uno de sus órganos, menos aún si la propia Constitución admite que tal acto puede ser diferido para una oportunidad ulterior ante este Supremo Tribunal.

En este sentido, se reitera, tal como señaló esta Sala en los antes referidos fallos números 457/2001 y 759/2001, que no debe confundirse "*la iniciación del mandato del Presidente con la toma de posesión, términos que es necesario distinguir cabalmente*". Efectivamente, el nuevo periodo constitucional presidencial se inicia el 10 de enero de 2013, pero el constituyente previó la posibilidad de que "*cualquier motivo sobrevenido*" impida al Presidente la juramentación ante la Asamblea Nacional, para lo cual determina que en tal caso lo haría ante el Tribunal Supremo de Justicia, lo cual necesariamente tiene que ser *a posteriori*.

(…)

A pesar de que el 10 de enero próximo se inicia un nuevo período constitucional, no es necesaria una nueva toma de posesión en relación al Presidente Hugo Rafael Chávez Frías, en su condición de Presidente reelecto, en virtud de no existir interrupción en el ejercicio del cargo. (Subrayado de esta decisión).

De los términos de la decisión citada se desprende que el Presidente reelecto inició su nuevo mandato el 10 de enero de 2013, que se configuró una continuidad entre el período constitucional que finalizaba y el que habría de comenzar y que por lo tanto, se entendía que el Presidente reelecto, a pesar de no juramentarse dicho día, continuaba en funciones.

Visto, pues, que la situación suscitada ha sido el sensible fallecimiento del Presidente de la República ciudadano Hugo Chávez Frías, y tomando en cuenta que dicho ciudadano se encontraba en el ejercicio del cargo de Presidente de la República, es decir, había comenzado a ejercer un nuevo período constitucional, es aplicable a dicha situación lo previsto en el segundo aparte del artículo 233 de la Constitución, esto es, debe convocarse a una elección universal, directa y secreta, y se encarga de la Presidencia de la República el ciudadano Nicolás Maduro Moros, quien para ese entonces ejercía el cargo de Vicepresidente Ejecutivo. Dicha encargaduría comenzó inmediatamente después de que se produjo el supuesto de hecho que dio lugar a la falta absoluta.

El Presidente Encargado debe juramentarse ante la Asamblea Nacional. Así se establece.

3.– El segundo aparte del artículo 233 de la Constitución dispone lo que fue referido, y en aplicación del mismo, tal como se concluyó previamente, se encarga de la Presidencia de la República el Vicepresidente Ejecutivo.

Como consecuencia de ello, el Vicepresidente Ejecutivo ciudadano Nicolás Maduro Moros deja de ejercer dicho cargo para asumir la tarea que el referido precepto le encomienda. Así se declara.

4.– Adicionalmente, debe observar esta Sala lo previsto en el artículo 229 del texto constitucional, según el cual:

"No podrá ser elegido Presidente o elegida Presidenta de la República quien esté de ejercicio del cargo de Vicepresidente Ejecutivo o Vicepresidenta Ejecutiva, Ministro o Ministra, Gobernador o Gobernadora y Alcalde o Alcaldesa, en el día de su postulación o en cualquier momento entre esta fecha y la de la elección".

Esta norma prohíbe que sea admitida la postulación de las autoridades mencionadas para optar al cargo de Presidente o Presidenta de la República mientras estén en el ejercicio de sus respectivos cargos. En particular, esta norma impediría que, mientras el Vicepresidente Ejecutivo o la Vicepresidenta Ejecutiva esté en el ejercicio de dicho cargo, se admita su postulación para participar en el proceso electoral para elegir al Presidente o Presidenta de la República.

Como puede advertirse de lo expuesto *supra*, no está comprendido el Presidente Encargado de la República dentro de los supuestos de incompatibilidad previstos en dicha disposición. Así se declara.

En efecto, tal como se determinó en los puntos anteriores, el Vicepresidente Ejecutivo debe encargarse de la Presidencia de la República cuando se produce la falta absoluta del Presidente de la República en funciones, siempre que dicha falta absoluta acaezca dentro de los primeros cuatro años de su período constitucional.

Asimismo, se asentó que al encargarse de la Presidencia de la República bajo este supuesto, el Vicepresidente Ejecutivo deja de ejercer dicho cargo.

Siendo, pues, que lo prohibido por el artículo 229 es que el Vicepresidente Ejecutivo le sea admitida su postulación al cargo de Presidente de la República mientras esté en ejercicio de la Vicepresidencia, y visto que en el caso de que se dé uno de los supuestos del segundo aparte del artículo 233 (falta absoluta del Presidente) el ahora Presidente Encargado no sigue ejerciendo el cargo de Vicepresidente, el órgano electoral competente, una vez verificado el cumplimiento de los requisitos establecidos por la ley, puede admitir su postulación para participar en el proceso que lleve a la elección del Presidente de la República, sin separarse de su cargo. Así se establece.

5.– Debe advertirse, también, que durante dicho proceso electoral, el Presidente Encargado está facultado para realizar las altas funciones que dicha investidura trae aparejadas como Jefe del Estado, Jefe de Gobierno y Comandante en Jefe de la Fuerza Armada Nacional Bolivariana, de acuerdo con la Constitución y las leyes. Así se establece.

6.– Con el fin de sistematizar las conclusiones vertidas a lo largo de esta decisión, se mencionan a continuación de manera resumida:

a) Ocurrido el supuesto de hecho de la muerte del Presidente de la República en funciones, el Vicepresidente Ejecutivo deviene Presidente Encargado y cesa en el ejercicio de su cargo anterior. En su condición de Presidente Encargado, ejerce todas las atribuciones constitucionales y legales como Jefe del Estado, Jefe de Gobierno y Comandante en Jefe de la Fuerza Armada Nacional Bolivariana;

b) Verificada la falta absoluta indicada debe convocarse a una elección universal, directa y secreta;

c) El órgano electoral competente, siempre que se cumpla con los requisitos establecidos en la normativa electoral, puede admitir la postulación del Presidente Encargado para participar en el proceso para elegir al Presidente de la República por no estar comprendido en los supuestos de incompatibilidad previstos en el artículo 229 constitucional;

d) Durante el proceso electoral para la elección del Presidente de la República, el Presidente Encargado no está obligado a separarse del cargo.

VI

DECISIÓN

Por las razones precedentemente expuestas, esta Sala Constitucional del Tribunal Supremo de Justicia, administrando justicia en nombre de la República por autoridad de la Ley:

PRIMERO: Se declara **COMPETENTE** para conocer la solicitud de interpretación constitucional intentada por el ciudadano **OTONIEL PAUTT ANDRADE**, relativo al artículo 233 de la Constitución de la República Bolivariana de Venezuela.

SEGUNDO: ADMITE la solicitud incoada y declara la urgencia del presente asunto.

TERCERO: RESUELVE, de conformidad con las consideraciones vertidas en la parte motiva de este fallo, la interpretación solicitada respecto del alcance y contenido del artículo 233 de la Constitución de la República Bolivariana de Venezuela y, en consecuencia, establece lo siguiente:

a) Ocurrido el supuesto de hecho de la muerte del Presidente de la República en funciones, el Vicepresidente Ejecutivo deviene Presidente Encargado y cesa en el ejercicio de su cargo anterior. En su condición de Presidente Encargado, ejerce todas las atribuciones constitucionales y legales como Jefe del Estado, Jefe de Gobierno y Comandante en Jefe de la Fuerza Armada Nacional Bolivariana;

b) Verificada la falta absoluta indicada debe convocarse a una elección universal, directa y secreta;

c) El órgano electoral competente, siempre que se cumpla con los requisitos establecidos en la normativa electoral, puede admitir la postulación del Presidente Encargado para participar en el proceso para elegir al Presidente de la República por no estar comprendido en los supuestos de incompatibilidad previstos en el artículo 229 constitucional;

d) Durante el proceso electoral para la elección del Presidente de la República, el Presidente Encargado no está obligado a separarse del cargo.

CUARTO: Se **ORDENA** la publicación del texto íntegro del presente fallo en la Gaceta Judicial y en la Gaceta Oficial de la República Bolivariana de Venezuela, en cuyo sumario deberá indicarse lo siguiente:

"Sentencia de la Sala Constitucional del Tribunal Supremo de Justicia que fija la interpretación vinculante del artículo 233 de la Constitución de la República Bolivariana de Venezuela".

Publíquese y regístrese. Archívese el expediente. Remítase inmediatamente copia certificada del presente fallo al Presidente de la República Encargado, al Presidente de la Asamblea Nacional, a la Presidenta del Consejo Moral Republicano, a la Presidenta del Consejo Nacional Electoral y a la Procuradora General de la República. Cúmplase lo ordenado.

Dada, firmada y sellada en la Sala de Audiencias de la Sala Constitucional del Tribunal Supremo de Justicia, en Caracas, a los 08 días del mes de marzo de dos mil trece (2013). Años: 202° de la Independencia y 154° de la Federación.

La Presidenta de la Sala,
LUISA ESTELLA MORALES LAMUÑO

El Vicepresidente,
FRANCISCO ANTONIO CARRASQUERO LÓPEZ

Los Magistrados,
MARCOS TULIO DUGARTE PADRÓN
CARMEN ZULETA DE MERCHÁN
ARCADIO DE JESÚS DELGADO ROSALES
JUAN JOSÉ MENDOZA JOVER
GLADYS MARÍA GUTIÉRREZ ALVARADO

El Secretario,
JOSÉ LEONARDO REQUENA CABELLO

Exp. N°. AA50–T–2013–0196

31. CRÓNICA SOBRE LA CONSOLIDACIÓN, DE HECHO, DE UN GOBIERNO DE SUCESIÓN CON MOTIVO DEL ANUNCIO DEL FALLECIMIENTO DEL PRESIDENTE CHÁVEZ EL 5 DE MARZO DE 2013

Allan R. Brewer–Carías
New York 8–3–2013

Tal como venía siendo anunciado por los voceros oficiales del gobierno desde principios del mes de marzo de 2013, después de haber participado al país que el Vicepresidente Ejecutivo y otros Ministros habían estado con el Presidente Hugo Chávez Frías en una reunión de gabinete de 5 horas unos días antes durante la noche el día 23 de febrero,(1) y luego de diversos anuncios sobre el agravamiento de la salud del Presidente, tal y como se afirmó en la sentencia N° 141 de la Sala Constitucional del Tribunal Supremo de Justicia, "el 5 de marzo de 2013, el Vicepresidente Ejecutivo ciudadano Nicolás Maduro Moros anunció, desde la sede del Hospital Militar de Caracas 'Dr. Carlos Arvelo,' el lamentable fallecimiento del Presidente de la República ciudadano Hugo Chávez Frías" (2); hecho que ocurrió según dicho anuncio, a las 4.25 pm., (3) sesenta años después del fallecimiento de Joseph Stalin, hecho éste que ocurrió el día 5 de marzo de 1953.

El día anterior, 4 de marzo de 2013, el Ministro de Comunicaciones ya había anunciado al país que Chávez había tenido "un empeoramiento de la función respiratoria relacionado con el estado de inmunodepresión propio de su situación clínica," presentando "una nueva y severa infección" siendo su estado de salud "muy delicado," (4) lo que presagiaba ya un desenlace final. Ello fue confirmado el mismo día 5 de marzo en horas de mediodía en una extraña y sombría rueda de prensa o reunión de gabinete presidida por el Vicepresidente Ejecutivo Nicolás Maduro, convocada "luego de que se informara oficialmente de un deterioro en la salud del presidente Hugo Chávez" (5) donde ya se anunciaba, sin anunciarlo, lo que evidentemente había ocurrido o estaba ocurriendo, y que era el fallecimiento del Presidente Chávez. De allí, lo que siguió fue el anuncio formal del hecho del fallecimiento unas pocas horas después, en exposiciones separadas y televisadas del Vicepresidente Nicolás Maduro, (6) del Presidente de la Asamblea Nacional, Diosdado Cabello (7) y del Ministro de la Defensa, general Diego Molero Bellavía. (8) Se trató, en todo caso, de un hecho singular en la vida política del país, pues desde que el presidente Juan Vicente Gómez falleció en diciembre de 1935, estando en ejercicio del cargo, no había ocurrido en Venezuela que un Presidente de la República falleciera siendo titular del cargo, y nunca con la popularidad que había tenido el Presidente Chávez.

Como hecho relevante en la vida política del país, el mismo, sin duda, produjo una serie de consecuencias jurídicas que deben identificarse claramente. El derecho precisamente regula las consecuencias jurídicas que ciertos hechos o actos adoptados por los sujetos de derecho, producen en determinados momentos, así como las relaciones jurídicas que se establecen entre esos sujetos de derecho. Normas, actos y sujetos de derecho configuran, en definitiva, el mundo en el cual opera el derecho, de manera que el hecho del fallecimiento de una persona titular del cargo de Presidente de República, quién incluso no se posesionó del mismo, amerita ser analizado para tratar de establecer sus consecuencias jurídicas. Ese hecho del fallecimiento del Presidente de la República Hugo Chávez Frías, se produjo además en medio de una serie de otros hechos y actos jurídicos que condicionan sus efectos jurídicos y que es necesario tener también presente para determinar dichas consecuencias jurídicas.

Esos son, en líneas generales, los siguientes:

Primero, que el Presidente Chávez había sido reelecto Presidente de la República el 7 de octubre de 2012, cuando ya estaba en ejercicio del cargo de Presidente para el cual había sido reelecto en 2006, para el período constitucional 2007–2013; período este que terminaba el 10 de enero de 2013.

Segundo, que el Presidente Chávez, desde el día 10 de diciembre de 2012 había viajado a La Habana, luego de haber obtenido autorización de la Asamblea Nacional pues se ausentaría del territorio nacional por más de 5 días (art. 234, Constitución), para someterse a una operación quirúrgica, después de la cual nunca más se le vio más en público.

Tercero, que la ausencia del Presidente del territorio nacional constituyó una falta temporal (art. 234, Constitución) que constitucionalmente el Vicepresidente Ejecutivo está obligado a suplir, lo que en este caso, el Vicepresidente que era Nicolás Maduro se negó a hacer, habiendo permanecido en Caracas, con viajes frecuentes a La Habana, conduciendo la acción de gobierno sólo mediante una delegación de atribuciones que el Presidente Chávez había decretado el 9 de diciembre de 2012.

Cuarto, que para tomar posesión del cargo de Presidente para el nuevo período constitucional 2013–2019, el Presidente Chávez debía juramentarse ante la Asamblea Nacional el día 10 de enero de 2013 (art. 231, Constitución).

Quinto, que si ese día 10 de enero de 2013, el Presidente electo, por alguna causa sobrevenida, no podía prestar juramento ante la Asamblea Nacional, lo podía hacer posteriormente ante el Tribunal Supremo de Justicia (art. 231, Constitución).

Sexto, que en esa fecha 10 de enero de 2013, en todo caso, comenzaba el nuevo período constitucional 2013–2019 (art. 231, Constitución), así no se produjera el acto formal de juramentación del Presidente electo, y éste se juramentase posteriormente ante el Tribunal Supremo.

Séptimo, que el Vicepresidente Nicolás Maduro informó a la Asamblea Nacional el 8 de enero de 2013, que el Presidente de la República, dado su estado de salud, no iba a comparecer ante la Asamblea el día 10 de enero de 2013 para juramentarse en su cargo, permaneciendo en La Habana.

Octavo, que el Presidente Chávez, efectivamente no compareció ante la Asamblea Nacional a tomar posesión del cargo para el período constitucional 2013–2019, de manera que su fallecimiento ocurrió sin haberse juramentado ni haber tomado posesionado de su cargo.

Noveno, que antes de que se iniciara el nuevo periodo constitucional el 10 de enero de 2013, sin embargo, el Tribunal Supremo de Justicia, el día 9 de enero de 2013, decidió mediante una sentencia interpretativa, que en virtud de que el Presidente Chávez había sido reelecto y había estado en ejercicio de la Presidencia de la República, su no comparecencia ante la Asamblea Nacional no significaba que no continuara en ejercicio de sus funciones junto con todo su gabinete (Vicepresidente y Ministros), todos ellos nombrados en el período constitucional que concluía el 10 de enero de 2013; para lo cual la Sala Constitucional del Tribunal Supremo aplicó a la cuestión constitucional planteada el "principio de la continuidad administrativa." (9)

Décimo , que luego de que el Presidente Chávez fuera trasladado desde un Hospital en La Habana al Hospital Militar de Caracas el día 18 de febrero de 2013, donde permaneció recluido sin ser visto en público, al producirse su fallecimiento el día 5 de marzo de 2013, puede decirse que cesó el régimen de "continuidad administrativa" del Presidente electo de su Vicepresidente y del tren ministerial anterior, que el Tribunal Supremo había dispuesto que continuaban en sus funciones, fundamentándose en el hecho de que para el 9 de enero de 2013 el Presidente reelecto estaba en ejercicio de su cargo, por lo que hasta que se juramentase, todos debían continuar en el desempeño de sus funciones o en el ejercicio de sus cargos, y entre ellos el Vicepresidente y sus Ministros, hasta que el Presidente se juramentase; y

Decimoprimero, que tal juramento y la toma de posesión del cargo por el Presidente electo nunca pudo tener lugar, a causa del fallecimiento del Presidente.

Para entender bien las consecuencias jurídicas de éste último hecho, por tanto, es bueno recordar con precisión lo que decidió la Sala Constitucional del Tribunal Supremo de Justicia, en la sentencia N° 02 del 9 de enero de 2013 sobre la no comparecencia anunciada del Presidente de la República para su toma de posesión el día siguiente 10 de enero de 2013, por encontrarse totalmente incapacitado para ello por yacer en una cama de hospital en La Habana después de haber sido operado un mes antes (11 de diciembre de 2012).

La Sala Constitucional consideró que en virtud de que el Presidente Hugo Chávez había sido "reelecto" Presidente para el período 2013–2019 terminando ese mismo día su período constitucional anterior (2007–2013), y que como eventualmente podría prestar dicho juramento posteriormente ante el propio Tribunal Supremo, entonces no podía considerarse que en ese día de terminación del período constitucional 2007–2013, por su ausencia, "que el gobierno queda ipso facto inexistente," resolviendo entonces que: "el Poder Ejecutivo (constituido por el Presidente, el Vicepresidente, los Ministros y demás órganos y funcionarios de la Administración) seguirá ejerciendo cabalmente sus funciones con fundamento en el principio de la continuidad administrativa," por supuesto, hasta que se juramentase y tomase posesión de su cargo ante el propio Tribunal.

Fue conforme a esa sentencia, entonces, el Tribunal por una parte, decidió que el Presidente de la Asamblea Nacional, Diosdado Cabello no debía encargarse de la Presidencia de la República, tal como le correspondía conforme al principio democrático y que exigía la aplicación analógica de la norma que regula la falta absoluta del Presidente antes de su toma de posesión (art. 233); por la otra, aseguró la continuidad en el ejercicio de su cargo del Presidente de la República reelecto a pesar de estar postrado en una cama de hospital; y finalmente, decidió que el Vicepresidente Maduro a partir del 10 de enero de 2013 continuaría en ejercicio del cargo de Vicepresidente Ejecutivo. Consolidó así el Tribunal Supremo la usurpación de la voluntad popular, imponiéndole a los venezolanos un gobierno de hecho a cargo de funcionarios no electos, el Vicepresidente y los Ministros, que habían sido designados por el Presidente Chávez en el período constitucional anterior (2007–2013), y quienes continuaron ejerciendo sus cargos, situación que conforme a la sentencia de la Sala Constitucional debía permanecer hasta que el Presidente se juramentara. Esto último, ya evidentemente era una falacia pues, sin duda, para ese momento, todo el gobierno ya debía saber sobre la condición de salud del Presidente y la imposibilidad que ya habría de que efectivamente se pudiera juramentar y tomar posesión de su cargo.

Hasta el 5 de marzo de 2013, por tanto, en virtud de la mencionada sentencia del Tribunal Supremo, el Vicepresidente Maduro continuó ejerciendo atribuciones del Poder Ejecutivo, pero sin siquiera haberse encargado de la Presidencia y sin siquiera suplir al Presidente en su falta temporal como se lo imponía el artículo 234 de la Constitución, no habiéndose dictado actos de gobierno algunos ni decretos presidenciales en los últimos días antes del 5 de marzo de 2013. (10)

La muerte del Presidente electo, quién según estableció la sentencia N° 2 del Tribunal Supremo de enero de 2013, como había sido reelecto, a pesar de no haberse juramentado en cargo, sin embargo, había continuado en ejercicio de sus funciones del Poder Ejecutivo (aun cuando, de hecho, ello era imposible por su situación de salud), y con él, el Vicepresidente Ejecutivo y los Ministros; en todo caso, originaba una serie de cuestiones jurídicas inmediatas que requerían solución urgente, las cuales giraban en determinar, jurídica y constitucionalmente, quién, a partir del 5 de marzo de 2013, debía encargarse de la Presidencia de la República en ese supuesto de efectiva falta absoluta de un Presidente electo, no juramentado, mientras se procedía a una nueva elección presidencial. En virtud de que el Presidente electo ya no podía tomar posesión de su cargo, el régimen de la "continuidad administrativa" impuesto por el Tribunal Supremo, al producirse la falta absoluta del Presidente con su fallecimiento, sin duda cesaba. Todo cambió, por tanto, cuando se anunció el fallecimiento del Presidente y se produjo su efectiva falta absoluta.

La norma constitucional que rige los supuestos de falta absoluta del Presidente de la República es el artículo 233, el cual dispone los tres supuestos generales en los cuales ese hecho puede ocurrir, con sus consecuencias jurídicas inmediatas: (11)

Primero, que la falta absoluta se produzca antes de que el Presidente electo tome posesión del cargo , en cuyo caso, dice la norma, el Presidente de la Asamblea Nacional se encarga de la Presidencia de la República mientras se realiza una nueva elección y toma posesión el nuevo Presidente. En este caso, el Presidente de la Asamblea no pierde su investidura parlamentaria, ni asume la Presidencia de la República, sino que solo se "encarga" temporalmente de la misma.

Segundo, que la falta absoluta se produzca dentro de los primeros cuatro años del periodo constitucional, se entiende por supuesto después de ya el Presidente electo tomó posesión de su cargo mediante su juramentación, en cuyo caso, dice la norma, el Vicepresidente Ejecutivo se encarga de la Presidencia mientras se realiza una nueva elección y toma posesión el nuevo Presidente. Dicho Vicepresidente, por supuesto, debe haber sido nombrado por el propio Presidente de la República antes de su falta absoluta, durante el ejercicio de su cargo. En este caso, el Vicepresidente Ejecutivo tampoco pierde su investidura, ni asume la Presidencia de la República, sino que solo se "encarga" temporalmente de la misma.

Tercero, que la falta absoluta se produzca durante los últimos dos años del período constitucional, en cuyo caso, el Vicepresidente Ejecutivo asume la Presidencia de la República hasta completar el período. En este caso, el Vicepresidente Ejecutivo si pierde su investidura y asume en forma permanente el cargo de Presidente de la República, hasta completar el período constitucional, debiendo nombrar un nuevo Vicepresidente Ejecutivo. En es el único caso en la Constitución en el cual el Vicepresidente podría considerarse como "Presidente encargado de la República."

El fallecimiento del Presidente de la República Hugo Chávez Frías el 5 de marzo de 2013, sin haberse juramentado ni haber tomado posesión de su cargo, ni ante la Asamblea Nacional ni ante el Tribunal Supremo de Justicia, exigía precisar, por tanto, cuál de los dos primeros supuestos antes mencionados debía aplicarse para determinar la sucesión presidencial.

Como el régimen de la "continuidad administrativa" decretada ilegítimamente por el Tribunal Supremo concluyó evidentemente el mismo día cuando se produjo la falta absoluta del Presidente Chávez, quien por su estado de salud para el momento de su muerte no pudo juramentarse ni pudo tomar posesión de su cargo, es claro que se aplicaba el primer supuesto previsto en el artículo 233 de la Constitución, ya que la falta absoluta del Presidente electo se produjo en todo caso "antes de tomar posesión " de su cargo. La primera parte de la norma se aplica en los dos supuestos que conforme a sus previsiones podrían darse: primero, que el fallecimiento del Presidente ocurra sin tomar posesión de su cargo antes del inicio del período constitucional el 10 de enero; o segundo, que el fallecimiento del Presidente ocurra sin tomar posesión de su cargo por alguna causa sobrevenida después de haberse iniciado el período constitucional el 10 de enero. Este último fue, precisamente, el supuesto que ocurrió el 5 de marzo de 2013, de manera que conforme a la norma del artículo 233 de la Constitución, el Presidente de la Asamblea Nacional, Diosdado Cabello debió de inmediato encargarse de la Presidencia de la República, ex constitutione .(12)

Por ello, con razón, el profesor José Ignacio Hernández, explicó que "interpretando de manera concordada los artículos 231 y 233 de la Constitución, puede concluirse que ante la falta absoluta del Presidente electo antes de tomar posesión (mediante juramento), deberá encargarse de la Presidencia el Presidente de la Asamblea Nacional. Es ésa la conclusión que aplica al caso concreto, pues el Presidente Hugo Chávez falleció sin haber prestado juramento, que es el único mecanismo constitucional previsto para tomar posesión del cargo, con lo cual debería asumir la Presidencia quien fue designado como Presidente de la Asamblea Nacional."(13)

Por tanto, en ese mismo momento en que se anunció la falta absoluta del Presidente Chávez, de inmediato, el Vice–Presidente Maduro dejó de ejercer las funciones del Presidente, por haber cesado la llamada "continuidad administrativa" impuesta por la Sala Constitucional, la cual dependía de que el Presidente electo pudiera llegar a tomar posesión efectiva de su cargo; y el Presidente de la Asamblea, sin necesidad de acto alguno, se debía, ex constitutione , encargar de la Presidencia de la República.

Sin embargo, debe mencionarse que una primera lectura del artículo 233 de la Constitución, también podía conducir a considerar, (i) que como la falta absoluta se produjo después de iniciado el periodo constitucional, el cual comenzó el 10 de enero, así no se hubiera juramentado el Presidente electo; (ii) que entonces, como la falta absoluta se produjo "durante los primeros cuatro años del periodo constitucional"; y (iii) que como ya existía una interpretación constitucional, aunque errada, dispuesta por la Sala Constitucional, de que desde el 10 de enero de 2013 había una "continuidad administrativa", haciendo que los titulares del Poder Ejecutivo anterior siguieran en funciones (Presidente, Vicepresidente y ministros); entonces se podía aplicar el segundo supuesto de falta absoluta previsto en el artículo 233 (la que ocurría durante los primeros cuatro años del período constitucional que comenzó el 10 de enero de 2013), lo que podía conducir a considerar que el Vicepresidente Ejecutivo debía encargarse de la Presidencia quien ya estaba en funciones por la mencionada "continuidad administrativa" decretada por el Tribunal Supremo.

Esta aproximación que podía derivarse de una primera lectura de la norma, sin embargo, debía descartarse, porque la denominada "continuidad administrativa" que se había fundamentado en el hecho de que había un Presidente electo, que era Hugo Chávez, quien por causas conocidas, pero sobrevenidas, no había podido tomar posesión de su cargo, pero supuestamente lo haría; había cesado totalmente con el anuncio del fallecimiento del Presidente. A partir de entonces ya la "continuidad administrativa" no podía sobrevivirle, pues la misma estaba ligada a su propia existencia, razón por la cual, como la falta absoluta se producía entonces sin que el Presidente Chávez hubiese llegado a tomar posesión efectiva de su cargo mediante su juramento, entonces el Presidente de la Asamblea Nacional era quien debía encargarse de la Presidencia.

Sin embargo, ello no ocurrió así, incumpliendo éste último el mandato de la Constitución, y fue la segunda opción a la cual hicimos referencia la que de hecho se impuso en el ámbito del gobierno, de manera que el mismo día 5 de marzo de 2013, la Procuradora General de la República, afirmaba a la prensa que con la muerte del Presidente Hugo Chávez, "inmediatamente se pone en vigencia el artículo 233, que establece que se encarga el Vicepresidente Nicolás Maduro (...) Ya la falta absoluta determina que el que se encarga es el Vicepresidente, Nicolás Maduro." (14) Y ello fue efectivamente así, evidenciado en Gaceta Oficial del mismo día, mediante la publicación del Decreto N° 9.399 declarando Duelo Nacional, dado y firmado por Nicolás Maduro, ni siquiera como "Vicepresidente encargado de la Presidencia," sino como " Presidente Encargado de la República." (15) Nada se supo, ese día, por lo demás, de la posición del Presidente de la Asamblea Nacional Diosdado Cabello sobre el porqué no había dado cumplimiento a la norma constitucional que lo obligaba a encargarse de la Presidencia.

Sobre el tema de la sucesión presidencial en este caso, el profesor Hermán Escarrá, e n una entrevista de televisión ese mismo día 5 de marzo, afirmaba que ante la muerte de Hugo Chávez se abrían dos ámbitos de actuación, de manera que (i), "si era el caso de "un Presidente electo que no ha tomado posesión; en este caso […] debe sustituir la falta el Presidente de la Asamblea Nacional, Diosdado Cabello"; y que (ii), si era el caso de "un Presidente en ejercicio de sus funciones," entonces en ese caso "le corresponde al Vicepresidente sustituir por el periodo en el que debe convocarse a elecciones para que al final sea el pueblo el que decida quién será su Presidente." De estas opciones, según sus propias palabras, el primer supuesto era el que aparentemente se aplicaba. Pero no; fue la segunda opción, la que consideró aplicable el profesor Escarrá, argumentando que la sentencia del Tribunal Supremo de

9 de enero de 2013 había dicho que "Chávez era un Presidente reelecto que nunca estuvo ausente, 'por lo que debía entonces aplicarse el Artículo 233 de la Constitución.' [...] El Vicepresidente queda encargado, puesto que aunque el Presidente no se juramentó, de conformidad a la sentencia, estaba en el cargo cumpliendo sus funciones." Agregó además, el profesor Escarrá, que "Maduro dejó de ser vicepresidente en el momento en que se supo de la muerte del presidente Chávez y se decretó la falta absoluta. Una vez que opera la falta absoluta asume el poder el vicepresidente."(16)

Aparte de la errada apreciación de Escarrá de que en ese supuesto el Vicepresidente Maduro habría dejado de ser Vicepresidente, lo cual no es correcto en nuestro criterio, ya que la norma lo que dice es que el Vicepresidente se "encargará de la Presidencia" mientras toma posesión el nuevo Presidente que se elija; Escarrá olvidó la situación fáctica de que el régimen de la llamada "continuidad administrativa" había cesado, pues había sido impuesta por el Tribunal Supremo para permitirle al Presidente Chávez que se pudiera juramentar posteriormente en su cargo una vez recuperada su salud, a lo cual tenía derecho, como lo indico el Tribunal Supremo, y pudiera en ese caso tomar posesión de su cargo. Esa posibilidad fue, precisamente, la que se disipó con el anuncio del fallecimiento del Presidente, concluyendo allí tal régimen de la "continuidad administrativa," entrando en aplicación, precisamente, el primer supuesto del artículo 233 de una falta absoluta del Presidente ocurrida *antes de que tomara posesión de su cargo*, lo que nunca ocurrió, en cuyo caso debía encargarse de la Presidencia el Presidente de la Asamblea Nacional.

Sin embargo, el gobierno que conducía el Vicepresidente Maduro, quien venía ejerciendo el Poder Ejecutivo desde el 10 de enero de 2013 gracias a la sentencia del Tribunal Supremo, y que conforme a la misma solo se sostenía en la esperanza de que el Presidente Chávez se pudiera llegar a juramentar y tomar posesión de su cargo; continuó ilegítimamente ejerciéndolo a pesar del anuncio del fallecimiento del Presidente Chávez, y de que, por ese solo hecho, ya esa toma de posesión no podría ocurrir, y así, el mismo día 5 de marzo, ya el Vicepresidente Maduro emitía el mencionado Decreto No 9.399 declarando Duelo Nacional, (17) como se dijo, ni siquiera como tal "Vicepresidente encarado de la Presidencia," sino como "Presidente encargado de la República".

Con relación a este Decreto, que fue refrendado por todos los Ministros y publicado en Gaceta Oficial , Juan Manuel Raffalli apreció que "no hay duda de que Nicolás Maduro es el Presidente encargado de la República," llamando la atención respecto a que "Maduro no ha designado un Vicepresidente y si ostenta la doble condición de Presidente y Vicepresidente, no puede ser candidato," e indicando que "para que pueda ser candidato, tendría que designar a un Vicepresidente."(18) Sin dejar de considerar que con ese Decreto, efectivamente y de hecho, el Vicepresidente Maduro asumió sin título alguno la Presidencia de la República, es decir, ilegítimamente; sin embargo consideramos que debe puntualizarse que de acuerdo con el texto de la Constitución, en cualquier caso en el cual se produzca una falta absoluta del Presidente en los términos del artículo 233 de la Constitución, tanto el Presidente de la Asamblea Nacional como del Vicepresidente, es sus respectivos casos, lo que deben y pueden hacer es "encargarse" de la Presidencia, pero nunca pasan a ser "Presidentes encargados de la República."

Salvo que se trate de falta absoluta ocurrida en los dos últimos años del período constitucional en cuyo caso, el Vicepresidente asume el cargo de Presidente, es decir, es Presidente, en ningún otro caso, sea en caso del Presidente de la Asamblea Nacional o del Vicepresidente Ejecutivo, en los supuestos respectivos previstos en la Constitución, puede decirse que se convierten en "Presidentes encargados" ya que en ningún caso pierden su investidura. Al contrario, siguen siendo titulares de sus respectivos cargos de Presidente de la Asamblea y de Vicepresidente, y es en ese carácter que se pueden "encargar" de la Presidencia. En el caso del Vicepresidente Ejecutivo, cuando se "encarga" de la Presidencia, no puede auto considerarse ni ser calificado como "Presidente encargado de la República" como erradamente se indicó en el Decreto N° 9399 declarando Duelo Nacional. Y esta no es una cuestión de redacción, es una cuestión sustantiva, pues el Vicepresidente, cuando se encarga de la Presidencia, no deja de ser Vicepresidente; es más, es porque es Vicepresidente que se encarga de la Presidencia.

Por tanto, no es correcto afirmar que el Vicepresidente, en esos supuestos, se transforme en "Presidente encargado de la República," ni que el mismo pueda designar un Vicepresidente. Esto sólo lo puede hacer un Presidente electo una vez en funciones, pero no un Vicepresidente encargado de la Presidencia. El Vicepresidente, en la Constitución, además de tener atribuciones, tiene cargas o deberes, y uno de ellos es precisamente "encargarse" de la Presidencia en esos casos, por lo que debe asumir todas sus consecuencias. Por ello es que, por ejemplo, no puede en ningún caso ser candidato a Presidente en las elecciones a las que debe procederse en el breve lapso de 30 días.

Precisamente, conforme a artículo 229 de la Constitución, quien esté en ejercicio del cargo de Vicepresidente en el día de su postulación o en cualquier momento entre esta fecha y la de la elección, no puede ser elegido Presidente. Y como el Vicepresidente no puede abandonar su cargo de Vicepresidente al encargarse de la Presidencia, simplemente no puede ser candidato a Presidente.

Esa debió haber comenzado a ser la situación constitucional del Vicepresidente Maduro después de haberse encargado de la Presidencia el día 5 de marzo de 2013. Sin embargo, no fue así, y el anuncio antes mencionado de la Procuradora General de la República, de que el Vicepresidente Maduro había pasado a ser "Presidente encargado de la República," mostraba otra realidad, inconstitucional, a lo que se agregaba la situación inconstitucional derivada de la declaración dada por el Ministro de la Defensa al afirmar pocas horas después de darse a conocer oficialmente la muerte del Presidente Chávez, que "Ahora más que nunca, la FAN debe estar unida para llevar a Maduro a ser el próximo presidente electo de todos los venezolanos."(19) Para una institución como la Fuerza Armada, "sin militancia política" y que "está al servicio exclusivo de la Nación y en ningún caso al de persona o parcialidad política alguna" (art. 328, Constitución), esa manifestación violaba abiertamente el texto fundamental. Luego le correspondería a la Sala Constitucional del Tribunal Supremo de Justicia, en sentencia N° 141 de 8 de marzo de 2013, que se comenta más adelante, consolidar todo este fraude constitucional.

Pero volvamos a la situación el día 5 de marzo. Nicolás Maduro, como Vicepresidente encargado de hecho de la Presidencia (porque ello correspondía al Presidente de la Asamblea Nacional), y como "Presidente encargado de la República" como se autodenominó, en todo caso, tenía entre sus atribuciones inmediatas velar por que se procediera "a una nueva elección universal, directa y secreta dentro de los treinta días consecutivos siguientes" contados a partir de la falta absoluta del Presidente, es decir, contados a partir del 5 de marzo de 2013. (20)

Esto significaba que la elección presidencial conforme a la Constitución, debía necesariamente efectuarse en ese lapso, para lo cual el Consejo Nacional Electoral debía adoptar todos los actos y realizar todas diligencias necesarias, como la convocatoria, postulación, y organización electoral. (21) Y en ese proceso electoral, en ningún caso el Vicepresidente podía ser candidato a la Presidencia, primero, porque la Constitución expresamente establece que quien esté en ejercicio del cargo de Vicepresidente para el momento de la postulación, es inelegible (art. 229); y segundo, porque el Vicepresidente, en este caso de haberse encargado de la Presidencia, así ello hubiera sido ilegítimo, no podía separarse de su cargo, pues era en tal carácter de Vicepresidente que se encargó de la Presidencia. Si lo hacía crearía un vacío en el Poder Ejecutivo al dejar acéfala la jefatura del Estado. Quizás por ello, en vez de encargarse de la Presidencia, Nicolás Maduro procedió el 5 de marzo de 2013 a autonombrarse "Presidente encargado de la República," para así, seguramente, proceder en el futuro a nombrar un Ministro como "encargado" de la Vicepresidencia, como lo hizo durante el mes de diciembre de 2012.

En todo caso, y aún en el supuesto que se pretendiera que el Vicepresidente no era tal "Vicepresidente encargado de la Presidencia" sino que era "Presidente encargado de la República," tampoco podía ser candidato a la Presidencia en las elecciones a realizarse en breve, ya que el único funcionario en la Constitución que puede participar en un proceso electoral sin separarse de su cargo es el Presidente de la República una vez ya electo, cuando acude a la reelección, es decir, cuando ya ha sido previamente electo en una elección anterior. Ningún otro funcionario, ni siquiera cuando se autodenomine "Presidente encargado de la República" podría ser considerado Presidente a tales efectos de reelección sin separarse de su cargo, pues no ha sido electo popularmente.

Pero el tema de la sucesión presidencial por la anunciada falta absoluta del Presidente Chávez, a pesar de todo lo que disponía la Constitución, para el mismo día 5 de marzo de 2013, al anunciarse su fallecimiento, ya estaba de hecho resuelto al haberse encargado de la Presidencia de la República el Vicepresidente Nicolás Maduro, bien en contra de lo previsto en la Constitución, y ante el silencio del Presidente de la Asamblea Nacional, quien debió hacerlo; y haberlo hecho ni siquiera como "Vicepresidente encargado de la Presidencia," sino como consta del Decreto antes mencionado que dictó ese mismo día como "Presidente encargado de la República," carácter que no tenía pues sólo era "Vicepresidente encargado de la Presidencia."

Por ello, al inicio causó extrañeza el anuncio que hizo Presidente de la Asamblea Nacional, Diosdado Cabello, en horas de la noche del día 7 de marzo, en el sentido de que "el vicepresidente Nicolás Maduro será juramentado este viernes a las 7:00 de la noche como Presidente de la República encargado," indicando además, que "una vez juramentado, corresponderá a Maduro convocar a nuevas elecciones para elegir al próximo jefe de Estado."(22) Era extraño porque quien ya se había encargado de hecho de la Presidencia, y ya había dictado un decreto presidencial en uso de la atribución presidencial de "dirigir la acción de gobierno," (arts. 226 y 236.2 de la Constitución que son los que se citan en el decreto) como Presidente encargado de la República, iba a juramentarse *ex post facto*, para el cargo que ya había comenzado a ejercer.

Ello lo que puso en evidencia fue la tremenda inseguridad que debía existir en las esferas de gobierno sobre la "encargaduría" de la Presidencia a la muerte del Presidente Chávez. El arte del desconcierto que tanto aplicó, siguió guiando el comportamiento del gobierno en su "continuidad administrativa" de tiempo indefinido. Sin embargo, con el anuncio, al menos ya quedaba expresada por primera vez la opinión de quien constitucionalmente debió encargarse de la Presidencia. (23)

Ese anuncio ponía fin, momentáneamente, a las "interpretaciones" de las normas constitucionales a conveniencia, quedando acordada la situación políticamente en el seno del gobierno, pues lo que había pasado en el país respecto de la situación constitucional originada con motivo del inicio del período constitucional presidencial 2013–2017, dada la situación de ausencia del territorio nacional del Presidente electo a partir del 9 de diciembre de 2012, su reclusión hospitalaria en Caracas a partir del 18 de febrero de 2013; y el anuncio de su fallecimiento el 5 de marzo de 2013, no fue lo que debió pasar, (24) tal y como lo fuimos explicando en estas "Crónicas Constitucionales."

En realidad, lo que pasó desde el 10 de diciembre de 2012, al margen de la Constitución, fue que el Vicepresidente Maduro se negó a suplir la falta temporal del Presidente ausente; el Presidente ausente no pudo comparecer el 10 de enero de 2013 ante la Asamblea Nacional para jurar el cargo y tomar posesión del mismo para el período 2013– 2019, situación en la cual, en lugar de que el Presidente de la Asamblea Nacional se encargara de la Presidencia, el Tribunal Supremo decidió la sentencia N° 2 de 9 de enero de 2013 disponiendo que el Presidente reelecto, ausente y enfermo, su Vicepresidente y sus Ministros, seguían en ejercicio de sus funciones, hasta que el Presidente se juramentase ante el propio Tribunal; que una vez anunciado el fallecimiento del Presidente Chávez, y producida su falta absoluta antes de tomar posesión efectiva y formalmente de su cargo, a pesar de haber cesado el régimen de "continuidad administrativa" impuesto por el Tribunal Supremo, en lugar de que el Presidente de la Asamblea Nacional se encargara de la Presidencia, el Vicepresidente Maduro asumió el cargo de "Presidente encargado de la República."

Contrastado lo que pasó (25) con lo que debía haber pasado, constitucionalmente hablando, la situación de incertidumbre sólo podía quedar resuelta, de hecho, razón por la cual se anunció el acto mediante el cual el Presidente de la Asamblea Nacional, quien era quien debía estar encargado de la Presidencia, iba a tomar el juramento del Vicepresidente, pero no sólo como encargado de la Presidencia, sino como "Presidente encargado de Venezuela," cuando ya desde el 5 de marzo éste ya estaba "ejerciendo" dicho cargo.

Todo lo anterior se consolidó luego, mediante decisión de la Sala Constitucional del Tribunal Supremo de Justicia, dictada al resolver un recurso de interpretación que se había interpuesto (por Otoniel Pautt Andrade) el día 6 de marzo de 2013 sobre la aplicación del artículo 233 de la Constitución a la situación concreta derivada de la anunciada falta absoluta del Presidente Chávez. La decisión fue adoptada en la sentencia N°141 de 8 de enero de 2013, (26) en la cual hay que destacar que la Sala comenzó con un error de interpretación de la norma, al concluir después de transcribirla íntegramente, que "De la lectura de dicho precepto se observa que cuando se produce la falta absoluta del Presidente de la República se habrá de realizar una nueva elección y se encargará de la Presidencia de la República el Vicepresidente Ejecutivo o la Vicepresidenta Ejecutiva ", cuando ello no es correcto, porque en el primer supuesto regulado en la norma (de los tres que regula), quien se encarga de la Presidencia es el Presidente de la Asamblea Nacional.

Aparte de este error, la sentencia de 8 de marzo de 2013, en definitiva, resolvió que como en la sentencia anterior de la misma Sala Constitucional N° 2 de 9 de enero de 2013, ya se había dispuesto que a pesar de que el período constitucional 2013–2019 comenzó el 10 de enero de 2013, en virtud de que el Presidente Chávez había sido reelecto y que en relación con el mismo "no era necesaria una nueva toma de posesión […] en virtud de no existir interrupción en ejercicio del cargo," entonces dijo la Sala:

> "se desprende que el Presidente reelecto inició su nuevo mandato el 10 de enero de 2013, que se configuró una continuidad entre el período constitucional que finalizaba y el que habría de comenzar y que por lo tanto, se entendía que el Presidente reelecto, a pesar de no juramentarse dicho día, continuaba en funciones."

Ello, por supuesto, fue una falacia, pues el Presidente Chávez, desde el 10 de diciembre de 2013 nunca salió de un Hospital. Sin embargo, de allí la Sala concluyó que al momento de anunciarse la falta absoluta del Presidente Chávez el 5 de marzo de 2013, en virtud de que el mismo "se encontraba en el ejercicio del cargo de Presidente de la República, es decir, había comenzado a ejercer un nuevo período constitucional," entonces como la falta absoluta se produjo dentro de los primeros cuatro años del período constitucional:

"es aplicable a dicha situación lo previsto en el segundo aparte del artículo 233 de la Constitución, esto es, debe convocarse a una elección universal, directa y secreta, y se encarga de la Presidencia de la República el ciudadano Nicolás Maduro Moros, quien para ese entonces ejercía el cargo de Vicepresidente Ejecutivo."

Estableció la Sala Constitucional, adicionalmente que "dicha encargaduría comenzó inmediatamente después de que se produjo el supuesto de hecho que dio lugar a la falta absoluta," consolidando así lo que efectivamente había ocurrido el 5 de marzo de 2013. Agregó además la Sala que "El Presidente Encargado debe juramentarse ante la Asamblea Nacional," ratificando así, también, lo que de hecho había sido anunciado, a pesar de que la misma Sala antes había dicho que el Vicepresidente ya se había encargado desde el 5 de marzo de 2013 de la Presidencia.

Quedaron así muy convenientemente resueltas por el Poder Judicial todas las dudas e incertidumbres pasadas, que ya habían sido resueltas políticamente entre los órganos del Poder Ejecutivo y del Poder Legislativo. La Sala Constitucional, una vez más, interpretó la Constitución a la medida del régimen autoritario, distorsionándola.

Sobre el futuro cercano, la Sala Constitucional también pasó a resolver de antemano todas las dudas que podían presentarse en el funcionamiento del nuevo gobierno de transición, declarando que al encargarse el Vicepresidente Ejecutivo Nicolás Maduro "de la Presidencia de la República [...] deja de ejercer dicho cargo para asumir la tarea que el referido precepto le encomienda." Es decir, ni más ni menos, deja de ser Vicepresidente encargado de la Presidencia y pasa a ser "Presidente encargado".

De ello derivó la Sala Constitucional, que en cuanto a la previsión de la condición de inelegibilidad establecida en el artículo 229 de la Constitución, según el cual no puede ser elegido Presidente de la República quien esté en ejercicio del cargo de Vicepresidente Ejecutivo en el día de su postulación o en cualquier momento entre esta fecha y la de la elección; la misma sólo se aplica "mientras el Vicepresidente Ejecutivo o la Vicepresidenta Ejecutiva esté en el ejercicio de dicho cargo," considerando que en dicho "supuesto de incompatibilidad" previsto en la norma, "no está comprendido el Presidente Encargado de la República."

Por tanto, estableció la Sala, que como "el ahora Presidente Encargado no sigue ejerciendo el cargo de Vicepresidente, el órgano electoral competente, una vez verificado el cumplimiento de los requisitos establecidos por la ley, puede admitir su postulación para participar en el proceso que lleve a la elección del Presidente de la República, sin separarse de su cargo," de manera que "durante dicho proceso electoral, el Presidente Encargado está facultado para realizar las altas funciones que dicha investidura trae aparejadas como Jefe del Estado, Jefe de Gobierno y Comandante en Jefe de la Fuerza Armada Nacional Bolivariana, de acuerdo con la Constitución y las leyes."

Y nada más. (27) El Tribunal Supremo de Justicia, de nuevo, mutó ilegítimamente la Constitución, cambiando materialmente la condición de inelegibilidad establecida en la Constitución para la elección del cargo de Presidente de la República, y además, permitiendo de antemano, también ilegítimamente, que el "Presidente encargado de la República" en el período de sucesión presidencial, pueda participar en la campaña electoral sin separarse del cargo, lo que está reservado a los Presientes electos que buscan la reelección, pudiendo ser electo Presidente sin haber sido elegido previamente.

La decisión de la Sala Constitucional, como lo expresó el profesor Jesús María Casal, "se construyó a partir de la ficción de que Chávez ejercía su cargo, lo cual sabemos que es falso," (28) y como lo consideró el profesor Enrique Sánchez Falcón, "atenta contra la Constitución, el Estado de Derecho, la Democracia y la paz ciudadana, [...] porque ella dice que el Vicepresidente no puede participar en las elecciones presidenciales, a menos que se separe de ese cargo; y no se puede decir que puede participar porque ya no es Vicepresidente, porque él es el encargado de la Presidencia precisamente porque estaba en la Vicepresidencia." Consideró Sánchez Falcón que la decisión violaba, además, la democracia, en lo que coincidió el profesor Jesús María Casal, al expresar que "enrarecía" el clima político, pues "parece ir destinada a favorecer o reforzar el ventajismo electoral del que venía haciendo gala el Gobierno Nacional en los últimos años y eso obviamente genera desconfianza en el proceso electoral." (29)

Lo que es cierto, de la polémica, inconstitucional, distorsionante y mutante decisión de la Sala Constitucional es que ahora, sin duda, el Secretario General de la Organización de Estados Americanos tendrá de nuevo ocasión para decir que " El tema ha sido ya resuelto por los tres poderes del Estado de Venezuela : lo planteó el Ejecutivo, lo consideró el Legislativo, y lo resolvió el Judicial"; y puede concluir de nuevo que "Las instancias están agotadas y por lo tanto, el proceso que se llevará a cabo en ese país es el que han decidido los tres poderes,"(30) así esos tres poderes no sean independientes ni autónomos entre sí, lo que es indispensable para el funcionamiento de un régimen democrático. Eso, por lo visto, no importa.

Lo que siguió, en todo caso, se ajustó al libreto ya escrito, de manera que una vez juramentado ante la Asamblea Nacional como Presidente encargado de la República el día 8 de marzo de 2013, incluso mediante la colocación de la banda presidencial, (31) el mismo día Presidente encargado dictó su segundo Decreto N° 9.401, nombrando como Vicepresidente Ejecutivo a quien hasta ese momento había sido Ministro de Ciencia Tecnología, Jorge Arreaza, yerno del fallecido Presidente; (32) el día 9 de marzo de la Presidenta del Consejo Nacional Electoral convocó las elecciones presidenciales fijando el 14 de abril para su realización; (33) el 11 de marzo de 2013 el "Presidente encarado" inscribió su candidatura para dichas elecciones; (34) y el mismo día dictó el Decreto N° 9.402 delegando en el Vicepresidente recién nombrado un conjunto de atribuciones presidenciales,(35) con lo cual quedaba más libre para participar en la campaña presidencial.

Notas:

(1) Véase "Maduro asegura que se reunió con Chávez por más de cinco horas," en El Universal, 23 de febrero de 2013, en **http://www.eluniversal.com/nacional–y–politica/salud–presidencial/130223/maduro–asegura–que–se–reunio–con–chavez–por–mas–de–cinco–horas** ; y en "Maduro: Chávez continúa con cánula traqueal y usa distintas vías de entendimiento," Publicado por Caracas en Febrero 23, 2013, en: **http://venezuelaaldia.com/2013/02/maduro–chavez–continua–con–la–canula–traqueal–y–usa–distintas–vias–de–** entendimiento/

(2) Véase el texto de la sentencia de interpretación del artículo 233 de la Constitución en: **http://www.tsj.gov.ve.decisioes/scon/Marzo/141–9313–2013–13–0196.html**

(3) Afirmando incluso que no descartaba "que la enfermedad del presidente Chávez haya sido inducida." Véase "Muere el presidente Hugo Chávez,", en ElTiempo.com, 5–3–2013, en: **http://www.eltiempo.com/mundo/latinoamerica/ARTICULO–WEB–NEW_NOTA_INTERIOR–12639963.html**

(4) "Villegas, "El estado general sigue siendo delicado," en Kikiriki, 4–3–2023, en: **http://www.kikiriki.org.ve/villegas–el–estado–general–sigue–siendo–delicado/**

(5) Véase "Venezuela transmitirá reunión entre Maduro, Gabinete y militares: oficial," en Reuters, 5–3–2013, en: **http://ar.reuters.com/article/topNews/idARL1N0BX9B220130305**

(6) Véase en "Muere el presidente Hugo Chávez,", en El Tiempo.com, 5–3–2013, en: **http://www.eltiempo.com/mundo/latinoamerica/ARTICULO–WEB–NEW_NOTA_INTERIOR–12639963.html**

(7) Véase en: **http://cnnespanol.cnn.com/2013/03/05/diosdado–cabello–nuestros–hijos–tendran–patria–gracias–a– lo–que–hizo–chavez/**

(8) Véase lo expresado por Diego Molero Bellavía, Ministro de la Defensa, al comprometerse en que las Fuerzas Armadas respetarían la Constitución, expresando,, " Vicepresidente Nicolás Maduro, señor Diosdado Cabello, presidente de la Asamblea Nacional, y todos los poderes, cuenten con la Fuerza Armada, que es del pueblo y para el pueblo," en "Ministro de la defensa venezolano hace un llamado a la unidad," CNN, 5–3–2013, en CNN es la Noticia, 5–3–2013, en **http://cnnespanol.cnn.com/2013/03/05/ministro–de–la– defensa–venezolano–hace–un–llamado–a–la–unidad/**

(9) La Sala dijo en la sentencia, en cuanto al Presidente Chávez, que se trataba "de un Jefe de Estado y de Gobierno que no ha dejado de desempeñar sus funciones y, como tal, seguirá en el ejercicio de las mismas hasta tanto proceda a juramentarse ante el Máximo Tribunal." Agregó además, que " la falta de juramentación en tal fecha no supone la pérdida de la condición del Presidente Hugo Rafael Chávez Frías, ni como Presidente en funciones, ni como candidato reelecto, en virtud de existir continuidad en el ejercicio del cargo". Véase, Expediente N° 12–1358, Solicitante: Marelys D'Arpino. Véase el texto de la sentencia en: **http://www.tsj.gov.ve/decisiones/scon/Enero/02–9113–2013–12–1358.html**

(10) Véase *Gacetas Oficiales* N° 40.121 de 1–3–2013; N° 40.122 de 4–3–2013; N° 40.123 de 5–3–2013; N° 40.124 de 6–3–2013.

ASDRÚBAL AGUIAR

(11) El artículo 233 dispone en la materia", lo siguiente, "Cuando se produzca la falta absoluta del Presidente electo o Presidenta electa antes de tomar posesión , se procederá a una nueva elección universal, directa y secreta dentro de los treinta días consecutivos siguientes. Mientras se elige y toma posesión el nuevo Presidente o la nueva Presidenta, se encargará de la Presidencia de la República el Presidente o Presidenta de la Asamblea Nacional. // Si la falta absoluta del Presidente o Presidenta de la República se produce durante los primeros cuatro años del período constitucional, se procederá a una nueva elección universal, directa y secreta dentro de los treinta días consecutivos siguientes. Mientras se elige y toma posesión el nuevo Presidente o la nueva Presidenta, se encargará de la Presidencia de la República el Vicepresidente Ejecutivo o la Vicepresidenta Ejecutiva".

(12) Así por ejemplo lo consideró el diputado Soto Rojas, al señalar tras el fallecimiento del Presidente Chávez que "Diosdado Cabello debe juramentarse y nuestro candidato es Nicolás Maduro" , en referencia a las próximas elecciones que deben realizarse," en 6to. Poder, 5–3–2013, en: **http://www.6topoder.com/venezuela/politica/diputado–soto–rojas–diosdado–cabello–debe–juramentarse–y–nuestro–candidato–es–nicolas–maduro/**

(13) Véase José Ignacio Hernández, "A propósito de la ausencia absoluta del Presidente,", en: PRODAVINCI, 5–3–2013, en: **http://prodavinci.com/blogs/a–proposito–de–la–ausencia–absoluta–del–presidente–de–la–republica–por–jose–ignacio–hernandez–g/**

(14) Véase "Muerte de Chávez. 06/03/2013 03:16:00 p.m.. Aseguró la Procuradora General de la República Cilia Flores: La falta absoluta determina que se encargará el Vicepresidente Maduro," en Notitarde.com, 7–3–2013, en: **http://www.notitarde.com/Muerte–de–Chavez/Cilia–Flores–La–falta–absoluta–determina–que–se– encargara–el–Vicepresidente–Maduro/2013/03/06/169847**

(15) *Gaceta Oficial* N° 40.123 de 5 de marzo de 2013

(16) Véase "Hermann Escarrá: Maduro es Presidente encargado desde que se anunció la muerte de Chávez," en Globovisión.com, 6–3–2013, en: **http://globovision.com/articulo/hermann–escarra–maduro–es–presidente–encargado–desde–que–se–anuncio–la–muerte–de–chavez r**

(17) *Gaceta Oficial* N° 40.123 de 5 de marzo de 2013

(18) Véase en "Raffalli: Maduro no puede ser candidato mientras también ostente la Vicepresidencia," en 6to. Poder, Caracas 7–3–2013, en: **http://www.6topoder.com/venezuela/politica/raffalli–maduro–no–puede–ser–candidato–mientras–tambien–ostente–la–vicepresidencia/**; y en "Dudas Constitucionales. ¿Maduro es Vicepresidente y encargado de la Presidencia, o es Presidente encargado a secas?, en *El Universal*, 8–3–2013, en: **http://www.eluniversal.com/opinion/130308/dudas–constitucionales**

(19) En "Ministro de la Defensa venezolano: "La Fuerza Armada Nacional debe estar unida para llevar a Maduro a ser presidente", en Vínculocrítico.com. Diario de América, España y Europa, en:**http://www.vinculocritico.com/politica/venezuela/elecciones–venezuela/fuerzas–militares–venezolanas/muere–chavez/muerte–chavez/anuncio–muerte–chavez/ministro–defensa/vtv–/apoyo–de–militares–maduro–/294618**. En la nota publicada en ese diario se concluía con la siguiente reflexión "La clara posición expresada por el Ministro de la Defensa resulta preocupante para muchos ciudadanos, toda vez que bajo sus órdenes se encuentra la Fuerza Armada Nacional que debe velar por la seguridad de Venezuela, pero no obedecer a la voluntad de una sola persona y menos aún

en materia electoral. Su posición no presagia una situación de imparcialidad, con la gravedad que ello conlleva para el futuro en democracia de dicha nación latinoamericana."

(20) No es correcta la afirmación del diputado Calixto Ortega en el sentido de afirmar que "tras los actos fúnebres, la Asamblea Nacional debe reunirse y declarar formalmente "la ausencia de derecho del presidente", tras lo cual el CNE pasa a organizar y convocar las elecciones dentro de un plazo estimado de 30 días que pudiera extenderse." Ello es contrario a la Constitución, no sólo porque en la misma la falta absoluta del Presidente por muerte no requiere de declaración formal alguna, sino porque los treinta días consecutivos para que se proceda a realizar la elección deben contarse a partir de dicha falta absoluta. Véase la reseña de la declaración en "Oposición venezolana trabaja en escenario electoral", ABC color, 7–3–2013, en: **http://www.abc.com.py/internacionales/oposicion-venezolana–trabaja–en–escenario–electoral–546632.html**

(21) Sin embargo, el día 8 de marzo se anunciaba en la prensa que el Consejo Nacional Electoral estaría listo para las elecciones presidenciales a partir del día 14 de abril de 2013. Véase en *El Universal*, Caracas 8–3–2013, en: **http://www.eluniversal.com/nacional–y–politica/130307/cne–listo–para–presidenciales–a–partir–del– 14–de–abril**

(22) Véase Alejandra M. Hernández, "Maduro será juramentado mañana como Presidente encargado," *El Universal*, 7–3–2013, en: **http://www.eluniversal.com/nacional–y–politica/hugo–chavez–1954 2013/130307/maduro–sera–juramentado–manana–como–presidente–encargado;** y "Nicolás Maduro asumirá hoy como Presidente," en: **http://www.eluniversal.com/nacional–y–politica/130308/nicolas–maduro–asumira–hoy–como–presidente**

(23) Diosdado Cabello destacó "que la juramentación se efectuará de conformidad con lo establecido en el artículo 233 de la Constitución, el cual establece que cuando "la falta absoluta del Presidente de la República se produce durante los primeros cuatro años del período constitucional (...) mientras se elige y toma posesión el nuevo Presidente, se encargará de la Presidencia de la República el Vicepresidente Ejecutivo." "Cabello aclaró que no le corresponde a él como presidente de la AN, sino a Maduro como vicepresidente asumir la jefatura de Estado, ya que se produjo la falta absoluta del presidente de la República." "Recordó que Hugo Chávez, quien falleció el pasado martes, era un mandatario en posesión de su cargo y no un Jefe de Estado electo que por primera vez iba a cumplir funciones." "Agregó que se cumplirán las órdenes dadas por Chávez." Véase Alejandra M. Hernández, "Nicolás Maduro asumirá hoy como Presidente," en: **http://www.eluniversal.com/nacional–y–politica/130308/nicolas–maduro–asumira–hoy–como–presidente**

(24) Como lo resumió con toda precisión Gerardo Blyde al responder la pregunta ¿Qué debió ocurrir?: "Cuando el Presidente solicitó ausentarse del país para tratarse en Cuba debió declararse la ausencia temporal y encargarse el Vicepresidente hasta el fin de ese período constitucional. / Al no regresar para el 10 de enero, fecha constitucional para la juramentación, debió encargarse de la Presidencia el presidente de la Asamblea Nacional para el nuevo período hasta tanto el Presidente electo pudiera juramentarse y asumir . / Al regresar, el Presidente electo debió ser juramentado por el TSJ. Si no era posible, el TSJ ha debido nombrar una junta médica que determinara si había causas que le impedían asumir la Presidencia y si éstas serían permanentes o temporales. En caso de haberse determinado que eran permanentes, el TSJ debió enviar el informe a la Asamblea Nacional para que se declarara la falta absoluta. / Una vez declarada la falta absoluta, el CNE debía convocar a nuevas elecciones presidenciales y, una vez elegido el nuevo Presidente, el presidente de la AN debía entregarle para que éste culminara el período presidencial en

216 ASDRÚBAL AGUIAR

curso." Véase en Gerardo Blyde, "Lo que pasó y no debió pasar. El Vicepresidente encargado de la Presidencia no puede nombrar a otro Vicepresidente," en *El Universal*, 8–3–2013, en: **http://www.eluniversal.com/opinion/130308/lo–que–paso–y–no–debio–pasar**

(25) Véase igualmente los comentarios de Gerardo Blyde en Idem, "Lo que pasó y no debió pasar. El Vicepresidente encargado de la Presidencia no puede nombrar a otro Vicepresidente," en *El Universal*, 8–3–2013, en: **http://www.eluniversal.com/opinion/130308/lo–que–paso–y–no–debio–pasar**

(26) Véase el texto de la sentencia en: **http://www.tsj.gov.ve.decisiones/scon/Marzo/141–9313–2013–13–0196.html**

(27) La Sala Constitucional, en su sentencia, procedió a "sistematizar las conclusiones vertidas a lo largo de esta decisión," de manera resumida, así: a) Ocurrido el supuesto de hecho de la muerte del Presidente de la República en funciones, el Vicepresidente Ejecutivo deviene Presidente Encargado y cesa en el ejercicio de su cargo anterior. En su condición de Presidente Encargado, ejerce todas las atribuciones constitucionales y legales como Jefe del Estado, Jefe de Gobierno y Comandante en Jefe de la Fuerza Armada Nacional Bolivariana; / b) Verificada la falta absoluta indicada debe convocarse a una elección universal, directa y secreta; / c) El órgano electoral competente, siempre que se cumpla con los requisitos establecidos en la normativa electoral, puede admitir la postulación del Presidente Encargado para participar en el proceso para elegir al Presidente de la República por no estar comprendido en los supuestos de incompatibilidad previstos en el artículo 229 constitucional; / d) Durante el proceso electoral para la elección del Presidente de la República, el Presidente Encargado no está obligado a separarse del cargo." Véase en: **http://www.tsj.gov.ve.decisioes/scon/Marzo/141–9313–2013–13–0196.html**

(28) No es cierto, por tanto, como lo expresó la profesora Hildegard Rondón de Sansó, que "el presidente Chávez al momento de fallecer era un Presidente reelecto y no electo por primera vez, pero además estaba en posesión del cargo. Era un Presidente electo que estaba en posesión del cargo para ser precisos, pero por esa condición de la posesión del cargo no era esencial la juramentación." Véase en Juan Francisco Alonso, "Acusan al TSJ de alentar la desobediencia ciudadana" en El Universal, 10–3–2013, en: **http://www.eluniversal.com/nacional–y–politica/130310/acusan–al–tsj–de–alentar–la–desobediencia–ciudadana** . El Presidente Chávez estaba en posesión del cargo para el cual fue electo en 2007 y que duraba hasta el 10 de enero de 2013. En esta fecha, para tomar posesión del cargo de Presidente para el período constitucional 2013–2019, tenía que juramentarse ante la Asamblea nacional o ante el Tribunal Supremo, y no o hizo. No se puede afirmar seriamente que porque hubiera sido electo, estaba "en posesión de su cargo." Eso, por lo demás, no fue lo que decidió la sala Constitucional, que lo que hizo fue declarar que estaba en ejercicio de sus funciones desde el período anterior, ratificando, por lo demás el acto de juramentación como un requisito esencial para la toma de posesión el cargo.–

(29) Véase Juan Francisco Alonso, "Acusan al TSJ de alentar la desobediencia ciudadana," en *El Universal*, 10–3–2013, en: **http://www.eluniversal.com/nacional–y–politica/130310/acusan–al–tsj–de–alentar–la–desobediencia– ciudadana**

(30) J. M. Insulza: "OEA respeta decisión de los poderes constitucionales sobre la toma de posesión del presidente Chávez" 11–1–2013, en: **http://www.noticierovenevision.net/politica/2013/enero/11/51405=oea–respeta–decision–de–los–poderes–constitucionales–sobre–la–toma–de–posesion–del–presidente–chavez**; y en: **http://globovision.com/articulo/oea–respeta–cabalmente–decision–del–tsj–sobre–toma–de–posesion–de–chavez**

(31) En esa oportunidad, el Presidente de la Asamblea Nacional, que "a pesar de ser un acto necesario, el Gobierno hubiera preferido no tener que celebrarlo" Luego de leer el artículo 233 de la Constitución sobre las faltas absolutas del Presidente, "Añadió que el vicepresidente de la República debe tomar el cargo cuando la falta absoluta se produzca mientras el primer mandatario está e funciones. En ese sentido, dijo que Chávez "tenía 14 años mandando", por lo que se justifica la continuidad del período presidencial." Véase en El Universal, 9–3–2013, en: **http://www.eluniversal.com/nacional–y–politica/hugo–chavez–1954– 2013/130308/maduro–se–juramento–como–presidente–encargado**

(32) Véase en El Universal, 9–3–2013, en: **http://www.eluniversal.com/nacional–y–politica/hugo–chavez–1954–   2013/130308/juramentado–jorge–arreaza–como–vicepresidente–de–la–republica** . Véase Decreto N° 9401 de 8– 3–2013 en Gaceta Oficial N° 40.126 de 11–3–2013.

(33) Véase la reseña de Alicia de la Rosa, "CNE convoca elecciones presidenciales para   el   14   de   abril,"   en   El   Universal,   Caracas   9–3–2013,   en: **http://www.eluniversal.com/nacional–y–politica/130309/cne–convoca-**   elecciones–presidenciales–para–el–14–de–abril**

(34) Véase   en: **http://www.eluniversal.com/nacional–y–politica/elecciones–2013/130311/nicolas–maduro–formaliza–inscripcion–de–su–candidatura–ante–el–cne**

(35) En el artículo 1 de dicho decreto se enumeraron las siguientes atribuciones que se delegaron: 1. Traspasos de partidas presupuestarias; 2. Rectificaciones al presupuesto; 3. Prórroga para la liquidación de órganos o entes públicos; 4. Nombramiento de algunos altos funcionarios públicos; 5. Afectación para expropiación; 6. Reforma organizacional de entes descentralizados; 7. Puntos de cuenta ministeriales sobre las anteriores materias; 8. Dictar decretos y actos autorizados por el Presidente de la República y el Consejo de Ministros; 9. Las actuaciones presidenciales como parte de cuerpos colegiados; 10. Jubilaciones especiales a funcionarios; 11. Puntos de cuenta ministeriales sobre adquisición de divisas; 12. Puntos de cuentas sobre presupuestos de los entes descentralizados; 13. Insubsistencias presupuestarias; 14. Exoneraciones del Impuesto al Valor Agregado; 15 Exoneraciones del Impuesto sobre la renta. Véase en *Gaceta Oficial* N° 40.126 de 11–3–2013.

32. UN LLAMADO A
LA COMUNIDAD INTERNACIONAL

Venezuela atraviesa actualmente una grave y preocupante situación política, en particular, por la violación constante, por parte de las autoridades, de la Constitución de la República Bolivariana de Venezuela, de las leyes y reglamentos, con el fin de favorecer la candidatura de Nicolás Maduro quien, por una cuestionada decisión del Tribunal Supremo de Justicia, se encarga de la Presidencia de la República para poder, desde esa posición, utilizar sin control alguno y de manera abusiva todos los recursos del Estado, incluidos los medios públicos y las instituciones.

Denunciamos ante la opinión pública nacional e internacional las condiciones arbitrarias y de desigualdad, expresión de un ventajismo sin precedentes, impuestas por el Consejo Nacional Electoral (CNE) al actuar de manera parcializada y no independiente, en clara violación de la Constitución Nacional (Art. 293) y de los principios y las reglas universalmente reconocidos para que una elección pueda ser considerada libre, honesta y transparente, elementos fundamentales en todo sistema auténticamente democrático.

Estas condiciones se evidencian en el uso abusivo de las cadenas de radio y televisión por parte del candidato del gobierno, la participación directa de funcionarios cubanos en la elaboración de las cédulas de identidad (documento indispensable para ejercer el voto) y en el propio registro electoral en clara injerencia en nuestros asuntos internos, la no inclusión en el registro electoral de más de cien mil nuevos votantes, el cambio ilegal de localidad para votar del candidato del gobierno, el establecimiento de estaciones de información innecesarias en las mesas de votación que hacen más lento y engorroso el ejercicio del voto y de máquinas capta huellas o sistema biométrico de identificación utilizado como amenaza al elector para descubrir el secreto del voto; todos ellos elementos intimidantes que desvirtúan la honestidad del proceso. Además, la negativa de recibir observadores electorales reconocidos e imparciales y a reabrir el Consulado de Venezuela en Miami que impide el ejercicio del derecho a elegir que tienen decenas de miles de venezolanos residentes en esa jurisdicción.

Rechazamos de manera firme también las declaraciones del Ministro de la Defensa, Almirante Molero quien, desconociendo su responsabilidad como Oficial en actividad, del más alto rango de la Fuerza Armada, ha expresado su "apoyo irrestricto" al candidato oficialista y al sistema político que pretenden establecer, pronunciamiento prohibido por la Constitución.

Repudiamos los actos de violencia por parte de las autoridades y representantes del gobierno nacional en contra de los venezolanos que expresan su disidencia y protestan pacífica y democráticamente para exigir un proceso electoral transparente y el respeto de las normas que garanticen unas elecciones justas y limpias; así como la persecución y el amedrentamiento y acoso a dirigentes políticos de la oposición democrática.

Rechazamos categóricamente la acción internacional llevada a cabo por el régimen, particularmente durante los últimos años, bajo la conducción del Canciller, hoy candidato oficialista, Nicolás Maduro, quien además de haber ejecutado una política de discriminación política extrema, sometiendo a una suerte de *apartheid* político al personal profesional no afiliado al bando partidista oficial, en perjuicio de la integridad y la dignidad del Servicio Exterior de la República, alejó a Venezuela del espacio democrático internacional, acercándose a regímenes cuestionados por la comunidad internacional; una gestión que se traduce en el irrespeto de las normas, principios y mecanismos relacionados con los derechos humanos que se concretó con la denuncia de la Convención Americana sobre Derechos Humanos.

Estamos convencidos de que es el momento de generar un cambio político en el país, indispensable para restablecer el orden democrático, erradicar la violencia política, unir y reencontrar a los venezolanos e iniciar el camino del progreso en condiciones sociales y económicas justas e inclusivas que permitan a todos los venezolanos, independientemente de su inclinación política, participar en el proceso de desarrollo del país. En este sentido, apoyamos decididamente la candidatura de la Unidad Democrática que representa en forma inclusiva todos los sectores del país y que garantiza un Gobierno respetuoso de los principios y valores fundamentales de la democracia y de los derechos humanos en general y la estabilidad y la cooperación franca con todos los países

Hacemos un llamado a los gobiernos democráticos, a las instituciones internacionales y a los demócratas de América Latina y del mundo para que de manera imparcial sigan de cerca y observen el proceso electoral en Venezuela y que se apliquen sin vacilación los instrumentos regionales para la defensa de la democracia y toda otra norma internacional pertinente a cualquier intento o manera para desconocer o alterar la voluntad popular que se exprese el 14 de abril de 2013, de garantizar el derecho que tenemos los venezolanos de elegir nuestras autoridades en procesos justos y transparentes y de esa manera decidir nuestro destino.

Caracas, 10 de abril de 2013

1.   Embajador Ignacio Arcaya, Ex Ministro del Interior y Justicia; Encargado de la Presidencia (Oct. 99); ex Embajador en Londres, Washington y X2 en Naciones Unidas

2.   Octavio Lepage, ex Ministro de Relaciones Interiores, Encargado de la Presidencia de la República (1993) y ex Embajador en Bélgica

3.   Asdrúbal Aguiar, ex Ministro del Interior, Encargado de la Presidencia de la República (1998), ex Vice Ministro de Relaciones Exteriores y ex Embajador en Chile

4.   Armando Duran, ex Ministro de Relaciones Exteriores, de la Secretaria de la Presidencia de la República, de Información y ex Embajador en España y en Uruguay.

5.   Humberto Calderón Berti, ex Ministro de Relaciones Exteriores y de Energía y Minas

6.   General Fernando Ochoa Antich, ex Ministro de Relaciones Exteriores y de la Defensa

7.   Enrique Tejera Paris, ex Ministro de Relaciones Exteriores y ex Embajador en Washington y ante las Naciones Unidas

8.   Embajador Werner Corrales Leal, ex Embajador en la Oficina Europea de Naciones Unidas, Ginebra, ex Ministro de Comercio e Industria, de Planificación y ex Presidente del Instituto de Comercio Exterior

9.   General Raúl Salazar, ex Ministro de la Defensa y ex Embajador en España

10.   Embajador Milos Alcalay, ex Vice Ministro de Relaciones Exteriores y ex Embajador en Brasil e Israel

11.   Embajador Fernando Gerbasi, ex Vice Ministro de Relaciones Exteriores y ex Embajador en Colombia y en Italia

12.   Embajadora Rosario Orellana Yépez, ex Vice Ministro de Relaciones Exteriores

13.   Embajador Adolfo Raúl Taylhardat, ex Vice Ministro de Relaciones Exteriores y ex Embajador ante Naciones Unidas, en Cuba y en Austria

14.   Oswaldo Páez Pumar, ex Vice Ministro de Relaciones Exteriores

15.   Embajador Freddy Álvarez Yánez, Ex Vice Ministro de Energía y Minas, ex Presidente del Colegio de Internacionalistas, ex Embajador en Irak y en Israel

16.   Embajador Diego Arria, ex Embajador ante las Naciones Unidas en Nueva York, ex Presidente del Consejo de Seguridad y ex Asesor del SG de la ONU

17.   Embajador Víctor Rodríguez Cedeño, ex Embajador Alterno ante la Oficina Europea de las Naciones Unidas y ex Miembro de la Comisión de Derecho Internacional

18. Embajador Francisco Paparoni, ex Director General de Política Internacional y ex Embajador en España, la OEA y en los Países Bajos

19. Embajadora Cynthia Morales, ex Directora General del Protocolo y ex Cónsul General en Boston

20. Embajadora Milagros Betancourt C. ex Directora de Tratados Internacionales y ex Directora de Asuntos Multilaterales

21. Embajador J. Gerson Revanales, ex Director General de Economía y Cooperación Internacionales y ex Director General del Protocolo

22. Embajadora Marisol Black, ex Directora de Economía Internacional

23. Embajador Erick Becker Becker, ex Embajador en Alemania

24. Embajadora Elsa Boccheciampe, ex Embajadora en Haití, El Salvador y Paraguay

25. Embajador Demetrio Boersner, ex Director General de Política Internacional y ex Embajador en Suecia

26. Embajador Germán Carrera Damas, ex Embajador en México, Suiza, Colombia y República Checa.

28. Embajador Alfredo Chaparro, ex Cónsul General en Curazao.

29. Embajador Pedro Camacho, ex–Director General de Economía y Cooperación Internacionales

30. Embajador Eduardo Casanova Sucre, ex Embajador en la República Popular China.

31. Embajador Abraham Clavero, ex Director de Consulados Nacionales

32. Embajador Freddy Christians, ex Director General de Economía y Cooperación Internacionales y ex Embajador en Sudáfrica

33. Embajador Héctor Azócar, ex Embajador en Trinidad y Tobago y en Guyana

34. Embajador Ramón Delgado, ex Embajador en Australia y en Turquía

35. Embajador Gustavo Dubuc León, ex Embajador en Siria y en Turquía

36. Embajador Pedro Luis Echeverría, ex Embajador de Venezuela Jamaica, Bolivia y Washington

37. Embajador Hernani Escobar, ex Embajador de Venezuela en Siria

38. Embajador Luis Miguel Fajardo, ex Embajador en Santa Lucia y ex Cónsul General en Puerto Rico

39. Embajador Alberto Garantón, ex Director de Ceremonial y ex Embajador en Antigua y Barbuda

40. Embajador Sadio Garavini di Turno, ex Embajador en Suecia y ex Embajador en Guyana

41. Embajadora Beatriz Gerbasi, ex Directora de Asia, África y Oceanía

42. Embajadora María Cristina Gómez de Sucre, ex Directora General de Política Internacional

43. Embajador Edmundo González Urrutia, ex Director General de Política Internacional y ex Embajador en Argentina

44. Embajador Rafael Griman Urbina, Ex Director General de Relaciones Consulares

45. Embajadora Antonieta Arcaya, ex Directora de las Américas y ex Cónsul General en Milano

46. Embajador Rodrigo Arcaya, ex Embajador en Perú, en Uruguay y ante la ALADI

47. Embajador Guido Grooscors, ex Embajador en Argentina, Costa Rica y ante la Organización de Estados Americanos

48. Embajadora Aminta Guacarán, ex Embajadora en Belice

49. Embajador Nelson Barreto, ex Director de Inmunidades y Privilegios, ex Director de La Oficina Nacional de la UNESCO, ex Director General del Protocolo y ex Cónsul General en Aruba

50. Embajador Mario Guglielmelli, ex Cónsul General en Río de Janeiro

51. Embajadora Jocelyn Henríquez, Ex Embajadora en China y en India

52. Embajadora Hilda Hernández, ex Cónsul General de Venezuela en Medellín, Colombia

53. Embajador Luis Herrera Marcano, ex Director General de Política Internacional, ex Consultor Jurídico Y ex Embajador Alterno en Naciones Unidas

54. Embajador Guillermo Herrera, ex Embajador en Polonia y ex Cónsul General en Nueva York

55. Embajador Oscar Hernández Bernalette, ex Director General de Economía y Cooperación Internacionales y ex Representante Alterno ante la OMC

56. Embajador Leandro Area, ex Director de la Academia Diplomática Pedro Gual

57. Embajadora Olga Jácome, ex Embajadora en El Salvador

58. Embajador José Eugenio López Contreras, ex Embajador en Finlandia

59. Embajador José Javier Loyola, Ex Cónsul General en Bilbao

60. Embajadora Lourdes Molinos, ex Embajadora en Noruega

61. Embajador Reinaldo Leandro Rodríguez, ex Embajador ante la Santa Sede y en Argentina

62. Embajador Rafael Monsalve Castilla, ex Embajador en Irak

63. Embajador Juan José Monsant, ex Embajador en Paraguay y en El Salvador

64. Embajador Julio Cesar Moreno, ex Embajador en Chile

65. Embajador Eduardo Morreo Bustamante, ex Director General de Relaciones Culturales

66. Embajadora Dalia Pan Dávila, ex Directora General de Relaciones Consulares

67. Embajador Julio Cesar Pineda, ex Embajador en Corea y Libia

68. Embajador Norman Pino de Lion, ex Embajador de Venezuela en los Países Bajos y en Arabia Saudita

69. Embajador Julio Portillo, ex Embajador de Venezuela en República Dominicana.

70. Embajadora Milagros Puig, ex Directora General Sectorial de Relaciones Culturales

71. Embajadora Adriana Pulido, ex Representante Permanente Alterno ante las Naciones Unidas en Nueva York

72. Embajadora Nelly Pulido de Tagliaferro, ex Cónsul General de Venezuela en Montreal

73. Embajador Guillermo Quintero, ex Embajador en Corea

74. Embajador Carlos Ríos, ex Embajador en Qatar.

75. Embajador Antonio Rodríguez Iturbe, ex Embajador de Venezuela en Australia

76. Embajador Andrés Eloy Rondón, ex Director General del Protocolo, ex Director General del Ceremonial y Acervo Histórico y ex Director General de Relaciones Presidenciales

77. Embajador Armando Rojas, ex Director General de Relaciones Culturales

78. Embajador Boanerges Salazar, ex Embajador en Jamaica

79. Embajadora Angela Salazar, Servicio Interno Ministerio de Relaciones Exteriores

80. Embajadora Gisela Sánchez, Secretaria de la Comisión Nacional de la UNESCO

81. Embajador Efraín Silva Méndez, ex Director General de Relaciones Culturales y ex Embajador en el Líbano

82. Embajador José Laurencio Silva Méndez, ex Director General del Protocolo y ex Embajador en Antigua y Barbuda

83. Embajador Roberto Smith Perera, ex Embajador en Bélgica

84. Embajador Eduardo Soto Álvarez, ex Director General de Política Internacional, ex Embajador en China, Argelia e India

85. Embajadora Lisán Stredel, ex Embajadora en Grecia

86. Embajador Mario Tepedino Ravel, ex Embajador en Kuwait, Bolivia y Honduras

87. Embajador Enrique Ter Horst, ex Embajador Representante Permanente Alterno ante las Naciones Unidas en Nueva York

88. Embajadora Tibisay Urdaneta, ex Embajadora en San Vicente y las Granadinas

89. Embajador Nelson Valera Parra, ex Embajador en Hungría

90. Embajador Vicente Vallenilla, ex Director General Sectorial de Economía y Cooperación Internacional y ex Embajador en Sudáfrica y Dinamarca

91. Embajador Regulo Velazco, ex Director General de Relaciones Consulares

92. Embajador Francisco Velez Valery, Ex Director General Sectorial de Política Internacional y ex Embajador en Noruega

93. Embajador Henry Veliz Cedeño, ex Director General de Relaciones Consulares

94. Embajadora Blanca Verlezza, ex Directora General de Política Internacional

95. Embajador Gerardo Wills Senior, ex Embajador en Dinamarca

96. Embajadora Daniela Szokolocszi, ex Emabajadora en Polonia y en Antigua y Barbuda

97. Embajador Víctor Cróquer Vega, ex Cónsul General en Bilbao.

98. Embajador Francisco Álvarez Gorsira, ex Cónsul General en Hamburgo

99. Embajadora Guillermina Da Silva, ex Cónsul General en Frankfurt.

100. Embajadora Iris Acosta de Fajardo, Servicio Interno Ministerio de Relaciones Exteriores

101. Embajadora Sara Areyuna, Servicio Interno Ministerio de Relaciones Exteriores

102. Embajador Alberto Belzares, Servicio Interno Ministerio de Relaciones Exteriores

103. Pedro Paúl Bello, ex Embajador en Italia y ante la Organización de Naciones Unidas para la Agricultura y la Alimentación

104. Abdón Vivas Terán, ex Embajador en Colombia

105. Embajador Emilio Figueredo Planchart, ex Miembro de la Comisión Asesora de Relaciones Exteriores

106. Embajador Rubén Franco, ex Asistente del Ministro

107. Embajador Marcos Requena, ex Embajador en Haití y ex Jefe de la División de Transporte Aéreo

108. Embajador Rafael Osuna Losada, ex Embajador en Kuwait, Emiratos Árabe y Qatar

109. General Gaudi Giménez, ex Embajador en Malasia y Corea

110. General Gonzalo García Ordoñez, ex Embajador en Bolivia.

111. Almirante Rafael Huizi, ex Embajador en Portugal y en Grecia

112. General José Antonio Olavarría, ex Embajador en Francia y en Bélgica

113. Alberto Armas, ex Director de Inmunidades

114. Leonardo Azparren Giménez, ex Director General de Relaciones Culturales

115. María José Báez, ex Directora Asistente de Privilegios e Inmunidades

116. Nelson Castellano, ex Cónsul General en Paris

117. Simón Faraco, ex Cónsul General de Venezuela en Baltimore y Montreal

118. Yleana Gabaldón, ex Jefe de la División de Cooperación Internacional

119. Ana González, Consejero, Embajada de Venezuela en Nicaragua

120. Laura Guardia, ex Cónsul en Frankfurt, ex Encargada de Negocios en Grecia y en Paraguay

121. Fermín Lares, ex Director General de Información y Opinión

122. Luisana Leoni, ex Cónsul General en San Francisco

123. Alberto Lossada Sardi, ex Director de Servicio Especiales de la Dirección de Relaciones Culturaless

124. Mazzini Maio, ex Cónsul General en Milano

125. Mariela Mancini, ex Consejero, Embajada de Venezuela en Roma y Representante Alterna en la Misión ante la FAO

126. Sara Meneses, ex Directora de Cultura de la Organización de Estados Americanos

127. Alfredo Michelena, ex Secretario Ejecutivo de la Comisión Nacional de Integración Fronteriza y ex Representante Alterno ante la Comisión de Derechos Humanos de las Naciones Unidas

128. Juan Misle, ex Director de Economía Internacional, ex Representante Alterno ante la OMC.

129. Norman Monagas Lesseur, ex Director de Inmunidades

130. Rubén Pacheco, ex Director de Ceremonial

131. Alexandra Paris, ex Directora de Asuntos Multilaterales de la Dirección General de Política Internacional

132. Alonso Pérez Marachelli, ex Cónsul General en San Francisco y Miami

133. María Cristina Pérez Osuna de Planchart, ex Jefe de Naciones Unidas de la Dirección General de Política Internacional

134. Neyza Pineda, ex Jefe del Departamento de Cultura

135. Carlos Pozzo, ex Representante Alterno en la Organización de las Naciones Unidas para la Agricultura y la Alimentación (FAO)

136. Héctor Quintero, ex Cónsul General en Guayaquil

137. Enrique Rondón Musso, ex Consultor Jurídico Adjunto

138. Violeta Matos, ex Cónsul General en Houston

139. Mary E. Silva Pavan, ex Consejero, Embajada de Venezuela en Viena, Austria

140. Tatiana Sucre, ex Consul General en Nueva York

141. Eloy Torres, ex Director en el Despacho del Vice Ministro para Asia, Medio Oriente y Oceanía

142. Flor Acconciamessa, ex Consejero en el Servicio Interno

142. Jazmín Turuphial, ex Ministro Consejero en el Servicio Interno

143. Jovito Alcides Villalba Vera, ex Cónsul General en Toronto y ex Vicepresidente del BCV, Maracaibo.

144. Amedeo Volpe G., ex Director de Asuntos Económicos Internacionales

145. Libio Walter, ex Director de Personal Diplomático y ex Cónsul en Miami

146. Roger Yépez, ex Director de Derecho Internacional de la Consultoría Jurídica

147. Nicomedes Zuloaga Pocaterra, ex Director de Información

33. COMUNICADO DE LA CONFERENCIA EPISCOPAL DE VENEZUELA

Jueves, 11 de abril de 2013

1. Los Obispos miembros de la Presidencia de la Conferencia Episcopal Venezolana, en cuanto ciudadanos y desde nuestra responsabilidad de ser pastores del Pueblo de Dios, hacemos un vivo llamado a los fieles católicos, extensivo a todos los hombres y mujeres de Venezuela, a dar la mayor importancia al evento electoral del próximo 14 de Abril y a participar en él de manera consciente, libre y responsable.

2. La Semana Santa, que acaba de terminar, ha sido para la mayoría de los venezolanos una ocasión para renovar la fe y la esperanza, para manifestar la devoción sincera y para buscar la reconciliación con Dios y con el prójimo. El anhelo más expresado y la plegaria más repetida han sido las súplicas a Jesucristo Redentor por la reconciliación y unidad del país. Este es el clima social y político en que los venezolanos aspiramos vivir permanentemente.

Las elecciones y el futuro del País.

3. Somos conscientes de que las campañas electorales activan el entusiasmo y la pasión por la propia opción política con el peligro de que se desborden en actitudes intolerantes que llevan a la violencia en el lenguaje y actitudes. Ante estas situaciones apelamos al buen juicio y nobles sentimientos del pueblo venezolano que en otros momentos ha sabido conjugar las diferencias políticas con el deseo de vivir en paz y armonía.

4. La elección presidencial que tenemos entre manos es atípica dada su cercanía a la pasada jornada electoral del 7 de Octubre. Esto constituye un reto para los ciudadanos conscientes y preocupados por el futuro del país y pone de relieve la fuerza y la transcendencia del voto responsable y libre. ¡El voto decide! Ir a votar es un acto de responsabilidad y de amor a la patria, a su gente y a su destino. Pensar en la patria es mejor que encerrarse en el interés personal o grupal y mejor que dejarse vencer por el pesimismo. La abstención nunca favorecerá al pueblo.

5. La campaña electoral es un evento que se rige por una normativa compleja, cuyo objeto es garantizar la igualdad de condiciones de las partes que intervienen en la contienda, salvaguardar y facilitar el derecho de los ciudadanos a elegir al candidato de su preferencia en un clima de libertad, orden, respeto y serenidad. Por consiguiente, los Comandos de las partes en la contienda tienen la obligación ética y moral de observar y cumplir cuidadosamente las normas preestablecidas por Constitución y las leyes para la Campaña.

6. La brevedad de la campaña electoral que precede a esta elección, exige que ésta se centre en la presentación del programa de gobierno que cada uno de los candidatos propone al país; esto implica abandonar, como tácticas electorales, la violencia política, la descalificación personal y las falsas promesas, para centrarse en propuestas concretas que tengan que ver con la realidad venezolana en cuanto a la solución de los problemas que le aquejan, y en el análisis de la consistencia personal, el liderazgo y las capacidades de los candidatos para ejecutarlas.

Misión de los órganos responsables.

7. El Consejo Nacional Electoral es el poder del Estado que tiene todos los recursos legales y financieros para garantizar eficazmente la equidad de la campaña y la transparencia del proceso electoral. Para ello el CNE tiene que actuar con tal justicia y apego a las normas y con tal respeto al pluralismo político que su proceder le permita tener la confianza de todo el pueblo en su papel de árbitro en el acontecimiento más significativo y transcendente de la democracia venezolana.

8. La misión de las Fuerzas Armadas en las elecciones, a través del plan república, es ser garante de la constitucionalidad y del respeto a la voluntad de los electores. Todos los venezolanos tenemos derecho de ser servidos por nuestras Fuerzas Armadas en lo que es propio de su misión: mantener la seguridad ciudadana y el orden público, resguardar las mesas de votación.

9. Los miembros y los testigos de las mesas de votación están llamados a propiciar un sano ambiente de convivencia y de trabajo en los Centros Electorales, que facilite el sufragio, fomente el respeto mutuo y promueva la colaboración entre todos. Cada Centro Electoral, cada mesa, debe ser un lugar en que se haga patente la vivencia de la democracia, la valoración de la ciudadanía y la aceptación de la diversidad de opciones y opiniones.

Conclusión.

10. Invitamos a los creyentes a elevar sus oraciones a Dios, Señor de nuestra historia, por el buen desarrollo del proceso electoral, la paz social y política de Venezuela. Invocamos la protección de Nuestra Señora de Coromoto, Patrona de Venezuela, e impartimos con afecto nuestra bendición a todos los habitantes de nuestro país.

Caracas, 4 de Abril de 2013

Diego Rafael Padrón Sánchez
Arzobispo de Cumaná
Presidente de la CEV

José Luis Azuaje Ayala
Obispo de El Vigía
San Carlos del Zulia
1° Vicepresidente de la CEV

Mario Moronta Rodríguez
Obispo de San Cristóbal
2° Vicepresidente de la CEV

Jesús González de Zárate
Obispo Auxiliar de Caracas
Secretario General de la CEV.

34. DECLARACIÓN CONJUNTA DE ESPACIO ABIERTO, FUNDACIÓN GUAL Y ESPAÑA, GRUPO LA COLINA, Y ASOCIACIÓN CIVIL CONCIENCIA CIUDADANA

Jueves, 11 de abril de 2013

Las elecciones presidenciales del 14 de abril constituyen un acontecimiento político de primordial importancia para la historia contemporánea venezolana. Es una ocasión más que nos brinda el azar, la historia no se detuvo antes y no se detendrá ahora, es fundamental aprender de ella y actuar sin claudicaciones con base en ese aprendizaje. No hacerlo significa inmovilizarse y del inmovilismo de un pueblo solo aprovechan los autócratas y los dictadores.

Esta encrucijada nos permitirá optar entre el continuismo aplastante de un gobierno autoritario, militarista, excluyente, ineficaz y manipulador, y el inicio de una nueva etapa democrática conducida por una gran corriente que alberga dentro de sí a los sectores más diversos del espectro político nacional.

Un movimiento nacional representado en la MUD, que logró el objetivo más deseado por los ciudadanos disidentes del gobierno autocrático: LA UNIDAD.

El hecho de poner de acuerdo sobre objetivos comunes a partidos con visiones filosóficas e históricas heterogéneas y a organizaciones de la sociedad civil no es un logro menor. Tampoco es irrelevante la elección de un Candidato Presidencial mediante elecciones primarias abiertas y transparentes.

Esas dos acciones estratégicas acertadas dieron como resultado la obtención por parte de la oposición democrática, dignamente representada por Henrique Capriles, del 46% de los votos nacionales, casi la mitad del total de los sufragios, en medio del mayor ventajismo oficial conocido en la vida de la nación. Medio país adversando el pésimo gobierno dirigido por Hugo Chávez. Fue un avance indudable.

No logramos ganar es verdad pero somos una fuerza importantísima y la vida no se ha detenido, sino que continua a toda marcha abriendo un panorama impensado como consecuencia del agravamiento de la salud y posterior fallecimiento del presidente electo Hugo Chávez.

El manejo por parte del régimen Chavista tutelado por los hermanos Castro de la enfermedad de Hugo Chávez ha sido de una chapucería colosal, se ha mentido a discreción ocultándole a los venezolanos por razones sectarias la verdad, sobre todo que Chávez no estaba en capacidad de ejercer a plenitud la jefatura del Estado y por tanto no debió ser candidato. De allí en adelante hemos presenciado una suerte de comedia de las equivocaciones en la cual se han cometido y se continúan cometiendo toda clase de abusos y despropósitos que lesionan gravemente la dignidad del Estado y de los ciudadanos. Todos los poderes del Estado participaron en esta confabulación destinada a proteger los intereses de la nomenclatura chavista aún a costa de violar la Constitución, en particular es grave lo ocurrido con la Asamblea Nacional y el Tribunal Supremo de Justicia quienes han propiciado y avalado el que Nicolás Maduro haya desempeñado primero la función de Vicepresidente y ahora de Presidente encargado cuando de acuerdo a lo prescrito en la Carta Magna no era lo que correspondía. Dirige el Estado un ciudadano que no fue electo por el pueblo, que palabras más palabras menos es un usurpador y cuyos actos de gobierno carecen de legalidad y legitimidad.

Los días de Maduro al frente de la conducción del gobierno han sido nefastos por continuar las políticas de Chávez pero también por decisiones de su propia cosecha como la brutal devaluación del Bolívar que se ha traducido en un alza terrible en el costo de la vida y por su talante autoritario y represivo así como por su discurso violento, sectario y soez que define un estilo de gobernar de carácter fascistoide.

La única salida de este túnel se obtendrá a través de la participación ciudadana y de ellas la más efectiva es la votación masiva por encima del ventajismo oficial.

El 14 de abril salgamos todos a votar y a defender el voto, no es tiempo de debilidades, la historia nos está abriendo sus puertas a un futuro mejor.

Fundación Espacio Abierto
Fundación Gual y España
Grupo La Colina
Asociación Civil Coincidencia Ciudadana

35. COMUNICADO DE PRENSA DE LA ORGANIZACIÓN DE LOS ESTADOS AMERICANOS

15 de abril de 2013

Insulza saluda espíritu cívico de los venezolanos y apoya propuesta de recuento

El Secretario General de la Organización de los Estados Americanos (OEA), José Miguel Insulza, manifestó su satisfacción por el espíritu cívico de los venezolanos demostrado durante la jornada electoral de ayer domingo, en la República Bolivariana de Venezuela, que permitió la realización de unos comicios presidenciales con alta participación y en orden y tranquilidad.

Frente a los resultados hechos públicos por el Consejo Nacional Electoral (CNE) al final del día domingo, y luego del anuncio formulado por representantes del gobierno y oposición, sobre la necesidad de realizar una auditoría y un recuento completo de la votación, el Secretario General Insulza expresó su respaldo a esta iniciativa y puso a disposición de Venezuela el equipo de expertos electorales de la OEA, de reconocido prestigio y larga experiencia en esta materia.

En un contexto de profunda división y polarización política, como el que evidenció el proceso electoral, el máximo representante de la OEA, hizo un ferviente llamado a un diálogo nacional que contribuya a serenar el ánimo de la sociedad venezolana y ayude a trazar un camino compartido para fortalecer la gobernabilidad del país. Insulza resaltó también su disposición, y la del organismo que dirige, a cooperar en este sentido.

36 CNE PROCLAMA AL PRESIDENTE ELECTO PARA EL PERÍODO 2013–2019

El ciudadano Nicolás Maduro Moros fue proclamado este lunes 15 de abril como Presidente Electo de la República Bolivariana de Venezuela para el periodo 2013–1019, tras la lectura del acta de totalización, adjudicación y proclamación por parte de la presidenta del Poder Electoral Tibisay Lucena Ramírez, acompañada por la vicepresidenta del ente Sandra Oblitas y las rectoras electorales Socorro Hernández y Tania D`Amelio.

Recibidas y examinadas las actas de escrutinio correspondientes a la elección de Presidente de la República Bolivariana de Venezuela de este domingo 14 de abril, en el acta de proclamación quedaron plasmados los siguientes resultados:

Nicolás Maduro 7.563.747 (50.75%)

Henrique Capriles 7.298.491 (48.97%)

José Eusebio Méndez 19.462 (0.13%)

María Josefina Bolívar 13.274 (0.08%)

Reina Sequera 4.225 (0.02%)

Julio Mora 1925 (0.01%)

El total de inscritos en el Registro Electoral habilitados para esta elección fueron 18.904.364 venezolanos y venezolanas, de los cuales 14.967.737 votaron este domingo registrando un índice de participación del 79.17%.

De esta forma, el Consejo Nacional Electoral da cumplimiento a lo establecido en los artículos 33 numeral 6 de la Ley Orgánica del Poder Electoral; los artículos 7, 144, 152 y 153 de la Ley Orgánica de los Procesos Electorales, y los artículos 370, 374 numeral 1, 383, 385, 387 y 392 del Reglamento General de los Procesos Electorales.

Durante el acto de proclamación estuvieron presentes Diosdado Cabello, presidente de la Asamblea Nacional; Luisa Estella Morales, presidenta del Tribunal Supremo de Justicia; Adelina González, Contralora General de la República y presidenta del Consejo Moral Republicano; Luisa Ortega Díaz, Fiscal General de la República; Gabriela Ramírez, Defensora del Pueblo;

Jorge Arreaza, Vicepresidente Ejecutivo de la República; representantes del cuerpo diplomático acreditado ante el gobierno nacional; ministros del gabinete ejecutivo e integrantes del alto mando militar.

http://cne.gob.ve/web/sala_prensa/noticia_detallada.php?id=3171

37. COMUNICADO DEL CONSEJO UNIVERSITARIO DE LA UNIVERSIDAD CATÓLICA ANDRÉS BELLO A LA SOCIEDAD VENEZOLANA ANTE LA GRAVE SITUACIÓN QUE VIVE EL PAÍS CON MOTIVO DE LOS RESULTADOS ELECTORALES DEL PASADO 14 DE ABRIL DE 2013

Considerando

• El deber que corresponde a las universidades en "la orientación de la vida del país mediante nuestra contribución doctrinaria en el esclarecimiento de los problemas nacionales", conforme a lo establecido en el artículo 2 de la Ley de Universidades, y en el artículo 6, ordinal 2°, del Estatuto Orgánico de la Universidad Católica Andrés Bello.

• Que el pasado domingo 14 de abril la sociedad venezolana participó masivamente en la convocatoria hecha por el Consejo Nacional Electoral (CNE) para elegir al Presidente de la República Bolivariana de Venezuela para el período 2013–2019; y se obtuvo una diferencia electoral mínima entre los dos principales candidatos de la contienda.

• Que estos resultados ponen en evidencia que el país está dividido en partes iguales en cuanto a sus preferencias políticas y que la más elemental consideración democrática supone, hoy más que nunca, que las instituciones del Estado representen al conjunto de la sociedad, facilitando la solución pacífica de los desacuerdos y conflictos en el marco de lo que establece la Constitución de la República y las leyes.

• Que es necesario despejar todo tipo de dudas sobre el proceso comicial desarrollado el pasado domingo, para garantizar el reconocimiento de los resultados emitidos por parte de todos los venezolanos.

• Que ante estos acontecimientos, los voceros oficiales han asumido un lenguaje excluyente que impide el diálogo. Ello ha obligado a la protesta por parte de quienes se sienten agredidos injustamente. Protestas que, de efectuarse en el marco de la ley, deben ser respetadas.

• Que es urgente resolver por métodos democráticos y ajustados al espíritu y letra del texto constitucional, la crisis política que se ha generado para garantizar la paz, el diálogo y la convivencia

Acuerda

• Exhortar al CNE y a todos los actores participantes en los recientes comicios, a despejar oportunamente cualquier duda sobre la legitimidad del proceso electoral del domingo pasado y sus resultados.

• Exigir a las instituciones del Estado que, en este momento crítico para la convivencia nacional, asuman su papel de representantes de la totalidad de la sociedad venezolana y consideren las exigencias de la pluralidad política que nos caracteriza.

• Trabajar junto a otras instituciones en la creación de propuestas y en la promoción de acciones que permitan encarar temas inadecuadamente tratados en nuestra legislación, entre ellos: 1) la regulación de la actuación del Presidente de la República cuando es, a la vez, candidato a la re–elección, 2) el financiamiento de las campañas electorales y 3) la imparcialidad de las instituciones electorales.

• Exhortar a los actores políticos a que emprendan un diálogo para superar en el marco del Estado Derecho la crisis política y garantizar la vigencia de la democracia.

• Reivindicar el derecho a la protesta en el marco previsto por la constitución y las leyes.

En Caracas, 16 de abril de 2013.

38. PRONUNCIAMIENTO DEL FORO POR LA VIDA ANTE LAS ELECCIONES DEL 14 DE ABRIL

Caracas, Venezuela; 16 de Abril de 2013

La Coalición de Organizaciones de Derechos Humanos de Venezuela, Foro por la Vida, en el marco del derecho a la participación política reconocido por la Constitución de la República Bolivariana de Venezuela y los Tratados Internacionales suscritos por el Estado, se pronuncia sobre los últimos acontecimientos relacionados con las elecciones presidenciales del pasado 14 de abril, donde el pueblo venezolano ejerció masivamente su Derecho al voto, lo cual reafirma su vocación democrática.

Desde hace varios años las organizaciones de derechos humanos hemos expresado preocupación sobre el desequilibrio en las campañas electorales, a partir del uso de los recursos del Estado a favor de una opción política. En esta oportunidad dado el estrecho margen de diferencia entre los dos principales candidatos y el reporte de más de 3.000 incidencias por parte de los actores políticos, presentan una duda razonable sobre la consistencia de los resultados, que permiten justificar la activación de los mecanismos previstos en la legislación nacional para una revisión detallada de los mismos, sin que ello deba ser interpretado como una amenaza a la democracia y la voluntad popular, sino como la forma legal y cívica de resolver la controversia, especialmente considerando que ambos candidatos aceptaron de manera voluntaria e inmediata la revisión la noche del 14 de abril.

Es necesario recordar que en Venezuela existen precedentes jurídicos que establecen que la proclamación de un candidato, no cierra los canales legales para la activación de los mecanismos de revisión de los resultados de un proceso electoral.

Saludamos el ofrecimiento del Secretario General de la OEA, quien puso a disposición de Venezuela el equipo de expertos electorales de la organización. La asistencia técnica es un mecanismo válido y oportuno en el ámbito de las relaciones internacionales que no puede desestimarse a priori bajo el debatible argumento de la injerencia extranjera, tomando en cuenta que la Carta Democrática Interamericana considera *"que uno de los propósitos de la*

OEA es promover y consolidar la democracia representativa dentro del respeto del principio de no intervención".

Repudiamos las agresiones contra personas que participaban en las auditorías ciudadanas, cuya realización solo es posible *"una vez existan las condiciones mínimas de seguridad para la realización del acto con absoluta normalidad"* (Artículo 440 del Reglamento LOPE). La auditoría ciudadana constituye parte integral del proceso electoral y su obstaculización solo contribuye a sembrar dudas sobre la integridad de los resultados.

Expresamos nuestra preocupación por los ataques vandálicos sufridos por la Red de Observación Electoral de la Asamblea de Educación contra su personal, equipos e instalaciones en las que laboraban el 14 de abril, mientras realizaban una actividad de verificación, debidamente avalada por el Consejo Nacional Electoral.

Por tanto:

1.– Hacemos un llamado a sociedad civil a canalizar sus aportes para la documentación y formalización de denuncias y seguir el proceso de verificación de resultados de manera cívica.

2.– Solicitamos al Consejo Nacional Electoral acoger la solicitud de que se cuente todos los votos y se haga la verificación pertinente con las actas y cuadernos de votación dándole curso de conformidad con lo previsto en la normativa electoral, incluyendo la aceptación del ofrecimiento de asistencia técnica de la Organización de Estados Americanos. Igualmente solicitamos al CNE se inicien las averiguaciones respectivas ante las distintas irregularidades arriba mencionadas, que empañan el proceso electoral y se apliquen a los responsables las sanciones que dicta el marco legal venezolano.

3.– Exhortamos a la Fuerza Armada Nacional Bolivariana, y en particular a los responsables del Plan República, a preservar el material electoral, de acuerdo a las responsabilidades que le imponen los artículos 167 y 169 de la Ley Orgánica sobre Procesos Electorales.

4.– Invitamos a los partidos políticos y autoridades nacionales a que se establezca el diálogo en un marco de respeto mutuo, como único mecanismo democrático que permita una salida pacífica a las actuales circunstancias que vive Venezuela.

5.– Recordamos que la protesta pacífica es un derecho humano consagrado en la Constitución de la República Bolivariana de Venezuela y en los Tratados Internacionales de Derechos Humanos. En tal sentido, exhortamos al Estado venezolano a garantizar el libre ejercicio de este derecho y proteger a todas las personas que lo ejerzan.

6.– Solicitamos al Ministerio Público y a la Defensoría del Pueblo prevenir e investigar de manera oportuna e independiente cualquier tipo de violación a los derechos humanos, y a los cuerpos de seguridad del Estado abstenerse de la utilización abusiva y desproporcionada de la fuerza tal como lo contempla la legislación nacional. Ello comprende la no intervención de cuerpos militares, el uso de armas de fuego, el empleo de la violencia, y el uso de gases lacrimógenos o de sustancias tóxicas prohibidas para el control del orden público en la Carta Magna.

Las organizaciones que conforman la coalición del Foro por la Vida, hacemos un llamado al Estado venezolano al respeto de los derechos humanos consagrados en la Constitución de la República Bolivariana de Venezuela para garantizar y contribuir a un clima de paz, dialogo, entendimiento y reconocimiento entre los sectores del país.

Acción Ciudadana Contra el Sida (Accsi)

Acción Solidaria (Acsol)

Caritas de Venezuela. Comisión de Justicia y Paz

Caritas Los Teques. Justicia y Paz

Centro para la Paz y los Derechos Humanos de la UCV

Centro de Derechos Humanos de la UCAB

Centro de Investigación Social Formación y Estudios de la Mujer (CISFEM)

Comité de familiares víctimas de los sucesos de febrero y marzo de 1989 (COFAVIC)

COPRODEH

Espacio Público

Programa Venezolano de Educación Acción en Derechos Humanos (PROVEA)

Vicaria de los Derechos Humanos de la Arquidiócesis de Caracas

39. COMUNICADO DE PRENSA DE LA ORGANIZACIÓN DE LOS ESTADOS AMERICANOS

16 de abril de 2013

Secretario General de la OEA expresa preocupación por hechos de violencia en Venezuela

El Secretario General de la Organización de los Estados Americanos (OEA), José Miguel Insulza, expresó su "profunda preocupación por los condenables hechos de violencia" ocurridos en las últimas horas en Venezuela. Dijo que "en una sociedad que busca la paz, el recurso de la violencia debe ser enfáticamente rechazado".

El máximo representante del organismo hemisférico manifestó su respeto a las decisiones adoptadas por las autoridades competentes y reiteró un "ferviente llamado al diálogo, mecanismo esencial para asegurar la gobernabilidad de cualquier país, en un marco de concordia y con pleno respeto al pluralismo".

40. LA ACADEMIA DE CIENCIAS POLITICAS Y SOCIALES

La Academia de Ciencias Políticas y Sociales, en su condición de organismo integrado principalmente por profesores de ciencias jurídicas y políticas que han alcanzado los más elevados niveles en el escalafón universitario y que está obligada a expresar opinión sobre los asuntos públicos del más alto interés nacional, quiere expresar su parecer en torno al acto electoral del pasado domingo 14 de abril de 2013:

1. El proceso electoral que culminó el 14 de abril no guarda correspondencia con los criterios internacionales de elecciones libres y democráticas.

2. Las elecciones del día 14 de abril, acto culminante del proceso, estuvieron teñidas por numerosas denuncias de irregularidades –llamados incidentes electorales– por la oposición democrática.

3. Ante el resultado ofrecido por el árbitro electoral, el cual muestra una diferencia mínima en favor del candidato oficial, la oposición ha solicitado un recuento de los votos, cosa que fue aceptada públicamente por el candidato gubernamental la misma noche de la elección. Esta es la fórmula idónea para resolver este tipo de discrepancias. Sin embargo, el árbitro electoral ha negado esta posibilidad y ha procedido apresuradamente a declarar vencedor al candidato oficial y le ha entregado su credencial al día siguiente de las elecciones. Con este proceder se ha creado en el país una delicada crisis política.

4. El argumento principal del árbitro electoral hace privar los aspectos técnicos de emisión, transmisión y resguardo electrónico del voto sobre los soportes físicos de la *"papeleta electoral"* o boleta consignada en las cajas o urnas electorales. Esta posición es contraria a los principios generales y universales de interpretación del derecho de las nuevas tecnologías, el cual ha consagrado el principio de equivalencia funcional –recogido en la Ley sobre Mensajes de Datos y Firmas Electrónicas– para indicar que el registro informático surte los mismos efectos que el registro físico. Sin embargo, esa equivalencia funcional no implica que, en el supuesto que haya un respaldo material físico del registro electrónico, el material físico quede sustituido íntegramente por el electrónico. Al contrario, cuando se presenta una discrepancia entre un documento elaborado en forma física y su soporte electrónico,

la discrepancia se resuelve acudiendo a los originales contenidos en el formato físico. Eso es lo que hay que hacer en el caso de la discrepancia de cifras electorales que tienen los candidatos: ir, entre otros, a *"las papeletas"* o boleta consignada, es decir, ir a los soportes físicos materiales originales. Afirmar, como lo hizo la Presidenta del árbitro colectivo electoral, que tal cosa sería regresar al antiguo sistema de conteo de papeletas es desconocer que la papeleta o boleta consignada sigue siendo parte del sistema electoral venezolano. Tan cierto es lo dicho que, la Ley orgánica de procesos electorales se refiere expresamente y exige considerar la papeleta o boleta de consignada como elemento de prueba de las posibles inconsistencias que pueden justificar la nulidad del acta de escrutinio (art. 219). Adicionalmente, se le encomienda a la Fuerza Armada Nacional Bolivariana su custodia, traslado y resguardo. Si la papeleta fuera un elemento inútil o inservible que más nunca va a ser utilizado con propósito alguno sería un despropósito que sirva de elemento de convicción ante una eventual verificación de inconsistencias o encomendar su custodia a la autoridad militar. Tan importante es la papeleta, además, que la verificación ciudadana que se realiza al finalizar el escrutinio de los votos, se lleva a cabo leyendo cada una de ellas, registrando el nombre que en ella aparece, tomando nota del total de todas ellas y contrastando su número con los datos del cuaderno de votación. Todos estos actos demuestran que el legislador se inclinó por darle preferencia a la prueba material por encima de la prueba virtual, respetando, de esa manera, los preceptos constitucionales que regulan el derecho de la prueba.

5. El problema planteado por los ajustados resultados electorales del 14 de abril es un gravísimo asunto político que debe recibir una inmediata solución política. Sin embargo, cuando los asuntos políticos se mueven en los extremos de la dimensión jurídica, la tendencia predominante en los países con ordenamientos jurídicos democráticos es ofrecer al débil jurídico, al integrante de la minoría o al aparentemente derrotado, vías a través de las cuales se pueda canalizar pacíficamente su insatisfacción. El recuento de los votos, junto a las protestas y a las manifestaciones pacíficas, es uno de los medios legítimos de la convivencia democrática. Negarlos es cerrar una vía de escape al desacuerdo. Referir a los opositores al ejercicio de recursos ante los órganos jurisdiccionales no es la solución más efectiva acorde con la situación jurídica y política planteada.

6. Finalmente, en Venezuela está garantizado el derecho de todo ciudadano a expresar democráticamente su opinión política en las urnas electorales y a reclamar su defensa. Constituirían violaciones de los derechos humanos la amenaza o el uso de la violencia civil o de Estado como recurso inmediato contra los reclamos legítimos de una población indefensa.

Dado y firmado en el Salón de Sesiones de la Academia de Ciencias Políticas y Sociales, Palacio de las Academias, a los dieciséis (16) días del mes de abril de dos mil trece (2013).

41. PETICIÓN QUE DIRIGE LA MESA DE LA UNIDAD DEMOCRÁTICA AL CONSEJO NACIONAL ELECTORAL, RECLAMANDO SU ACCESO A LA INFORMACIÓN ELECTORAL Y DEMANDANDO AUDITORÍAS

Caracas, 16 de abril de 2013

Ciudadana
Tibisay Lucena
Presidenta y demás rectores
Consejo Nacional Electoral
Su Despacho

Tenemos el agrado de dirigirnos a Usted, en nombre de la organización con fines políticos MESA DE UNIDAD DEMOCRATICA (MUD) y el Comando Simón Bolívar, a los fines de requerir:

1. Los registros de los estatus, mesa por mesa, correspondientes a la autenticación biométrica de los electores durante el proceso de votación del 14 de abril del presente año (Match, No Match, sin extremidades superiores, sin huellas en el sistema). Mientras se aprueba su entrega, se debe asegurar la integridad de los datos, firmando digitalmente (a través de código hash), y en presencia de nuestros testigos, la totalidad del contenido la base de datos respectiva.

2. Realizar la auditoría de "No duplicidad de huellas dactilares de electores", ya aprobada por ese Organismo, en la que se revise, minuciosamente, la existencia de posibles huellas duplicadas entre todos los electores que participaron en la elección del pasado 14 de Abril.

3. La lista de todas las máquinas que no transmitieron el 14 de abril.

4. Las bitácoras correspondientes a los registros de transmisión de las MÁQUINAS DE Votación a los CNT1 y CNT2, indicando hora de transmi-

sión, número de intentos y el estatus de finalización (correcta o fallida) en cada uno de los casos.

5. El registro, por mesa de votación, de las solicitudes de claves de desbloqueo de las máquinas cuando se alcanzan los topes por tipo de estatus.

6. Consideramos pertinente reiterar que en el protocolo de la Auditoría Post–Electoral, se debe incluir la revisión del cuaderno de votación, de las actas de escrutinio y votación, la información de incidencias además de la verificación de los comprobantes de voto con el resultado reflejado en el acta correspondiente.

Sin otra materia a la cual hacer referencia,

Atentamente,

42. SOLICITUD DE AUDITORÍA AL CONSEJO NACIONAL ELECTORAL POR HENRIQUE CAPRILES RADONSKI

Comando Nacional Simón Bolívar

CIUDADANA
PRESIDENTA TIBISAY LUCENA
Y DEMÁS RECTORES DEL CONSEJO NACIONAL ELECTORAL
SU DESPACHO.

HENRIQUE CAPRILES RADONSKI, venezolano, mayor de edad, titular de la cédula de identidad número 9.971.631, actuando en mi condición de candidato a Presidente de la República en las pasadas elecciones celebradas el 14 de abril de 2013, acudo ante ustedes a fin de ratificar formalmente, con fundamento en los artículos 51, 293 y 294 de la Constitución de la República Bolivariana de Venezuela, artículos 2, 3, 4 y numeral 31 del artículo 33 de la Ley Orgánica del Poder Electoral, 3, 156, 200 y 201 de Ley Orgánica de Procesos Electorales y artículos 2, 3 y 6 de la Carta Democrática Interamericana, la solicitud de la auditoría de la totalidad de los instrumentos de votación de las elecciones presidenciales realizadas el pasado 14 de abril de 2013.

1.– Las normas que constituyen el fundamento de esta solicitud, establecen los principios y valores democráticos que propugnan la voluntad soberana del pueblo, expresada a través del sufragio universal, directo, secreto, libre e igual, en un proceso electoral transparente y confiable, como uno de los pilares fundamentales que sostienen el Estado Social Democrático de Derecho y de Justicia. De dichas normas se desprenden los estándares de participación política y del sufragio, según los cuales los procesos electorales deben ser auténticos y fidedignos, deben administrarse por una autoridad electoral constituida que supervise el proceso electoral cumpliendo con las garantías de justicia e imparcialidad y de acuerdo con las leyes establecidas, asegurando un escrutinio independiente y un recuento que asegure que los votantes tengan confianza en el proceso y en la autoridad electoral.

2.– Tal y como se anunció al país durante la madrugada del 15 de abril, el estrecho margen reconocido en el primero boletín electoral que ese Consejo Nacional Electoral (CNE) emitió, aconseja la realización de una exhaustiva auditoría para comprobar la sinceridad de esos resultados. (La diferencia es, así, de apenas 272.865 votos hasta el momento de la redacción del presente escrito).

3.– De hecho, la realización de esa auditoría fue reconocida y aceptada por el candidato del Partido Socialista Unido de Venezuela, ciudadano Nicolás Maduro, en su discurso durante la madrugada del 15 de abril; y luego ratificada ese mismo día por su jefe de campaña, Jorge Rodríguez. Hay, por ello, un acuerdo político entre los dos principales candidatos en esas elecciones, en cuanto a la pertinencia y necesidad de esa auditoría. Además de ello, el Secretario General de la Organización de Estados Americanos ha avalado la conveniencia de la auditoría, y ha puesto a la orden el apoyo técnico de esa Organización internacional para facilitarla.

4.– La auditoría que solicitamos es indispensable para asegurar y garantizar el principio de transparencia que debe informar a todo proceso electoral, como señala el artículo 156 de la Ley Orgánica de Procesos Electorales. Asimismo, la auditoría permitirá resolver, en un clima de confianza y paz, las diferencias actualmente existentes en torno a los resultados electorales que anunció preliminarmente el Consejo Nacional Electoral, lo cual garantizaría la legitimidad democrática a la institucionalidad del Estado.

5.– Hacemos notar, que la auditoría que se solicita mediante el presente escrito no es el proceso de Verificación Ciudadana previsto en los artículos 437 y siguientes del Reglamento General de la Ley Orgánica de Procesos Electorales. Ese proceso es tan sólo una subespecie de las auditorias consagradas en el artículo 156, según el cual la auditoria "es la verificación de todos aquellos recursos materiales, tecnológicos y datos utilizados en la ejecución de distintas fases del proceso electoral…". De modo que se trata de una auditoria que busca verificar la coincidencia que debe darse entre la información electrónica del sistema automatizado de votación, los cuadernos de votación, las actas de escrutinio y las papeletas contenidas en las cajas de resguardo del comprobante del voto, para lo cual solicitamos la apertura del cien por ciento de las mismas, de acuerdo a un cronograma y protocolo acordados previamente. Igualmente solicitamos la auditoria de los reportes de identificación de huellas dactilares generados por los dispositivos de autenticación integral y de las planillas de incidencias.

6.– Muy en especial, esta exhaustiva auditoría es necesaria ante el conjunto de denuncias formuladas por el COMANDO SIMÓN BOLÍVAR antes, durante y después de las elecciones del 14 de abril, denuncias que afectan la transparencia de ese proceso. La auditoría precisamente es el mecanismo legal idóneo para incidir favorablemente en esa transparencia favoreciendo un clima de paz y convivencia social. De esa manera, acompañamos marcado con la letra "A" una relación de algunas de las denuncias recibidas por parte de ciudadanos y electores el día 14 de abril de 2013 en las cuales se evidenció la alteración de la manifestación de la voluntad de los electores por hechos que constituyen violaciones a la normativa aplicable al proceso electoral, dejando a salvo la posibilidad de consignar información complementaria a dicha relación de denuncias recibidas que actualmente aún está siendo procesada. Así mismo, acompañamos marcada con la letra "B" una presentación con algunas fotos y pruebas de algunos ejemplos de esas denuncias recibidas. Por otro lado, anexamos marcado con la letra "C" un cuadro con la relación de denuncias presentadas ante este CNE por violaciones a la normativa aplicable durante el período de campaña electoral.

7.– El Comando Simón Bolívar y la MUD hicieron distintas gestiones ante el CNE, durante el proceso electoral, a los fines de solicitar la adopción de ciertas medidas con respecto al sistema de votación que garantizarían un proceso mucho más auténtico y legítimo, sin embargo el CNE no atendió a la mayoría de las mismas. Todas esas irregularidades señaladas impactan el resultado electoral por la magnitud de la brecha que indican los resultados del CNE. Esas exigencias estuvieron referidas a: la revisión del Registro Electoral Permanente a los fines de auditar los electores sin huellas registradas; depurar el Registro de electores fallecidos que aún aparecen inscritos; la incorporación de 502 nuevos centros de votación con menos de 100 electores cada uno; verificar y depurar la existencia de electores con el mismo nombre, apellido, fecha de nacimiento y distinto número de cédula; a lo que se le suman las denuncias referidas al cierre de las fronteras cinco días antes de la elección; los electores en el exterior cuyos consulados fueron cerrados; los nuevos inscritos en el REP con más de cien años; y la denuncia referida a los electores que votaron el 16 de diciembre de 2013 y no pudieron votar en esta elección.

8.– Así mismo, ratificamos la solicitud realizada el día de ayer con respecto al requerimiento de: i.– los registros de los estatus, mesa por mesa, correspondientes a la autenticación biométrica de los electores durante el proceso de votación del 14 de abril de 2013. ii.– Realizar la auditoría de no duplicidad de las huellas dactilares de los electores. iii.– El listado de todas las máquinas de votación que no transmitieron el 14 de abril de 2013. iv.– Las bitácoras correspondientes a los registros de transmisión de las máquinas de votación a los CNT1 y CNT2. Y, v.– El registro, por mesa de votación, de las solicitudes de claves de desbloqueo de las máquinas. (Acompañamos marcado con la letra "D" copia de dicho requerimiento).

9.– A tal fin, solicitamos al Consejo Nacional Electoral que proceda, de inmediato, a realizar una reunión en la cual participen no sólo los candidatos que se postularon en la elección presidencial pasada, sino también las organizaciones políticas, observadores y acompañantes internacionales, grupos de electores y demás ciudadanos y ciudadanas que, de manera abierta, transparente democrática y plural, deseen participar en esa auditoría.

10.– Así mismo, es pertinente solicitarle a este CNE la adopción de acciones positivas y urgentes a los fines de proteger todo el material electoral a ser auditado. Ello debe ser acordado tomando en cuenta la sentencia N° 66 de la

Sala Constitucional del 14 de febrero de 2012 en la que se acordó medida preventiva del resguardo del material electoral utilizado para la celebración de las elecciones primarias de la Mesa de la Unidad Democrática del 12 de febrero de ese año. En ese sentido, el artículo 167 de la Ley Orgánica de Procesos Electorales ordena el resguardo del material electoral por parte de la Fuerza Armada Nacional, sin embargo, vistas las recientes denuncias y las noticias referidas a la destrucción de ese material, es necesario que este Consejo Nacional Electoral tome medidas positivas y urgentes a los fines de garantizar el resguardo de dicho material.

11.– Esta solicitud deja a salvo el derecho que nos asiste de acudir ante las instancias del Poder Judicial competente o las instancias internacionales, a los fines de la mejor defensa de los derechos de los electores y electoras.

12.– A tal fin, reiteramos nuevamente, de manera formal, nuestra solicitud de que se proceda a la auditoría y reconteo de los votos o instrumentos depositados en las urnas, con los datos reflejados en los cuadernos y en las actas de escrutinio, y a tal efecto enfatizamos en la necesidad de la preservación del material electoral que permita la realización de esa auditoría. En ese sentido y a los fines de dejar claro nuestro petitorio, requerimos:

1. Abrir todas las cajas de comprobantes de voto.

2. Contar todas las papeletas de votación.

3. Comparar el resultado del conteo con el acta de escrutinio del CNE.

4. Contar todos los votos emitidos según el cuaderno de votación.

5. Comparar la cantidad de papeletas con la del número de electores que sufragaron de acuerdo con los cuadernos de votación.

6. Verificar la autenticidad de todas las firmas y todas las huellas estampadas en los cuadernos de votación.

7. Verificar las incidencias registradas por mesa provenientes del SAI, en los siguientes aspectos:

• Cantidad de electores sin miembros superiores que votaron

• Cantidad de electores sin huellas dactilares almacenadas en la máquina que votaron

• Cantidad de electores que votaron, aun cuando no hubo coincidencia de sus huellas (No–Match)

8. Revisión de las actas de incidencia de cada mesa

9. Realizar cualquier otra verificación que asegure el principio "un elector, un voto"

A los fines legales pertinentes, indicamos la siguiente dirección: Sede del Comando Simón Bolívar, Avenida Principal de Colinas de Bello Monte, Edificio Vivel, piso 3, Municipio Baruta, Estado Miranda, República Bolivariana de Venezuela.

Caracas, a los 17 días del mes de abril de 2013.

43. CARTA ABIERTA A LAS ORGANIZACIONES DE DERECHOS HUMANOS DE AMÉRICA LATINA

Caracas, 17–04–13

A las organizaciones defensoras de derechos humanos,
A nuestros colegas del movimiento social y popular:

Ustedes nos conocen. Algunos de nosotros y nosotras tenemos más de 20 años como defensores y defensoras de derechos humanos. Nos hemos visto en muchos seminarios internacionales, hemos suscrito juntos innumerables comunicados y notas de prensa, hemos compartidos penas y alegrías, dudas y herramientas para fortalecer las organizaciones de las que somos parte. Con toda responsabilidad te hacemos llegar esta comunicación para que conozcas un resumen de nuestra versión sobre los acontecimientos recientes ocurridos en nuestro país, Venezuela.

Ustedes saben que, en el año 1998, saludamos la elección de Hugo Chávez como presidente como una oportunidad que se abría para trabajar por un plan nacional de derechos humanos. Recordamos que incluso, llegamos a reunirnos con él donde asumió el compromiso de trabajar de manera conjunta para fortalecer los derechos humanos en el país. En 1999 participamos activamente dentro del proceso constituyente aportando nuestra experiencia acumulada que contribuyó, de manera decisiva, a la redacción final del Título III correspondiente a los derechos humanos y garantías que consagra los derechos civiles y políticos y de los artículos sobre derechos humanos incluidos en la Constitución de la República Bolivariana de Venezuela (CRBV). Cuando pensamos que las condiciones estaban dadas para un trabajo articulado con el Estado para el diseño y monitoreo de políticas públicas con énfasis en derechos humanos, la polarización política indujo al poder Ejecutivo a la mala decisión de declarar que éramos sus enemigos y que no dialogaría más con nuestras organizaciones. En los últimos años hemos sistematizado y denunciado las dificultades de acceso a la información pública, así como las diferentes estrategias de criminalizar nuestro trabajo y, en general, el ejercicio del derecho a la protesta en el país, en particular por la reivindicación de derechos sociales. Asimismo, hemos denunciado los proyectos y leyes que intentan poner al margen de la ley tanto la recepción de cooperación internacional como nuestro trabajo de acompañamiento a las víctimas de violación a los derechos humanos.

Tras el fallecimiento del presidente Chávez se convocaron elecciones para el pasado 14 de abril. Las inequidades en el ejercicio del derecho a la participación, en el marco de citas electorales, han sido documentadas por organizaciones que han participado como observadoras en dichos eventos.. Desde hace varios años las organizaciones de derechos humanos hemos expresado preocupación sobre el desequilibrio en las campañas electorales, a partir del uso de los recursos del Estado a favor de una opción política. A pesar del ventajismo oficial los diferentes actores políticos consensuaron la vía electoral para la resolución de diferencias, dejando definitivamente atrás caminos antidemocráticos de nuestro pasado reciente. El día de la votación, como pudimos corroborar a través del monitoreo propio de la situación, no se disimuló el uso de recursos públicos para favorecer la opción oficialista y se cometieron múltiples irregularidades electorales, las cuales ahora estamos documentando para nuestros informes. Los resultados fueron anunciados por el árbitro, el Consejo Nacional Electoral (CNE), a las 11 de la noche dando como ganador a Nicolás Maduro por 250.000 votos de diferencia, en un margen menor del 2%. En un resultado tan cerrado, aunado a las denuncias sobre ilícitos electorales, era previsible que se solicitara un recuento de los sufragios para despejar cualquier duda razonable sobre el resultado. Después de la divulgación de los resultados el candidato Henrique Capriles impugnó los resultados, un mecanismo no sólo previsto en nuestras leyes electorales, sino que ha sido activado en diferentes elecciones locales y regionales, revirtiendo resultados que habían sido forjados y manipulados. Cuando el presidente encargado Nicolás Maduro anunció, esa misma noche, que aceptaba la auditoría del 100% de los votos, pensamos que estábamos presenciando el fortalecimiento institucional de las herramientas democráticas de conciliación y resolución de conflictos. Sin embargo, nos equivocamos.

Al día siguiente diferentes voceros y voceras del alto gobierno, además de la propia rectora del CNE Tibisay Lucena, negaron la activación de este mecanismo, cosa que fue reiterada a continuación por el propio presidente y candidato Maduro, contrariando sus palabras de 24 horas antes. Esta negativa, el cierre de caminos políticos para la resolución del conflicto, generaba las condiciones para la violencia. Si bien no era un acto ilegal, era políticamente torpe que, en medio de una solicitud de impugnación, fuera proclamado Nicolás Maduro como presidente del país para el período 2013–2019, lo cual aumentó la crispación de un sector importante del país. El 15.04.13 fue convocado un cacerolazo para mostrar el rechazo a la negativa del recuento de votos por el candidato Capriles, que fue acatado de manera masiva en las principales ciudades del país, así como en diversas poblaciones medianas y pequeñas y, dato significativo, en zonas populares identificadas tradicionalmente con el oficialismo. Esa noche, a falta de mecanismos de resolución pacífica y democrática del antagonismo, hubo excesos en ambos bandos, reportándose actos de agresión, intimidación, violencia, heridos y muertos en diferentes puntos del país.

El candidato Capriles, en el ejercicio legítimo de su derecho a la participación y manifestación pacífica, había convocado una movilización en Caracas para el 17.04.13 con la finalidad de solicitar formalmente al CNE la activación de los mecanismos de reconteo de sufragios. En alocución televisada Maduro literalmente prohibió la realización de la marcha, suspendiendo por la vía de los hechos las garantías constitucionales del derecho a la manifestación.

Diferentes voceros del alto gobierno, amplificados por el sistema nacional de medios públicos a nivel nacional, y por la cadena Telesur a nivel internacional, sostenían que los sectores no oficialistas intentaban repetir "el guión del golpe de Estado" del año 2002, una versión que comenzó a ser repetida, incluso, por redes de las que formamos parte. De esta manera, se ocultó deliberadamente que la negativa a la activación de un mecanismo institucional y democrático es el detonante de la crisis, abriendo cauce a la violencia. Ayer 16 de abril, el presidente Maduró convocó a sus seguidores a enfrentar en la calle "el golpismo", lo cual ampara la violación de derechos humanos de los ciudadanos que han participado en marchas opositoras. La línea gubernamental de actuación es promover la confrontación y no el diálogo con la mitad del país. Ante este panorama, las organizaciones nos hemos declarado en emergencia. Como consecuencia del anuncio de Maduro, el candidato Capriles suspendió la movilización prevista, en sus palabras, para evitar hechos de violencia que distrajeran el debate de su reivindicación del conteo del 100% de los votos. Esta decisión ayuda a bajar los niveles de la confrontación en el corto plazo, pero no sabemos por cuánto tiempo. Asimismo, el Presidente de la Asamblea Nacional, Teniente Diosdado Cabello, Vicepresidente del Partido Socialista Unido de Venezuela (PSUV) negó el derecho de palabra de los Diputados opositores que deseaban intervenir en una plenaria del Parlamento y hoy por orden del Presidente de la Asamblea, fueron suspendidos de sus cargos los parlamentarios opositores que participaban como Presidentes en Comisiones Especiales de la Asamblea Nacional. Todo lo anterior significa un contundente desconocimiento de la voluntad popular que dio origen al mandato de los Diputados opositores electos durante los comicios de septiembre de 2010 y cuyos mandatos no estaban sometidos a ninguna discusión jurídica y con plena vigencia.

En medio de la polarización que hemos vivido en el país como organizaciones hemos apostado a la solución pacífica y democrática de los conflictos, a la promoción de la tolerancia y creemos que ante la crisis política que vive el país es fundamental una solución que garantice la gobernabilidad, lo cual pasa por el reconocimiento del otro, fortalecimiento de las instituciones y el diálogo como aspecto fundamental.

En virtud del respeto hacia nuestro trabajo común, conocer un resumen ejecutivo de nuestra opinión sobre lo que pasa en Venezuela. Creemos que es justo, en virtud del ejercicio del derecho a la participación, que el gobierno acceda al conteo de los votos, demostrando que la voluntad popular lo ha favorecido como en ocasiones anteriores. Nuestras organizaciones respaldan esta demanda, paralelamente al acompañamiento de las víctimas de violaciones a los derechos humanos y el rechazo de las expresiones de violencia e intolerancia, independientemente de donde vengan. Tenemos la seguridad que, como lo hemos hecho en el pasado, jamás avalaremos atajos antidemocráticos y que vulneren el estado de derecho en nuestro país. Sabemos que la situación de polarización hace difícil desde afuera tener la mejor información de lo que está pasando, por lo que te recomendamos contrastar permanentemente lo que leas sobre la situación en nuestro país, sin perder la perspectiva de protección a los derechos humanos. En la medida de nuestras limitaciones, intentaremos aumentar el flujo de informaciones generadas desde nuestras organizaciones.

En medio del clima de confrontación y de criminalización de la protesta pacífica, se está etiquetando a todos los que no hacemos un endoso acrítico e incondicional de los resultados electorales como factores "de la derecha", con la misma ligereza con que en el pasado se nos calificó de "izquierdistas" o "defensores de guerrilleros y delincuentes". Esperamos que estas líneas te ayuden a discernir sobre lo que siempre hemos sido y no dejaremos de ser: defensores de los principios fundamentales de una sociedad democrática, del Estado de derecho y de los derechos humanos.

Agradeciendo la voluntad de ampliar la perspectiva sobre la situación a lo interno de Venezuela, nos despedimos calurosamente.

Firmas:

Ligia Bolívar O.
Centro de Derechos Humanos de la
Universidad Católica Andrés Bello (UCAB)

Marino Alvarado
Coordinador General Programa Venezolano de Educación –
Acción en Derechos Humanos (Provea)

Liliana Ortega
Miembro fundadora del Comité de Familiares de Víctimas
de los sucesos de febrero y marzo de 1989 (Cofavic)

Alberto Nieves
Director Ejecutivo,
ACCSI Acción Ciudadana Contra el Sida

Yolanda D'Elias
Acción Solidaria

Padre Raúl Herrera
Director Centro para la Paz y los Derechos Humanos
Universidad Central de Venezuela

Feliciano Reyna
Presidente Civilis DDHH

José Gregorio Guarenas
Director Vicaria de DD.HH de Caracas

Hermana Maria José González
Caritas Los Teques Justicia y Paz

Isolda Salvatierra
Observatorio Venezolano de
Derechos Humanos de las Mujeres

44. COMUNICADO ANTE LA GRAVE CRISIS DEL PAÍS

El Consejo Nacional de Laicos de Venezuela, como organismo de representación y servicio de los laicos, cuya función primordial es la animación de la sociedad según los principios humanos y cristianos del Evangelio, consciente de la conflictiva situación que atraviesa nuestro país, se dirige a la opinión pública venezolana para señalar lo siguiente:

1. Hacemos nuestra la opinión de la Conferencia Episcopal Venezolana en el sentido de que "Las elecciones del pasado domingo 14 de Abril han sido una contundente manifestación de la voluntad de nuestro pueblo de mantener la vigencia del sistema democrático, tanto en la escogencia de sus autoridades como en la forma de dirimir sus diferencias políticas."

2. El proceso electoral, sin embargo, no ha guardado correspondencia con los criterios internacionales de elecciones libres y democráticas, y ha estado marcado por numerosas irregularidades.

3. Vistos los estrechos resultados anunciados por el Consejo Nacional Electoral, consideramos que la auditoria del 100% de los votos, aceptada por ambas partes en contienda, es la solución política idónea a la crisis actual y daría tranquilidad y certeza a la ciudadanía.

4. El derecho de los ciudadanos a la protesta justa y pacífica está siendo conculcado por grupos armados que circulan y actúan libremente. Adicionalmente, rechazamos las represalias y persecuciones realizadas por el gobierno contra opositores y supuestos disidentes en flagrante violación de los Derechos Humanos.

5. Deploramos la actitud excluyente, antidemocrática y autoritaria asumida por el Presidente de la Asamblea Nacional, siendo ésta el lugar privilegiado para el diálogo y la búsqueda de soluciones políticas, especialmente en situaciones de crisis como la actual.

El país no puede marchar dividido. Está en juego, en efecto, la gobernabilidad, la paz y la supervivencia misma de la República. En tal sentido, urgimos a los principales responsables de la conducción del país a encontrarse y buscar acuerdos relativos a los asuntos fundamentales de la Patria.

Exhortamos a aceptar el ofrecimiento de la Conferencia Episcopal Vene-zolana como facilitadora del diálogo.

El Consejo Nacional de Laicos de Venezuela, invita a todos los venezola-nos a invocar la bendición de Dios sobre nuestro país.

En Caracas, a los 18 días del mes de abril del 2013

45. DECLARACIÓN DEL CONSEJO DE JEFAS Y JEFES DE ESTADO Y DE GOBIERNO DE LA UNIÓN DE NACIONES SURAMERICANAS (UNASUR)

El Consejo de Jefas y Jefes de Estado y de Gobierno de UNASUR, reunido en sesión extraordinaria en Lima:

1. Expresa su felicitación al pueblo venezolano por su masiva participación en la elección presidencial del 14 de abril último, que ratifica su vocación democrática y saluda al Presidente Nicolás Maduro por los resultados de los comicios y su elección como Presidente de la República Bolivariana de Venezuela.

2. Insta a todos los sectores que participaron en el proceso electoral a respetar los resultados oficiales de la elección presidencial emanados del Consejo Nacional Electoral (CNE), autoridad venezolana competente en la materia.

3. Ratifica, en la línea de lo señalado en la Declaración de la Misión Electoral de UNASUR a Venezuela del 15 de abril último, que todo reclamo, cuestionamiento o procedimiento extraordinario que solicite alguno de los participantes del proceso electoral, deberá ser canalizado y resuelto dentro del ordenamiento jurídico vigente y la voluntad democrática de las partes. En tal sentido toma nota positiva de la decisión del Consejo Nacional Electoral de implementar una metodología que permita la auditoría del total de las mesas electorales.

4. Hace un llamado a deponer toda actitud o acto de violencia que ponga en riesgo la paz social del país y expresa su solidaridad con los heridos y las familias de las víctimas fatales del 15 de abril de 2013. Invoca asimismo al diálogo y a contribuir a preservar un clima de tolerancia en beneficio de todo el pueblo venezolano.

5. Acuerda la designación de una Comisión de UNASUR para acompañar la investigación de los hechos violentos del 15 de abril de 2013.

Lima, 18 de abril de 2013

46. LOS DIPUTADOS DE LA UNIDAD DEMOCRÁTICA NO ASISTIMOS AL ACTO DE JURAMENTACIÓN NI ACEPTAMOS LA LEGITIMIDAD DE NICOLÁS MADURO HASTA TANTO SE EFECTÚE EL CONTEO DE LOS VOTOS

La delicada coyuntura nacional, signada por la violación sistemática de la Constitución y una crisis política, económica y social, acentuada a partir del pasado 10 de enero, con sentencias y declaraciones que violentaron el hilo constitucional por parte del Tribunal Supremo de Justicia, sumando ahora la violencia institucional generada desde y por el Gobierno y el desconocimiento de la soberanía popular expresada en las urnas electorales y la pretendida negación de nuestra condición como representantes en el Parlamento; nos ha hecho tomar una decisión, que asumimos con responsabilidad y consciencia democrática: no asistir a la juramentación del candidato oficialista Nicolás Maduro, pautada para la Sesión Especial que tendrá lugar este viernes 19 de abril de 2013, y no aceptar su legitimidad hasta tanto se efectúe el conteo de los votos.

Asumimos esta posición, no sólo en ejercicio de nuestros deberes parlamentarios, sino en representación de la mayoría de los venezolanos que votaron por nosotros en el año 2010, cuando fuimos electos por el 52% de los electores. Esta es la mayoría que hoy exige el respeto de nuestra investidura parlamentaria, porque la representamos directamente a ella, y reclama que asumamos el rol de defender sus derechos y garantías constitucionales.

Reivindicando su derecho a saber la verdad de lo ocurrido el 14 de abril, más de 7,3 millones de venezolanos reclaman justicia, muchos de ellos en las calles de todo el país, a pesar de la violenta represión que se inició por instrucciones del Gobierno ilegítimo desde el pasado 15 de abril.

A la represión y a la violencia se sumaron los atropellos del Diputado Diosdado Cabello, en su condición de Presidente de la Asamblea Nacional, cuando en la sesión del pasado martes 16 de abril, pretendió desconocernos como representantes del pueblo, burlándose de la voluntad popular y violando la Constitución. A este grave hecho, se sumó la emboscada de la que fuimos víctimas los Diputados de la Unidad Democrática, cuando dentro de la misma sesión parlamentaria se nos agredió físicamente sin que mediara la intervención del presidente del parlamento ni de la fuerza pública presente en la misma, resultando severamente herido el Diputado Williams Dávila de la Unidad Democrática.

Los actos de violencia física y el desconocimiento de nuestra condición de Diputados constituyen un verdadero golpe de estado parlamentario.

No obstante, los Diputados de la Unidad Democrática seguiremos en la Asamblea Nacional, haciendo valer el mandato que constitucionalmente nos fue conferido, sin temblor en el pulso y con fe en el pueblo de Venezuela, que incluye tanto a los que depositaron su voto a favor del candidato de la Unidad Democrática como de aquéllos que lo hicieron por el candidato del oficialismo.

Ante estos graves acontecimientos, los Diputados de la Unidad Democrática hemos decidido estar al lado de los electores que son los titulares de la soberanía popular, y no como meros espectadores de una burla a esa soberanía y de la voluntad popular contenida en las papeletas, que tanto el Gobierno Nacional como el resto de los Poderes Públicos se niegan a reconocer.

La suma de todos estos acontecimientos ocasiona innecesariamente un clima de conflicto y de inestabilidad que los diputados de la Unidad no podemos convalidar. Responsablemente, esperaremos los resultados de las auditorías en curso para reconocer el mandato de quien, en efecto, haya resultado electo.

Al pueblo de Venezuela, que el pasado 14 de abril demostró su vocación democrática y su valentía y determinación por conquistar la libertad, sepan que cuentan con representantes ante la Asamblea Nacional dispuestos a ejercer plenamente esta responsabilidad en estas horas decisivas para la República.

En Caracas, a los diecinueve días del mes de abril de 2013

47. REPUBLICA BOLIVARIANA DE VENEZUELA / ASAMBLEA NACIONAL

Caracas, 19 de abril de 2013

Señor M. Abdelwahad Radic
Presidente de la Unión Interparlamentaria Mundial
Ginebra

Señor Presidente:

Quienes suscribimos la presente, todos diputados a la Asamblea Nacional de la República Bolivariana de Venezuela, con mandatos en ejercicio e integrantes de las fuerzas de la oposición democrática, electos en las elecciones de septiembre de 2010 con el 52% de los votos, nos dirigimos a Usted con la urgencia y gravedad del caso a fin de imponerlo del golpe de Estado consumado el día martes 16 de abril, en la sede de nuestro parlamento, por acción del diputado Presidente, representante del partido gubernamental, teniente Diosdado Cabello, y el consentimiento de la bancada que lo acompaña.

No escapará a su informado conocimiento el momento muy difícil por el que atraviesa, en estas horas, la institucionalidad democrática de nuestra patria.

Bajo condiciones alejadas a los estándares de toda elección en democracia, que reclaman ser realizadas de manera libre y justa, bajo condiciones de objetividad, imparcialidad y transparencia, se realizaron el pasado 14 de abril las elecciones presidenciales. A ellas acudieron, como candidato del gobierno y bajo expresa prohibición constitucional, el Vicepresidente, en ejercicio como encargado de la Presidencia de la República, Nicolás Maduro Moros, y como principal candidato de la oposición, el actual gobernador del Estado Miranda, Henrique Capriles Randonski, respaldado por la Mesa de la Unidad Democrática.

Vistas (1) las denuncias elevadas ante el Consejo Nacional Electoral (CNE), antes, durante y después de efectuados los comicios del pasado 14 de abril, las cuales no fueron tomadas en cuenta por parte de la mayoría oficialista que controla al ente comicial; (2) la constatación de que las candidaturas de Nicolás Maduro Moros y Henrique Capriles Randonski alcanzaron, según los datos aportados por propio Consejo Nacional Electoral, un virtual empate técnico; y, (3) el anuncio del Poder Electoral otorgando la victoria al Vicepresidente y encargado de la Presidencia de la República, candidato Nicolás Maduro, la oposición venezolana, teniendo a mano indicios que evidencian una tendencia contraria a la anunciada por el CNE, ha solicitado la realización de una auditoria manual de los votos sufragados, la cual contó inicialmente con el consentimiento público del propio candidato oficialista.

Sin embargo, en términos perentorios y regresando sobre sus palabras, el encargado de la Presidencia de la República acudió ante el Consejo Nacional Electoral para reclamar su reconocimiento como Presidente Electo, y así ocurrió. A la vez, la presidenta del organismo electoral, Tibisay Lucena, cuestionó públicamente al candidato Capriles por no reconocer y acatar su intempestivo acto, y por pedir lo que resulta elemental dentro de toda elección democrática a saber, la auditoria posterior y manual de los resultados electorales para despejar cualquier duda, por la salud de la democracia y para el sostenimiento de la paz y el sosiego entre los electores.

Así las cosas, señor Presidente, la reacción concertada entre todos los poderes públicos del Estado venezolano no se hizo esperar.

El declarado presidente electo de la República Nicolás Maduro Moros, de espaldas al orden constitucional y democrático, ante el anuncio del candidato Capriles de que concurriría, acompañado de sus seguidores ante el Poder Electoral a fin de solicitarle formalmente la verificación manual de las elecciones, optó por ordenar la prohibición de toda reunión o manifestación opositora e instruyó al efecto a la Fuerza Armada, sin encontrarse Venezuela en una situación de suspensión de garantías. A la par, amenazó con llevar a la cárcel al candidato opositor y ya han sido detenidos y torturados numerosos estudiantes y opositores por la policía al servicio del régimen.

Acto seguido, la presidenta del Tribunal Supremo de Justicia, Luisa Estela Morales, quien el pasado 9 de enero y luego el 8 de marzo siguiente firma las sentencias que – mediante una manifiesta mutación constitucional – le permitieron a Nicolás Maduro Moros ejercer la Presidencia de la República como encargado y a la sazón, siendo Vicepresidente en ejercicio, participar como candidato presidencial, sin mediar sentencia ahora le cierra las puertas al reclamo del candidato Capriles y abona en favor de su persecución. Le ha anunciado al país que éste los engaña por hacerles ver lo que es contrario a la constitucionalidad, es decir, la verificación o auditoria manual posterior de las elecciones celebradas.

Tal discurso, señor Presidente, lleva a un acto más grave, con el cual se le intenta poner final a nuestra experiencia democrática, cuando el Diputado Diosdado Cabello, Presidente de la Asamblea y Vicepresidente del partido gubernamental –Partido Socialista Unido de Venezuela– desconoce, acompañado de su bancada, la voluntad popular que nos eligió e hizo sus representantes, a los diputados de la Unidad Democrática.

En sesión y trasmitiendo la misma desde la sede del parlamento a través de las radios y televisoras estatales y privadas, anunció e hizo efectiva su decisión de no permitir, mientras fuese el Presidente del cuerpo legislativo, que los diputados opositores hablaran en el mismo sin reconocer públicamente a Nicolás Maduro Moros, como Presidente electo. A este grave hecho, se sumó la emboscada de la que fuimos víctimas los Diputados de la Unidad Democrática, cuando dentro de la misma sesión parlamentaria se nos agredió físicamente sin que mediara la intervención del presidente del parlamento ni de la fuerza pública presente en la misma, resultando severamente herido el Diputado Williams Dávila de la Unidad Democrática.

No bastando ello, procedió a destituir a los diputados opositores quienes ejercen las presidencias de distintas comisiones parlamentarias, violentando con ello el ordenamiento legal vigente. Se trata, en suma, de un hecho sin precedentes e implica, no cabe duda, un verdadero golpe de Estado a los representantes de la soberanía popular. Implica un grosero e inconstitucional chantaje, pues el reclamo nacional de la oposición que representamos no plantea, en modo alguno, desconocer la institucionalidad sino hacerla funcionar a plenitud, permitiendo que se verifiquen los resultados electorales dados por el Consejo Nacional Electoral. Más grave aún, desde el pasado martes 16, esta misma actuación concertada ilegal e inconstitucional del oficialismo se ha presentado en los Consejos Legislativos estadales.

Le hemos anunciado a Venezuela como acto de conciencia libre, soberano, y por respeto a la mayoría de venezolanos a quienes representamos y tienen derecho a reclamar transparencia en los órganos del Estado, que al habernos sido conculcadas nuestras prerrogativas parlamentarias por un acto de fuerza y autoritario, no acudiremos a la sesión del parlamento durante el acto de juramentación del declarado Presidente Electo, Nicolás Maduro Moros.

Siendo la Asamblea Nacional de la República Bolivariana de Venezuela, miembro de la Unión Interparlamentaria Mundial, en nombre del pueblo venezolano a quien representamos le agradecemos con carácter de urgencia poner la presente en consideración del Comité Ejecutivo de la Asamblea de la Unión, transmitiéndola a los distintos parlamentos del mundo a objeto de obtener respaldos y un pronunciamiento frente a esta violación del orden constitucional en Venezuela.

Le saludamos, atentamente.

Alfonso Marquina
María Corina Machado
Carlos Berrizbeitia
Julio A. Borges

48. RECURSO CONTENCIOSO ELECTORAL QUE PRESENTA HENRIQUE CAPRILES RADONSKI ANTE LA SALA ELECTORAL DEL TRIBUNAL SUPREMO DE JUSTICIA, DEMANDANDO LA NULIDAD DE LA ELECCIÓN PRESIDENCIAL DEL 14 DE ABRIL DE 2013

Caracas, 2 de mayo de 2013

CIUDADANOS
PRESIDENTA Y DEMÁS MAGISTRADOS DE LA
SALA ELECTORAL DEL TRIBUNAL SUPREMO DE JUSTICIA
SU DESPACHO.

HENRIQUE CAPRILES RADONSKI, venezolano, mayor de edad, domiciliado en el Municipio Baruta del Estado Bolivariano de Miranda, titular de la cédula de identidad número 9.917.631, actuando en mi condición de candidato a las elecciones presidenciales celebradas el 14 de abril de 2013, de conformidad con lo establecido en 297 de la CONSTITUCIÓN DE LA REPÚBLICA BOLIVARIANA DE VENEZUELA, y los artículos 213 de la LEY ORGÁNICA DE PROCESOS ELECTORALES (LOPE) y 179 de la LEY ORGÁNICA DEL TRIBUNAL SUPREMO DE JUSTICIA (LOTSJ), representado en este acto por los abogados Ramón José Medina, Gerardo Fernández, Enrique Sánchez Falcón y Oscar Ghersi, titulares de las cédulas de identidad números, 3.981.243, 5.531.007, 2.104.359 y 11.733.975, respectivamente, inscritos en el Instituto de Previsión Social del Abogado bajo los números 11.614, 20.802, 4.580 y 85.158, también respectivamente, según se desprende de documento poder autenticado que se acompaña marcado como anexo "A", acudo ante ustedes a fin de interponer recurso contencioso electoral en contra de la elección presidencial realizada el pasado 14 de abril de 2013, por el supuesto tasado en el numeral 2 del artículo 215 de la LEY ORGÁNICA DE PROCESOS ELECTORALES (LOPRE), según el cual, será nula la elección "cuando hubiere mediado fraude, cohecho, soborno o violencia, en la formación del Registro Electoral, en las votaciones o en los escrutinios y dichos vicios afecten el resultado de la elección de que se trate". Los fundamentos de hecho y de Derecho de este recurso son los siguientes:

I
ANTECEDENTES

La voluntad soberana y democrática del pueblo de Venezuela no sólo fue defraudada a través de la emisión de un resultado electoral falso por parte del CONSEJO NACIONAL ELECTORAL (CNE) el 14 de abril de 2013, con ocasión de las elecciones presidenciales celebradas ese día. También esa voluntad fue defraudada antes del proceso electoral, desde la ausencia del Presidente Chávez en el país, pasando por la usurpación de la Presidencia por quien participara como candidato del Gobierno, el ciudadano Nicolás Maduro. Este fraude continuó durante la campaña para los comicios presidenciales, durante el día de la votación y los días posteriores a esa fecha, cuando se verificaron hechos que pasarán a la historia de Venezuela como un fraude a la Constitución, a la soberanía popular, a los derechos fundamentales y a la democracia.

En la presente demanda se argumenta que la elección presidencial del 14 de abril de 2013 es totalmente nula, por constatarse el vicio de "fraude, cohecho, soborno o violencia" contenido en el artículo 215, numeral 2, de la LOPRE. Desde ya aclaramos que ese vicio considera que quienes ejercieron su derecho al sufragio no lo hicieron de manera libre y voluntaria, sino coaccionados o bajo la presión derivada de los hechos que, genéricamente, la Ley denomina "fraude, cohecho, soborno o violencia". Pero no sólo muchos electores votaron bajo presión abusiva: muchos otros venezolanos simplemente no pudieron sufragar por los abusos cometidos, mientras que en otros casos el sufragio fue consecuencia de usurpación de identidad, producto de las deficiencias del REGISTRO ELECTORAL.

De allí que pueda hablarse también de "corrupción electoral", para aludir a todos los abusos que, desde el Gobierno nacional y otros órganos del Poder Público, y con la complacencia del CNE, privaron de libertad al elector, todo lo cual influyó en el resultado electoral anunciado por el CNE" el 14 de abril de 2013. Así, del artículo 215.2 de la LOPRE, se invocan especialmente hechos de "fraude" y "violencia", como sinónimo de "corrupción electoral", entendida como todas las acciones abusivas e injustificadas que afectaron la decisión libre de los electores y que influyeron en los resultados la elección presidencial del 14 de abril, la cual resulta en consecuencia nula.

Por lo tanto, en este recurso se tomará en cuenta el resultado anunciado por el CNE y con el cual se procedió a adjudicar el cargo de Presidente de la República el pasado 14 de abril 2013, considerando que el ajustado margen reconocido por el CNE, de acuerdo con los criterios de esa Sala Electoral, hace que las consecuencias de los indicios de "fraude, cohecho, soborno o violencia" aquí alegados revistan mayor gravedad por su capacidad de influir en esos resultados.

Es decir, en este recurso se sostiene que la diferencia a favor del candidato Nicolás Maduro, según los resultados anunciados por el CNE, respondieron a los abusos cometidos en el proceso electoral del 14 de abril próximo pasado, constituyendo así un caso de "fraude, cohecho, soborno o violencia" o "corrupción electoral", en los términos del citado artículo 215.2 de la LOPRE.

No obstante ello, es preciso destacar que desde la misma madrugada de 15 de abril, el candidato Henrique Capriles Radonski y representantes del COMANDO SIMÓN BOLÍVAR ("CSB") y de la MESA DE LA UNIDAD DEMOCRÁTICA ("MUD"), solicitaron la revisión del proceso electoral y en concreto, la realización de una auditoría sobre ese proceso, visto el estrecho margen anunciado por el CNE. Esa auditoría, en los términos solicitados, fue arbitrariamente rechazada por el CNE, de acuerdo a la decisión comunicada en cadena nacional el pasado 27 de abril de 2013.

Al no haber tenido acceso a todos los instrumentos del proceso de votación (en especial: acta de escrutinio, comprobantes de votación, cuadernos de votación y reporte de incidencias del SISTEMA DE AUTENTICACIÓN INTEGRADO –"SAI" o el "capta huella"), ha sido imposible conocer la verdadera voluntad de los electores expresada el 14 de abril de 2013. Ello no sólo mermó –todavía más– la credibilidad de los resultados electorales anunciados por el CNE, sino que además, ha violado el derecho a la defensa del candidato Henrique Capriles y la MUD, pues ante la imposibilidad de conocer el contenido exacto de todos esos documentos –que son, se acota, documentos de público acceso– se ha producido una severa limitación a los argumentos de nulidad de los actos y actas electorales que pudieran presentarse. La violación al derecho a la defensa es todavía más evidente cuando se considera que, a pesar de no haber podido revisar todos esos instrumentos, los lapsos de impugnación comenzaron a correr.

Por lo tanto, en el presente recurso se toma en cuenta los resultados anunciados por el CNE al momento de la adjudicación –resultados que no incluyeron en todo caso la totalización de todas las actas escrutinio– no por estar conforme con ellos, sino por cuanto son los únicos resultados oficiales con los cuales se cuenta. Todas las solicitudes realizadas a la fecha para realizar una auditoría integral han sido arbitrariamente rechazadas o retrasadas por el CNE, quien se resiste así a permitir el examen público, transparente y objetivo de todos los documentos e informaciones relevantes del acto de votación. El retraso del CNE en atender a nuestro pedimento; el trato arbitrario, discriminatorio e inequitativo del cual hemos sido objeto, y la negativa comunicada en transmisión conjunta de radio y televisión el pasado 27 de abril de 2013, sin una respuesta formal escrita, constituyen precisamente un indicio más del "fraude, cohecho, soborno o violencia" o "corrupción electoral" que aquí se denuncia. De esa manera, tal conducta del CNE sólo puede justificarse ante el intento de ese Consejo de impedir el examen pleno de todos los documentos e instrumentos electorales relevantes, en tanto ello permitiría conocer, exactamente, cuál fue la legítima voluntad de los electores en la pasada elección del 14 de abril de 2013.

Por lo anterior, el cabal examen de todos esos documentos e informaciones de contenido electoral permitirá apreciar nuevos indicios de las irregularidades cometidas el 14 de abril de 2013, de acuerdo con los alegatos aquí contenidos. Es por ello que dentro de nuestros alegatos se incluye expresa mención a las irregularidades constadas en el acto de votación, lo que permitirá –en la etapa probatoria– el cabal examen de todos los documentos e informaciones de contenido electoral cuyo examen fue arbitrariamente impedido u obstaculizado por el CNE.

En tal sentido, para la mejor comprensión del vicio de nulidad que alegamos, efectuaremos en este primer capítulo una apretada narración de los hechos que luego serán identificados como indicios del "fraude, cohecho, soborno y violencia" que lesionaron la libertad de decisión del elector y fueron determinantes en el resultado de la elección del 14 de abril, que según las cifras anuncias por el CNE, arrojaron un estrecho margen a favor de Nicolás Maduro (inferior al 1,5%), entonces, encargado de la Presidencia, todo lo cual determina la nulidad total de tal proceso comicial.

1. **EL CONTEXTO EN EL CUAL SE DESARROLLARON LAS ELECCIONES PRESIDENCIALES DEL 14 DE ABRIL DE 2013. LA USURPACIÓN DE LA PRESIDENCIA DE LA REPÚBLICA POR EL CANDIDATO MADURO ANTE LA AUSENCIA DEL PRESIDENTE HUGO CHÁVEZ:**

(Omissis)

2. **LA SALA CONSTITUCIONAL FAVORECE AL ENTONCES VICEPRESIDENTE EJECUTIVO DE LA REPÚBLICA, NICOLÁS MADURO, Y LE PERMITE POSTULARSE COMO CANDIDATO PRESIDENCIAL SIN SEPARARSE DEL CARGO:**

(Omissis)

3. **EL CNE CONVOCA LAS ELECCIONES PARA EL 14 DE ABRIL DE 2013, COINCIDIENDO CON LA DECISIÓN DE LA SALA CONSTITUCIONAL DEL 8 DE MARZO DE 2013. SOBRE LAS INEQUITATIVAS CONDICIONES DE ESAS ELECCIONES:**

(Omissis)

4. **NICOLÁS MADURO, EN SU CONDICIÓN DE PRESIDENTE ENCARGADO POR DECISIÓN DE LA SALA CONSTITUCIONAL, REALIZA ACTOS DE CAMPAÑA EN ABUSO EN EL EJERCICIO DEL PODER PÚBLICO:**

(Omissis)

5. **LA CAMPAÑA ELECTORAL, POR LOS ABUSOS COMETIDOS DESDE EL GOBIERNO NACIONAL, SE DESFIGURÓ EN UNA CONTIENDA ENTRE EL ESTADO –AL SERVICIO DE LA CAN-**

DIDATURA DE NICOLÁS MADURO– Y EL CANDIDATO HENRIQUE CAPRILES:

(Omissis)

6. DURANTE LOS DÍAS POSTERIORES AL CIERRE DE LA CAMPAÑA ELECTORAL SE MANTUVIERON LOS ABUSOS COMETIDOS DESDE EL GOBIERNO NACIONAL EN FAVOR DE LA CANDIDATURA DE NICOLÁS MADURO:

(Omissis)

7. LOS ACTOS ABUSIVOS DE VIOLENCIA DURANTE EL DÍA DE LAS ELECCIONES COMO CONSECUENCIA DE LOS ABUSOS COMETIDOS ANTES Y DURANTE DE LA CAMPAÑA ELECTORAL:

(Omissis)

8. LOS ACTOS POSTERIORES A LAS ELECCIONES DEL 14 DE ABRIL DE 2013 CONSTITUYEN INDICIOS QUE ACREDITAN LOS ACTOS ABUSIVOS REALIZADOS DESDE EL GOBIERNO NACIONAL, CON EL PROPÓSITO DE FAVORECER LA CANDIDATURA DE NICOLÁS MADURO. EN ESPECIAL, LA ARBITRARIA RETICENCIA EN EFECTUAR LA AUDITORÍA SOBRE LOS RESULTADOS ELECTORALES:

(Omissis)

9. LAS DEBILIDADES INSTITUCIONALES DEL SISTEMA ELECTORAL VENEZOLANO FAVORECIERON LOS ACTOS DE "FRAUDE, COHECHO, VIOLENCIA Y SOBORNO". EN ESPECIAL, LOS INDEBIDOS ACTOS DE PRESIÓN Y ABUSO SOBRE FUNCIONARIOS PÚBLICOS:

(Omissis)

10. RECAPITULACIÓN:

La elección del 14 de abril de 2013 se efectuó en condiciones que privaron al elector de la libertad plena y consciente para ejercer su derecho al voto. La coacción ejercida por el Estado mediante una campaña desarrollada al margen de cualquier limitación y a través de todos los recursos y órganos de la Administración, privaron al elector del ambiente necesario para poder ejercer con libertad su voto. La negativa arbitraria a efectuar la auditoría y los abiertos actos de represión efectuados por el Gobierno, afectaron todavía más la transparencia de ese proceso. A ello se le agrega que el CNE se abstuvo de ejercer sus potestades para corregir estas irregularidades, expresando por el contrario decisiones claramente favorables al Gobierno.

Bajo estas circunstancias de presión directa e indirecta al elector en condiciones poco transparentes, la diferencia que –según el CNE– obtuvo el candidato Maduro, fue de 265.256 votos, según los resultados anunciados en la proclamación. Cuando se totalizaron las actas provenientes del exterior, el 29 de abril, esa diferencia se disminuyó a 224.739 votos.

Ese estrecho margen permite concluir, razonadamente, que las indebidas condiciones electorales propiciadas por el Gobierno encabezado por el candidato y Presidente encargado Maduro, influyeron sobre la decisión de los electores y por ende sobre el resultado electoral anunciado por el CNE.

Así, el total de denuncias recabadas el 14 de abril de 2013, de hechos irregulares que afectaron la transparencia de esas elecciones, afecta a 3.389 centros que reúnen a más de ocho millones de electores. La relevancia de estas irregularidades, comparado con el estrecho margen entre los dos principales candidatos, permiten razonablemente considerar que estas irregularidades sí influyeron de manera decisiva en el resultado electoral anunciados, y que de no haber mediado esas condiciones, el resultado hubiese sido otro.

Todos estos hechos, concatenados entre sí, permiten concluir en la existencia de supuestos de "fraude, cohecho, soborno o violencia" que determinan la nulidad de la elección realizada el 14 de abril de acuerdo con el artículo 215 de la LOPRE, es decir, la "corrupción electoral". Ese supuesto regula la nulidad de las elecciones a partir de la verificación exhaustiva de los indicios de abuso que impactan sobre la voluntad del elector y los resultados electorales. En realidad, el citado supuesto puede resumirse en esta idea: las votaciones deben ser consecuencia del ejercicio libre y secreto del derecho al voto, todo lo cual precisa de condiciones institucionales que aseguren esa libertad.

Por el contrario, toda presión ejercida sobre el elector, en especial, por parte del Gobierno, a favor del candidato de Gobierno (Vicepresidente Maduro) y en contra del candidato de la oposición (Gobernador Capriles), que le prive de esa libertad de voto, será una causal de nulidad, siempre y cuando esos actos de presión (violencia, fraude o cohecho) hayan influenciado sobre la decisión del elector y sobre el resultado.

(Omissis)

Todos estos indicios tienen la suficiente entidad como para s intimidar a los electores para votar a favor del candidato Maduro. Sin embargo, como existe la garantía formal del secreto del voto (garantía muy debilitada, como se analizó) no es posible saber cuáles electores fueron en efecto inducidos a votar por el candidato Maduro. De allí que debe ponderarse si la magnitud de la presión ejercida sobre el electorado pudo haber influenciado en la diferencia obtenida por el candidato Maduro según el CNE. Diferencia que en este caso fue de apenas 265.256 votos para la proclamación, pero que disminuyó a 224.739 votos, cuando se totalizaron las actas del exterior.

La entidad de los hechos denunciados como constitutivos de fraude, cohecho o violencia, aunado al estrecho margen con el cual fue proclamado Nicolás Maduro como Presidente, permiten concluir que la elección del 14 de abril resulta nula, de acuerdo con el artículo 215 de LOPRE.

Una vez más se aclara que este recurso toma en cuenta los resultados oficiales anunciados por el CNE, pero deja a salvo las objeciones que a ese resultado se han formulado, y que justificaron la petición de auditoría que fue arbitrariamente manipulada y rechazada por el CNE. De esa manera, aun asumiendo que esos resultados son legítimos (que no es el caso), este recurso sostiene que tal diferencia no fue consecuencia de la libre decisión de los electores sino del conjunto de abusos cometidos, principalmente, desde el Gobierno nacional, y que fueron tolerados por el CNE. Ese resultado que aparece como oficial es consecuencia de abusos que intimidaron y presionaron a electores a votar por el candidato Maduro, y que impidieron a muchos otros a votar por el candidato Capriles.

Se insiste: los hechos denunciados deben valorarse de cara al resultado electoral obtenido, tal y como señala el artículo 215 de la LOPRE. Ciertamente, en las elecciones del 7 de octubre de 2012, como en aquel momento se denunció, se cometieron igualmente algunos abusos, pero entonces, la diferencia entre ambos candidatos fue de 1.599.800 votos, mientras que según los resultados con los cuales el CNE proclamó, la diferencia fue de 265.256, la cual resultó todavía menor al incluirse las actas del extranjero (224.739 votos).

Esto quiere decir, que la diferencia se redujo significativamente a favor de Henrique Capriles. Ese margen, racionalmente, permite concluir que los hechos que se narran en este capítulo y que luego serán ampliados, incidieron en los resultados electorales. Es decir, que electores sufragaron por el candidato Maduro o se abstuvieron de participar, pero no como consecuencia de su libre decisión, sino en el marco de las presiones y abusos promovidos desde el Gobierno.

Es importante advertir que la existencia de elementos fraudulentos en los resultados anunciados por el CNE no ha podido ser plenamente demostrados por la reticencia arbitraria del CNE a efectuar la auditoría integral, que precisamente, permitiría comprobar discrepancias o irregularidades en los votos escrutados y totalizados. Es por ello, precisamente, que la negativa arbitraria de realizar esta auditoría es un indicio adicional de la "corrupción electoral" denunciada.

A todo evento, se aclara, en este recurso se denuncian hechos de abuso durante el acto de votación y referidos, precisamente, a irregularidades en el funcionamiento de la mesa y, en especial, del SISTEMA DE AUTENTICACIÓN INTEGRAL (el "capta huella"), todo lo cual permitirá, en la etapa probatoria, el cabal examen de esos instrumentos para probar así los indicios de la "corrupción electoral" alegada.

En conclusión, en este escrito sostenemos la siguiente premisa: la democracia no consiste solamente en elegir, sino en elegir voluntaria y conscientemente, libre de toda presión, en el marco de un proceso desarrollado conforme a los postulados del Estado de Derecho.

En las elecciones del 14 de abril se ejercieron un conjunto de abusos sobre el electorado desde el Gobierno nacional que afectaron sensiblemente esa decisión libre y racional. Ello, en el contexto de la estrecha ventaja con la cual fue proclamado el candidato Maduro, constituye el sustento último del presente recurso.

II
EL SUPUESTO DE NULIDAD PREVISTO EN EL ARTÍCULO 215, NUMERAL 2 DE LA LOPRE

(Omissis)

III
DE LOS FUNDAMENTOS DEL PRESENTE RECURSO DE NULIDAD

Ya ha quedado suficientemente explicado el vicio en el cual se sostiene este recurso: las elecciones del 14 de abril de 2013 se realizaron bajo "fraude, cohecho, soborno y violencia", en el sentido que se privó al elector de la libertad de decisión al momento de ejercer su voto, ante el cúmulo de presiones que favorecieron al candidato Maduro. En este recurso la referencia al "fraude", por ello, se hace en el sentido de las indebidas presiones sobre el elector, quien al momento de sufragar, carecía de las condiciones mínimas para poder ejercer su voto de manera libre y autónoma, es decir, la "corrupción electoral".

Estas presiones indebidas, ejercidas y promovidas desde el Gobierno nacional bajo la conducción del candidato Nicolás Maduro, y bajo la tolerancia –cuando menos– del CNE, deben ser valoradas tomando en cuenta el estrecho margen de los resultados, pues el cargo de Presidente de la República se adjudicó al candidato Maduro con una diferencia de 256.256 votos, según la nota de prensa referida al acto de adjudicación. Ese resultado es incluso menor, pues al haber incluido las actas del exterior, según información publicada el 29 de abril, la brecha se redujo a 224.739 votos, equivalente al 1,49%.

Por lo tanto, ese estrecho margen –de acuerdo con la doctrina de esa Sala Electoral– hace que toda irregularidad sea relevante, pues esas irregularidades incidieron en la voluntad del elector.

(Omissis)

Ciertamente, los abusos cometidos durante el acto de votación son determinantes de cara a la causal de nulidad invocada. Sin embargo, esas condiciones, por la propia naturaleza del procedimiento electoral como procedimiento complejo, son consecuencia de los actos preparatorios del acto de votación. El artículo 215.2 de la LOPRE, al aludir a este vicio, se refiere a actos concretos del procedimiento electoral: formación del Registro Electoral, votaciones o escrutinios. Ello no implica que sólo esos actos sean relevantes para determinar la incidencia del vicio comentado. Se insiste, este vicio atiende a un elemento común: la adjudicación, como acto definitivo del procedimiento electoral, responde a la voluntad de los electores, pero esa voluntad está viciada, al haberse ejercido sobre el elector presiones indebidas que le privaron de libertad de decisión. En suma, el vicio afecta el procedimiento como un todo, y no sólo al acto concreto de votación.

Por lo tanto, el presente recurso pivota sobre esta idea central: determinar cuáles fueron las condiciones bajo las cuales los venezolanos ejercieron su derecho al sufragio, para demostrar que esas condiciones incidieron en la libre voluntad del elector en un contexto de clara preferencia al candidato Maduro, quien resultó proclamado Presidente con un estrecho margen. Luego, siendo lo relevante determinar cuáles son las condiciones bajo las cuales el elector ejerció su derecho al sufragio, el vicio comentado tiene que ser valorado en atención al procedimiento electoral como una unidad, ciertamente compleja por integrarse de distintas fases, pero con una unidad consecuencial que culminó en el acto de adjudicación.

(Omissis)

SECCIÓN PRIMERA
EL ENTORNO POLÍTICO VENEZOLANO BAJO EL CUAL SE REALIZARON LAS ELECCIONES DEL 14 DE ABRIL

La "corrupción electoral" que aquí se denuncia a fin de sostener el vicio previsto en el artículo 215 de la LOPRE, debe enmarcarse dentro de la progresiva degeneración del sistema electoral venezolano, consecuencia a su vez del socavamiento de los principios republicanos en los cuales debe basarse el Estado venezolano, de conformidad con la CONSTITUCIÓN.

Desde 1999, y con mayor intensidad, desde el 2003, el Gobierno nacional promovió acciones que debilitaron notablemente la separación de poderes, en una concepción en la cual el Presidente de la República era, a efectos internos, el "jefe del Estado" dirigiendo así la acción conjunta de todos los Poderes Públicos para la construcción del modelo socialista, propuesta política expresa del Gobierno desde 2005 y contenido programático del PARTIDO SOCIALISTA UNIDO DE VENEZUELA (PSUV). Esto implicó que, en la práctica, se diluyera toda distinción entre la acción del Gobierno y la acción política, en un contexto de imposición del socialismo como doctrina única del Estado.

Ello debilitó, como dijo, la separación de poderes –no sólo en la práctica sino incluso, como principio fundamental del Estado– lo que naturalmente afectó la autonomía del Poder Electoral, en parte, a consecuencia de las condiciones poco transparentes bajo las cuales fueron designados los actuales Rectores. Recordamos que ya en el pasado, quienes se desempeñaron como Rectores pasaron luego a ocupar altos cargos en el Gobierno (por ejemplo, Jorge Rodríguez, quien se desempeñó como Jefe del COMANDO HUGO CHÁVEZ FRÍAS, del candidato Maduro) o en el Tribunal Supremo de Justicia (Francisco Carrasquero). Basta revisar el currículo de la mayoría de los Rectores, para acreditar la ausencia de condiciones de imparcialidad.

La actual Presidente del CNE, Tibisay Lucena, fue inicialmente designada Rectora Suplente por la por el Asamblea Nacional Constituyente – mayoritariamente oficialista– en 1999, y de nuevo, por una cuestionada decisión de la Sala Constitucional, en el 2003. Su designación como Rectora Principal fue realizada por el Asamblea Nacional en 2006 y 2009, cuando esa Asamblea estaba constituida únicamente por Diputados afectos al

Gobierno. De hecho, como se recordará –y así se informa en el portal del CNE– la Rectora Tibisay Lucena fungió como Rectora Principal cuando el CNE fue Presidido Jorge Rodríguez, uno de los actores políticos fundamentales de la campaña de Nicolás Maduro.

En los años 2006 y 2009 fue designada, en similares condiciones, la actual Vicepresidenta del CNE, Sandra Oblitas. En el caso de la Rectora Socorro Hernández, debe destacarse en particular que se desempeñó como Ministra del Gobierno y Presidenta de CANTV, mientras que la Rectora Tania D' Amelio fue Diputada entre el 2000 y el 2010, por el partido de Gobierno MVR y luego, del PSUV. Que de los cinco Rectores, dos hayan ocupado cargos políticos afines al Gobierno, es índice revelador de la ausencia de autonomía real del Poder Electoral, consecuencia de la concepción unitaria de todos los Poderes Públicos, orientados a la construcción del modelo socialista o revolución bolivariana. Grave es además, que los Rectores no provienen, como lo obliga la Constitución, de la sociedad civil organizada, como un intento del constituyente de "despartidizar" al CNE, sino que son militantes partidistas. De un CNE ciudadano, como lo exige la Constitución, pasamos a un CNE controlado por un solo partido político, el oficialista.

Si bien todos los Poderes Públicos deben obrar con objetividad, en el caso del Poder Electoral, de acuerdo a su marco constitucional, ese estándar es elevado, dado que todo el Poder Electoral debe no sólo ser independiente y autónomo, sino que además debe obrar de manera apolítica e imparcial, como lo recuerda la LEY ORGÁNICA DEL PODER ELECTORAL (LOPE).

Se insiste, previo a la elección presidencial se apreciaban situaciones que evidenciaban la parcialidad de algunos rectores del CNE a favor del partido de gobierno (PSUV). Entre estas situaciones podemos destacar dos: (i) el uso del denominado "brazalete" por la rectora Tibisay Lucena; y (ii) la apertura de procedimientos administrativos en contra de la ONGs independientes o partidarias de la oposición a petición del PSUV.

En el primer caso, la rectora y presidente del CNE, Tibisay Lucena, apareció en actos públicos utilizando el brazalete que es, como se indicó, un claro signo de propaganda política a favor del Gobierno. La mencionada insignia ha sido ampliamente utilizada para identificar a los seguidores del presidente Chávez y miembros del PSUV, sobre todo después de que el jefe del Comando Estratégico Operacional de las FANB, Wilmer Barrientos, pidiera a los seguidores del partido de gobierno usar el brazalete" en apoyo al fallecido presidente venezolano, Hugo Chávez.

La segunda situación –igualmente denunciada en este escrito como indicio de la "corrupción electoral"– se refiere al inicio de procedimientos administrativos a organizaciones no gubernamentales por hacer llamados al voto, entre ellas: las denominadas Mujeres por la libertad, Voto Joven y Ciudadanía Activa. La apertura de dichos procedimientos solo fue en contra de ONGs77 que han realizado actividades de oposición al gobierno. Al mismo momento se hizo "reprimendas públicas", más no se inició procedimiento, en contra de organizaciones asociadas con el partido de Gobierno o que critican a la oposición, como la denominada Barrio Alerta78, dando muestra evidente de la parcialización del ente.

A ello se le agregan diversos abusos que, desde el Poder Público, han debilitado la existencia de un debate democrático plural, ante la ausencia de cualquier tolerancia no sólo hacia la oposición sino incluso, hacia todo Poder autónomo. Muestra de ello han sido las constantes persecuciones políticas que han derivado incluso en el abuso ejercicio de acciones penales, en un contexto en el cual la democracia se concibe como una "batalla" en la cual hay que combatir al "enemigo". De allí han surgido actos de discriminación política, manifestados en la coacción sobre funcionarios públicos mediante acciones intimidantes, como por ejemplo, la publicación de la lista de venezolanos que con su firma, solicitaron la convocatoria de un referendo revocatorio del mandato del entonces Presidente Chávez (la "lista Tascón").

Una reciente muestra de estos abusos fueron las elecciones de Diputados para la Asamblea Nacional de 2010, en la cual los partidos que apoyaron al Gobierno no obtuvieron la mayoría de votos, pese a lo cual esa Asamblea quedó conformada por mayoría oficialista, lo que se logró con una arbitraria manipulación de las circunscripciones electores.

Todos estos abusos, contrarios a la CONSTITUCIÓN e incluso, contrarios a Tratados Internacionales de los cuales forma parte la República, como la CARTA DEMOCRÁTICA INTERAMERICANA, pervirtieron el concepto de democracia en Venezuela. Ciertamente, se han realizado diversas elecciones en Venezuela desde 1999, pero ello no es índice revelador de la fortaleza del sistema democrático. La democracia no se limita a la realización de elecciones, pues éstas deben ser consecuencia del respeto al Estado de Derecho y, por ende, del respeto a la separación de Poderes y al pluralismo político. Todas estas condiciones eran conocidas para el momento en el cual se convocaron las elecciones del 14 de abril, pese a lo cual, el Gobernador Henrique Capriles decidió postularse como candidato, advirtiendo de tales abusos, en especial, en sus declaraciones del domingo 10 de marzo. Ello es manifestación que, ante los constantes abusos del Poder, la opción que se acogió fue la contienda democrática, exigiendo respeto al Estado de Derecho proclamado en la CONSTITUCIÓN.

Fue dentro de este contexto que se ejecutaron, desde el Gobierno nacional y con apoyo del resto de Poderes Públicos, los abusos realizados con ocasión a las elecciones del 14 de abril. El estrecho margen con los cuales esos resultados –según el anuncio del CNE– favorecieron al candidato Maduro, permiten concluir que tales abusos influyeron determinante en la voluntad de los electores, lo que permite invocar la causal de nulidad contemplada en el artículo 215.1 de la LOPRE.

De cara al CNE, lo anterior constituye la abierta negación de su cometido principal que la CONSTITUCIÓN le asigna en sus artículos 293 y 294: asegurar la voluntad de los electores, en el marco de los principios de igualdad, confiabilidad, imparcialidad, transparencia y eficiencia de los procesos electorales, independencia orgánica, autonomía funcional y presupuestaria, despartidización de los organismos electorales, imparcialidad y participación ciudadana; descentralización de la administración electoral, transparencia y celeridad del acto de votación y escrutinios. Ninguno de esos principios caracterizaron a las elecciones del 14 de abril, sin que el CNE adoptara medida alguna tendente a corregir tal situación.

SECCIÓN SEGUNDA

MARCO REFERENCIAL BÁSICO DE LAS ELECCIONES PRESIDENCIALES DEL 14 DE ABRIL

(Omissis)

SECCIÓN TERCERA

DE LA CORRUPCIÓN ELECTORAL EN LOS ACTOS PREPARATORIOS A LAS ELECCIONES DEL 14 DE ABRIL

Para evaluar las condiciones bajo las cuales los electores expresaron su voluntad el 14 de abril de 2013, deben tenerse en cuenta los actos preparatorios a tales elecciones. Estos actos preparatorios determinan que esas elecciones se realizaron en un entorno de poca transparencia y objetividad, en el cual el Gobierno nacional, conjuntamente con otros órganos del Poder Público, marcaron un clima de preferencia indebida al candidato Nicolás Maduro, con un propósito definido y querido: predisponer a los electores durante el acto de votación.

1. DE CÓMO LA AUSENCIA DE CONDICIONES ADECUADAS DE IMPARCIALIDAD, OBJETIVIDAD Y TRANSPARENCIA EN EL PODER ELECTORAL INCIDIERON NEGATIVAMENTE EN LAS ELECCIONES PRESIDENCIALES, FACILITANDO LA REALIZACIÓN DE ACTOS DE FRAUDE, COHECHO, SOBORNO Y VIOLENCIA

(Omissis)

5. DE CÓMO LA CAMPAÑA ELECTORAL DE LAS ELECCIONES PRESIDENCIALES DEL 14 DE ABRIL DE 2013 PROMOVIÓ LA REALIZACIÓN DE ACTOS DE FRAUDE, COHECHO, SOBORNO Y VIOLENCIA

(Omissis)

5.7. Resumen de las denuncias presentadas por el *COMANDO SIMÓN BOLÍVAR* junto a la *MESA DE LA UNIDAD DEMOCRÁTICA*:

El COMANDO SIMÓN BOLÍVAR junto a la MESA DE LA UNIDAD DEMOCRÁTICA formuló, como se vio, decenas de denuncias sobre infracciones durante la campaña electoral que no fueron tramitadas por el CNE, quien permitió así abusos que tergiversaron completamente esa campaña, reducida a una amplia y costosa maquinaria de propaganda electoral del Gobierno.

Para el mejor entendimiento de los indicios constitutivos de la "corrupción electoral", resumimos a continuación estas denuncias:

• En cuanto al *uso de recursos del Estado, cadenas de radio y televisión, el empleo de instituciones públicas, portales web oficiales, bienes públicos, funcionarios empleados públicos* para realizar campaña electoral y favorecer a la candidatura de Nicolás Maduro y perjudicar la de Capriles, se presentaron 91 denuncias por hechos de esa naturaleza. Dichos reclamos fueron formalizados ante el CNE debido a que esos hechos constituyen una violación de del artículo 72 de la LOPRE. Así mismo, esos hechos también constituyen una violación del artículo 75, numeral 13de la misma Ley que prohíbe hacer campaña con fondos públicos. Pero, además, también ello constituyó la violación de los artículos 221 y 222 del Reglamento General de la LOPRE que prohíbe a las instituciones, organismos y funcionarios públicos, utilizar su investidura y las ventajas del cargo para favorecer a una parcialidad política determinada o perjudicar a otra.

• Por otro lado, el COMANDO SIMÓN BOLÍVAR y la MESA DE LA UNIDAD DEMOCRÁTICA presentaron **47 denuncias** ante el CNE por lo que se consideró la *emisión de propaganda electoral encubierta a favor del candidato Maduro*. Esto es, la promoción de su candidatura y el perjuicio de la de Capriles a través de la difusión sistemática de noticias parcializadas, desequilibradas y tergiversadas, lo cual busca burlar el límite de tiempo y espacio establecido por el CNE para realizar campaña electoral. La totalidad de estas noticias, que en realidad eran "propaganda electoral encubierta", fueron transmitidas por medios de comunicación del Estado, todos ellos dependientes de ministerios, alcaldías, empresas del estado, entre otros. Con ello se evidenció que recursos, bienes, funcionarios y empleados públicos de esos medios de comunicación también estaban siendo utilizados para favorecer a una parcialidad política, lo cual violó las mismas normas señaladas en el párrafo anterior. Pero, además esos hechos también constituyeron una violación del artículo 79 de la LOPREque consagran el deber de imparcialidad de los medios de comunicación social y del artículo 211 del REGLAMENTO.

• En estrecha relación con lo anterior, fueron presentadas **17 denuncias** ante el CNE por *desbalance y desequilibrio informativo a favor del candidato oficialista en la cobertura de los actos de campaña electoral por parte de los mismos medios públicos de comunicación*. En ese sentido, antes, durante y después de la campaña electoral fue exagerado el seguimiento y la cobertu-

ASDRÚBAL AGUIAR

ra, constante y exhaustiva, que le hicieron los medios públicos de comunicación a los actos de campaña electoral y proselitismo político del candidato Nicolás Maduro; ello, mientras que a los actos de campaña de Henrique Capriles apenas se les hizo mención unos pocos minutos al día. Esos hechos constituyeron una violación del artículo 81 de la LOPRE que establece el deber de los medios de comunicación de dar "una cobertura informativa completa y balanceada de las informaciones relacionadas y sin tergiversar la realidad de la campaña", en ese sentido, deben observar "un riguroso equilibrio en cuanto al tiempo y espacio dedicado a las informaciones relativas a las actividades desarrolladas por los candidatos".

• Otra de las irregularidades recurrentes observadas durante la campaña electoral fue la *propaganda electoral a favor del candidato Nicolás Maduro sin indicar los datos de su promotor y el número de Registro de Información Fiscal del mismo*. Estos datos exigidos legalmente son fundamentales a los fines de contraloría y fiscalización de los gastos y el financiamiento de las campañas electorales, principalmente para evitar el financiamiento de campaña electoral con recursos públicos. En ese sentido el se **presentaron 25 denuncias** por hechos de esa naturaleza, los cuales contravienen la prohibición del artículo 75. 5, de la LOPRE que prohíbe ese tipo de propaganda y el artículo 204, numeral 5, del REGLAMENTO.

• La MESA DE LA UNIDAD DEMOCRÁTICA y el COMANDO SIMÓN BOLÍVAR **denunciaron en 8 oportunidades** distintas la utilización de *niños y niñas para actos de proselitismo político por parte del candidato Nicolás Maduro*. Ello no sólo está prohibido por la citada Ley electoral, en su artículo 75.11, sino también en la LEY ORGÁNICA PARA LA PROTECCIÓN DE NIÑOS, NIÑAS Y ADOLESCENTES. Fueron numerosas las ocasiones documentadas y denunciadas en las cuales el candidato Maduro, en sus actos de campaña electoral, ponían a niños y niñas en el centro del escenario a cantar canciones y hacer afirmaciones favorables a esa candidatura o a simplemente estar ahí, muchas veces incluso disfrazados de militares. Todo ello a pesar de que esos niños y niñas no han llegado a la edad que les permite ejercer del derecho al sufragio (18 años) debido a que, precisamente, hasta ese momento se considera que no tienen suficiente conciencia y voluntad política para ejercer tales derechos.

• Finalmente, en **10 oportunidades se denunció** la realización, por el candidato Maduro, de propaganda electoral *abiertamente difamatoria del candidato Capriles*, lo cual viola lo establecido en el artículo 75.2 de la LOPRE. Así como **en 9 ocasiones se interpuso denuncia** por exceso en los límites permitidos para hacer campaña electoral, lo cual violó lo establecido por el CNE en el Reglamento Especial sobre la Campaña electoral para la Elección Presidencial 2013.

Es pertinente señalar que varias de las más de 200 denuncias interpuestas (por hechos incluso anteriores a la campaña) fueron por hechos que constituyeron violaciones simultáneas a distintas normas, por lo cual al sumar todas las cifras de las transgresiones electorales descritas no necesariamente coinciden con el número total de reclamos ejercidos.

En este punto resulta preocupante y lamentable afirmar que *el CNE, en ninguno de los más de 200 casos denunciados en total, dio respuesta a las correspondientes denuncias; no inició ni sustanció las debidas averiguaciones administrativas, ni mucho menos sancionó a los responsables.*

A este respecto cabe señalar que según la CONSTITUCIÓN, artículo 293, el Poder Electoral debe regir su actuación garantizando los principios de "igualdad, confiabilidad, imparcialidad, transparencia y eficiencia de los procesos electorales". Por su parte, el artículo 3 de la LOPRE consagra los principios que rigen los actos y actuaciones del CNE en el Proceso Electoral, entre los cuales se destacan los principios de: "democracia, soberanía, responsabilidad social, colaboración, cooperación, confiabilidad, transparencia, imparcialidad, equidad, igualdad, participación popular, celeridad, eficiencia, personalización del sufragio y representación proporcional". Ello es el desarrollo del derecho al sufragio libre e igual consagrado en la DECLARACIÓN UNIVERSAL DE LOS DERECHOS HUMANOS (art. 21), en el PACTO INTERNACIONAL DE DERECHOS CIVILES Y POLÍTICOS (art. 25), en la CONVENCIÓN AMERICANA SOBRE DERECHOS HUMANOS (art. 23), entre otros instrumentos internacionales.

La no admisión, ni la sustanciación de dichas denuncias presentadas, no sólo violó el derecho constitucional a hacer peticiones y recibir oportuna y debida respuesta, establecido en el artículo 51 de la CONSTITUCIÓN, sino que violentó de forma directa los principios de celeridad, independencia y eficiencia que rigen expresamente la actuación del CNE, como dispone el artículo 3 de la LOPRE antes citado.

Así mismo, en el artículo 87 de la LOPRE se establece expresamente un lapso de dos (2) días hábiles para que la Comisión de Participación Política y Financiamiento del CNE o la comisión que a tal efecto se designe, verifique el cumplimiento de los requisitos establecidos en el reglamento para las denuncias sobre propaganda electoral y remita el caso al directorio del CNE, quien deberá ordenar el inicio de la averiguación administrativa correspondiente o desestimar la denuncia presentada. Para las demás denuncias, el artículo 285 del REGLAMENTO establece un lapso de cinco (5) días hábiles para que la Comisión de Participación Política y Financiamiento valore la presunta infracción de las normas establecidas en el Reglamento.

Sin embargo, el CNE hizo caso omiso e ignoró por completo la presentación de los 222 reclamos formulados por el equipo de campaña del candidato Henrique Capriles en el mes previo a las elecciones. Ello a pesar de las obligaciones internacionales, constitucionales y legales que tiene el organismo de iniciar, sustanciar y decidir los correspondientes procedimientos por las denuncias presentadas.

Todo lo anteriormente descrito se tradujo en una grosera violación de la normativa electoral por parte del mismo CNE y en una trasgresión de su obligación de garantizar, de manera imparcial y transparente, un proceso electoral democrático, equilibrado, justo, limpio y en igualdad de condiciones. En definitiva, el CNE ni de oficio, ni a solicitud de partes, garantizó una campaña electoral que cumpliera con las normas que la regulan, lo que resultó en un proceso comicial abiertamente desequilibrado, ventajista, antidemocrático y desbalanceado en contra del candidato Capriles. Este es, pues, otro de los indicios de "corrupción electoral" aquí denunciado, que atendiendo al estrecho margen de los resultados anunciados por el CNE, permite declarar la nulidad de todo el proceso electoral.

5.8. Recapitulación. De cómo la campaña de Nicolás Maduro se basó en el uso del Gobierno como herramienta de propaganda electoral:

La campaña electoral que se realizó del 2 al 11 de abril, estuvo caracterizada por los sistemáticos abusos promovidos desde el Gobierno nacional, los cuales convirtieron a esa campaña en una contienda entre el Estado y el candidato Capriles. El CNE efectuó más de 180 denuncias sobre esos abusos sólo durante la campaña electoral, sin obtener pronunciamiento alguno por parte del CNE, lo cual no sólo permite cuestionar la eficiencia y eficacia de ese órgano, sino también su objetividad.

La campaña electoral, como ya se ha explicado, sirve a un claro propósito: suministrar al elector la información necesaria para ejercer racionalmente su derecho al voto. Pues la democracia no consiste solamente en elegir, sino en elegir voluntaria y conscientemente, libre de toda presión, de acuerdo a los principios enunciados en el artículo 72 de la LOPRE.

Repasemos esos principios, para comprobar cómo fueron sistemáticamente violentados:

• *Igualdad de los participantes en el proceso electoral.* Tal igualdad no existió. Los abusos orquestados desde el Gobierno nacional convirtieron la campaña en una asimétrica contienda entre el candidato Capriles y el Estado, representado en la figura del candidato y Presidente encargado, Nicolás Maduro.

• *Libertad de pensamiento y expresión.* Los mensajes del candidato Capriles no pudieron ser difundidos en igualdad de condiciones respecto a los mensajes del candidato Maduro, lo que violentó la libertad de pensamiento y expresión y afectó la información a los electores. Además, el CNE arbitrariamente censuró propaganda electoral lícita de las organizaciones que apoyaron al candidato Capriles.

• *Comunicación e información libre, diversa, plural, veraz y oportuna.* Los abusos en la transmisión coactiva de mensajes proselitistas a favor del candidato Maduro, y el desequilibrio de los medios públicos, eliminaron toda diversidad y pluralismo en la campaña, ante la hegemonía comunicacional del candidato de Gobierno. Además, muchos de esos mensajes, como se verá, se basaron en el miedo, al intimidar a los electores con la pérdida de beneficios sociales en caso de una victoria del candidato Capriles, lo que viola el principio de veracidad.

• *Prohibición de censura previa sin perjuicio de la responsabilidad ulterior que se genere.* El CNE, como vimos, limitó arbitrariamente propaganda lícita del candidato Capriles, y además, censuró informaciones de ONGs que no tenían un mensaje propio de propaganda electoral, sino críticas a la gestión del Gobierno. Pese a ello el CNE sí permitió mensajes que alabaron la gestión del Gobierno, incluso, transmitidos de manera coactiva.

• *Democratización, participación y pleno ejercicio de la soberanía popular.* Todos estos principios se menoscabaron ante la hegemonía comunicacional del candidato Maduro.

• *Pleno respeto por el honor, vida privada, intimidad, propia imagen, confidencialidad y reputación de las personas.* Muchos de los mensajes de propaganda electoral del candidato Maduro, realizados por medios públicos, se basaron en juicios peyorativos en torno al candidato Capriles, lo que vulneró estos principios.

• *Respeto por las diferentes ideas y la promoción de la tolerancia, la transparencia, la convivencia pacífica, el pluralismo político, la democracia y la vigencia de los derechos humanos.* Empleando recursos públicos, el candidato Maduro convirtió la campaña en una especie de gesta del "bien contra el mal", lo que no sólo se fundamentó en la intolerancia hacia quienes adversaban al Gobierno, sino que además, perturbó el juicio de los electores.

• *Igualdad de acceso a los medios de comunicación social.* Esa igualdad fue desconocida por dos vías: (i) el candidato Maduro realizó actos de campaña mediante la transmisión coactiva de mensajes, lo que obviamente no pudo hacer el candidato Capriles, y (ii) los medios públicos mostraron una clara preferencia hacia el candidato Maduro.

(Omissis)

6. DE LOS ABUSOS DEL PODER EJECUTIVO NACIONAL Y OTROS FUNCIONARIOS PÚBLICOS DURANTE LOS DÍAS 12 Y EL 13 ABRIL DE 2013:

(Omissis)

7. EN ESPECIAL, DE LAS PRESIONES INDEBIDAS SOBRE FUNCIONARIOS PÚBLICOS Y BENEFICIARIOS DE PROGRAMAS SOCIALES, COMO EVIDENCIA DE FRAUDE, COHECHO, SOBORNO Y VIOLENCIA

(Omissis)

SECCIÓN CUARTA
DE LOS ACTOS DE CORRUPCIÓNELECTORAL
DURANTE EL 14 DE ABRIL

1.1 De los indebidos actos de campaña electoral promovidos desde el Gobierno y, en especial, a través de los medios de comunicación del Estado mismo el 14 de abril

Los actos abusivos de campaña electoral que, con uso de recursos públicos, fueron realizados por el Gobierno con anterioridad al 14 de abril de 2013, se mantuvieron ese día, en especial, a través de la información transmitida por los medios de comunicación del Estado, todo lo cual constituye un – adicional– acto de presión sobre los electores en el día de la votación.

De esa manera, si bien el lapso oficialmente determinado para hacer propaganda y proselitismo culminó el día 12 de abril de 2013, fue constante ver el día de las elecciones, 14 de abril, que la realización de dichas actividades no cesó por parte del PSUV, y en múltiples puntos del país se hizo campaña a favor del candidato Nicolás Maduro, sin que esto fuera controlado ni por las autoridades electorales ni por el Plan República. La propaganda en la mayoría de los casos fue realizada a través de espacios en los cuales se repartía el material del candidato Nicolás Maduro y se trasmitían de manera constante los mensajes de su campaña. De esta situación se recogieron numerosas muestras audiovisuales. Esta misma situación ocurrió comúnmente tanto en las cercanías de los centros como en otros espacios cercanos.

De igual forma, diferentes funcionarios y personeros del gobierno hicieron proselitismo y promoción de la candidatura de Maduro el mismo día de la elección. Entre ellos el gobernador de Aragua, Tareck El Aissami, y la Ministra del Poder Popular para la Educación Universitaria, Yadira Córdova, quienes hicieron llamados públicos a votar por Nicolás Maduro143, así como lo hizo el Ministro del Poder Popular para la Comunicación e Información, Ernesto Villegas, a través del SIBCI.

1.2 De los retrasos injustificados y diversas fallas e irregularidades relacionadas la organización y funcionamiento de los centros y mesas electorales

Ya señalamos cómo la organización del acto de votación estuvo afectada por dispositivos innecesarios que no aseguraban además el carácter personal del voto (ESTACIÓN DE INFORMACIÓN y el SAI).

Pues bien, desde el momento de la apertura e instalación de las mesas se detectó un número importante de máquinas dañadas o con algún defecto a lo largo y ancho del país, lo cual se tradujo en un obstáculo y retrasos en el proceso electoral, generando congestión y demora en el proceso electoral. En algunos centros de votación el problema se extendió por largas horas y en otros las maquinas no fueron sustituidas, impidiéndose el ejercicio del derecho del voto a los electores. El COMANDO SIMÓN BOLÍVAR contabilizó más de 500 máquinas averiadas que incidieron sobre 189.982 electores148. Este hecho, interpretado en el marco de la denuncia de violación del artículo 215.2 de la LOPRE, es un indicio de las condiciones adversas bajo las cuales el elector sufragó, a lo cual se le suma otros hechos de violencia aquí denunciados, todo lo cual se probará en la correspondiente etapa procesal.

El carácter expedito del proceso electoral está establecido en el artículo 3 de la LOPRE y para garantizarlo la misma Ley establece un conjunto de mecanismos y procedimientos de contingencia durante cada una de las fases del proceso electoral, los cuales desarrolla al detalle el REGLAMENTO ELECTORAL.

Dichos procedimientos de contingencia fueron irrespetados e incumplidos en los casos de las denuncias recibidas por casos de retraso y paralización del proceso electoral. Con ello, mucha gente fue desmotivada a permanecer en los centros de votación debido a los largos períodos de tiempo que tuvieron que esperar en las filas a los fines de ejercer el derecho al sufragio. En muchos casos electores estuvieron en la calle y bajo el sol o bien durante horas o bien hasta altas horas de la noche en las afueras de los centros de votación que iniciaron tarde la jornada o tuvieron problemas con las máquinas de votación durante el desarrollo del proceso de votación, sin que, se insiste, se continuara votando mediante el procedimiento de contingencia dispuesto en la LOPRE y su REGLAMENTO.

Pero además, es preciso referir a *irregularidades en la propia organización de los centros electores*, en atención a su ubicación o atendiendo a resultados estadísticamente anormales.

Estos hechos se alegan en el contexto de los indicios que, concatenadamente, permiten concluir en la existencia de "corrupción electoral". En concreto, se trataría de abusos cometidos *antes de las elecciones* (conformación del REP y organización de los centros electorales), pero que se vinculan con los abusos cometidos *durante* el día de las elecciones (abusos en el "voto asistido", por ejemplo). La conjunción de estos dos elementos permite afirmar que los abusos cometidos el día de la votación fueron promovidos o facilitados por la formación del REP y la organización de los centros electorales.

De esa manera, los alegatos referidos a los abusos en la organización y funcionamiento de los centros electorales, lo que a su vez se relaciona con los abusos del REP, son los siguientes:

- En *primer lugar*, encontramos centros creados en sitios favorables al Gobierno, por su cercanía con obras y proyectos promovidos desde el Gobierno149. Esto constituye un abuso de poder, pues la organización de centros y mesas electorales debe basarse en parámetros técnicos, no en criterios para favorecer al candidato del Gobierno.

- En *segundo lugar*, como ya lo denunció el COMANDO SIMÓN BOLÍVAR junto a la MESA DE LA UNIDAD DEMOCRÁTICA, en *1.176 centros electores, el candidato Maduro obtuvo más votos que el Presidente Chávez en las elecciones del 7 de octubre*, pese a que la tendencia, según resultados anunciados por el CNE, fue que el candidato Maduro disminuyó los votos obtenidos por el Presidente Chávez150. Además, en 39 mesas el candidato Maduro obtuvo el 100% de los votos, mientras que en 243 mesas obtuvo entre el 95% y el 99.9% de los votos.

De esa manera, otra de las irregularidades que se manifestó a lo largo de las elecciones fue la incongruencia entre los resultados contenidos en las actas de votación y el boletín divulgado por el CNE en comparación con las votaciones históricas de determinadas entidades. Esto debe analizarse, insistimos, concordadamente con el indicio de "corrupción electoral" antes tratado, a saber, la arbitraria composición de los centros electorales, en beneficio del candidato Maduro.

En ese sentido, insistimos, a pesar de que en las elecciones presidenciales del 7 de octubre de 2012 hubo mayor participación que en la actual, en varios centros electorales aumentó sorpresiva e inexplicablemente la participación, *siempre con resultados radicalmente más favorables al candidato Maduro.* Es el caso, ya indicado, en el Centro de Votación "Escuela Básica Río Chiquito", en Yaracuy; en el Centro de Votación "Unidad Educativa Olinda II", de Mérida; y el "Centro de Educación Integral Simoncito Guayacán Norte", en Nueva Esparta, no sólo aumentó la participación (en contravención a la tendencia nacional), sino además *el candidato Maduro superó el número de votos a favor con relación al difunto Presidente Chávez en las elecciones de octubre de 2012*, en porcentajes de hasta 93%.

(Omissis)

Una muestra de las condiciones irregulares de funcionamiento de las mesas y centros, por los abusos cometidos antes y durante el día de las elecciones, es que de las actas de escrutinio con las que cuenta el CO- MANDO SIMÓN BOLÍVAR, en más del 80% de los casos falta el dato esencial de los números de electores que sufragaron según el cuaderno de votación. No sólo ello constituye una infracción formal al artículo 338 del REGLAMENTO, sino que es además indicio del irregular funcionamiento de los centros el día de las elecciones.

(Omissis)

1.5. De la violación del secreto y carácter del voto. El abuso en la figura del llamado "voto asistido" y los indicios de suplantación de identidad:

Una grave patología que se difundió el 14 de abril, fue la violación del secreto del voto, pues selectores fueron acompañados al acto de votación por terceras personas, sin cumplir con los requisitos correspondientes al "voto asistido". Ello no sólo configura una conducta inconstitucional, pues viola el derecho al secreto del voto, e ilegal sujeta incluso a sanción de multa o condena penal (artículos 233 y 128 de la LOPRE), sino además, es un claro acto de presión indebida en el acto de votación. El CSB junto a lo MUD totalizó denuncias en este sentido, correspondientes a más de 1000 centros de votación, lo cual representa una afectación del voto de 2.712.637 electores: En muchas de esas denuncias se afirmó que los electores se vieron coaccionados e intimidados a votar por el candidato del Gobierno Nacional por temor a dejar de percibir ayudas o beneficios sociales proveídos por éste.

Fue recurrente esta situación de violación al secreto del voto y actos de coacción para lograr influenciar la decisión de un número importante de votantes, ocurriendo que en muchos centros de votación en donde unas personas identificada con el oficialismo, distinta a los electores, acompañaron a estos a ejercer el derecho al sufragio, verificando o supervisando a favor de qué candidato iba dirigido el voto.

La violación del carácter secreto, personal y libre del voto se traduce en una transgresión de la CONSTITUCIÓN, la cual establece en su artículo 63: "El sufragio es un derecho. Se ejercerá mediante votaciones libres, universales, directas y secretas". Así mismo, en el artículo 123 de la LOPRE se señala el carácter personalísimo del sufragio, siendo dicha norma complementada por el artículo 289 del REGLAMENTO.

Las situaciones en las cuales se acompañaba a los electores aptos para votar a el espacio de la máquina de votación y detrás del parabán el cual debía resguardar el secreto de la opción seleccionada fue repetido a lo largo del día, incluso pudo ser capturado en múltiples formas audiovisuales que recogieron prueba de esta situación.

Otro caso detectado durante el 14 de abril, son los indicios que apuntan a la sustitución de identidad, es decir, personas que ejercieron el derecho al voto suplantando la identidad de otro elector, lo que se vio facilitado por la existencia de los "doble–cedulados", ya comentada, y la imperfección del SAI, que permite el voto aun cuando no sea reconocida la huella. Este fue uno de los hechos conocido por el comando de campaña del candidato Capriles junto a la MUD el 14 de abril, y reseñado, como vimos, en los medios de comunicación: Todos estos indicios, se insiste, deben ser concordados en el contexto de los hechos de "corrupción electoral" denunciados, en especial, en el proceso de formación del REP y en el trámite del acto de votación, como elementos constitutivos de la causal de nulidad de las elecciones prevista en el artículo 215.2 de la LOPRE.

1.6. De los actos de coacción y presión derivados de la movilización de electores, en especial, mediante el uso de recursos públicos:

El PSUV y organizaciones que apoyaron al candidato Maduro, promovieron la movilización de votantes a los centros de votación. En sí misma, esta situación no es necesariamente abusiva. Lo que marca el abuso es que (i) más que una movilización, se trató de una especie de "reclutamiento" forzoso de electores, lo que supone una violación a su libertad de decidir, y (ii) tales movilizaciones, en muchas ocasiones, se efectuaron con recursos públicos.

De hecho, en horas de la tarde del 14, diversos funcionarios, incluido el candidato Maduro, llamaron abiertamente a la "operación remolque", lo que evidenció el uso de medios públicos –como son los medios de comunicación– con fines políticos.

Es importante además acotar que este abuso adquirió perfiles incluso más graves por las siguientes circunstancias:

- Partidarios del candidato Maduro, con la complacencia de miembros de mesa, representantes del CNE e incluso el PLAN REPÚBLICA, llevaban control de los electores que habían votado, precisamente, para identificar a aquellos electores que faltaban por sufragar. El llamado "punto de información", o ESTACIÓN DE INFORMACIÓN facilitó ese control.

- La creación de centros de votación con reducido número de votantes, ubicados en sitios estrechamente relacionados con el Gobierno (obras públicas, colegios e instalaciones públicas, refugios) facilitó sin duda esta coacción sobre el electorado.

- Así mismo, fue denunciado reiteradamente el uso de los recursos del Estado para hacer propaganda a un candidato o para a trasladar militantes del partido político de gobierno, así como amedrentamiento en las inmediaciones de los centros de votación y lugares públicos, entre otros.

Precisamente, el cabal análisis de este vicio exige revisar exhaustivamente los documentos del día de la votación, muy en especial el cuaderno de votantes y el reporte de incidencias del SAI o "capta huellas" por casa mesa, pues ello permitirá comprobar, precisamente, los abusos realizados durante el acto de votación.

1.12. Recapitulación

Las denuncias procesadas por el COMANDO SIMÓN BOLÍVAR y la MESA DE LA UNIDAD DEMOCRÁTICA se refirieron aproximadamente a 3.389 centros de votación en todo el territorio nacional que impactan en 8.134.554 votantes. Esta es la cifra aproximada de electores que pudieron verse afectados por los actos abusivos del 14 de abril, en las más de cinco mil denuncias tramitadas por el comando de campaña del candidato Capriles ese día.

Este dato es importante pues, precisamente, la magnitud del impacto de los actos abusivos debe valorarse sobre el estrecho margen con el cual fue adjudicado el cargo de Presidente de la República. Como esa Sala Electoral ha entendido, al ser el margen estrecho, las consecuencias de los abusos resultan mucho más graves de cara a su incidencia en el resultado y por lo tanto, en la nulidad de toda la elección, conforme al artículo 215.2 de la LOPRE. El ambiente en el cual se ejerció el derecho al sufragio en todo el territorio nacional, el 14 de abril, no fue un ambiente cívico, despolitizado y pacífico, lo cual hace que la votación emitida durante el día de las elecciones se viera afectada o influenciada directa o indirectamente por todas estas incidencias debido a la violación de la normativa y la ausencia de garantías electorales.

Insistimos que estos hechos deben ser valorados como indicios, es decir, deben valorarse de manera concatenada con los demás hechos aquí alegados, lo que permite sostener la existencia de actos abusivos que mermaron la libertad de elección de los venezolanos y venezolanas. A su vez, y como ha señalado esa Sala Electoral, estos abusos deben ser valorados teniendo en cuenta el estrecho margen con el cual resultó favorecido el candidato Maduro.

Por ello, la etapa probatoria de este juicio estará orientada a probar los hechos que constituyen los indicios de los distintos actos de abuso alegados en día de la votación. Esos indicios probados, junto a los indicios de los abusos cometidos antes y después del 14 de abril, permitirán llegar a la convicción objetiva, razonable e incuestionable, que los resultados con los cual el CNE proclamó como Presidente de la República a Nicolás Maduro fueron influenciados por hechos de "corrupción electoral", lo que determina la nulidad de toda elección del 14 de abril de 2013, conforme al artículo 215.2 de la LOPRE. Nulidad que a su vez, supone el deber de repetir esas elecciones, depurando al sistema electoral de todos los abusos aquí denunciados.

Estos alegatos, reiteramos, dejan a salvo que, por la actuación arbitraria del CNE, no fue posible efectuar, a la fecha, la auditoría integral solicitada y que permitiría conocer cuál fue la verdadera voluntad de los electores. Por ello, este recurso parte de los datos con los cuales el CNE adjudicó el cargo de Presidente y que dan como ganar al candidato Maduro, pero con un margen tan reducido, que incluso siendo veraces esos resultados, se permitiría concluir que ellos son consecuencia de los hechos de corrupción aquí denunciados.

(Omissis)

SECCIÓN CUARTA (Sic)
DE LOS ABUSOS POSTERIORES AL ACTO DE VOTACIÓN, QUE REFUERZAN LA EXISTENCIA DE ACTOS DE FRAUDE, COHECHO, SOBORNO Y VIOLENCIA

1. DE LAS ACTUACIONES REALIZADAS CON POSTERIORIDAD A LAS ELECCIONES DEL 14 DE ABRIL DE 2013, QUE REFUERZAN LA EXISTENCIA DE ACTOS DE FRAUDE, COHECHO, SOBORNO Y VIOLENCIA

La corrupción electoral, en el sentido que ésta tiene dentro del artículo 215 de la LOPRE, se refiere a *todos* los hechos que incidieron negativamente en el acto de votación, con lo cual debe tratarse de hechos que hayan ocurrido previamente o durante la fase de votación. No obstante, hechos posteriores, si bien no pudieron haber incidido en el resultado electoral, sí pueden constituir indicios de la cadena de acciones abusivas orientada a restar transparencia y confiabilidad al proceso comicial.

Mucho antes del 14 de abril de 2013, como se ha explicado, el Gobierno nacional, con colaboración directa de otros órganos del Poder Público, incluido el CNE, llevó un conjunto de acciones abusivas orientadas, primero, a posicionar en la escena política nacional al entonces Vicepresidente Maduro. Posteriormente, esas acciones permitieron que el Vicepresidente Maduro, actuando como Presidente encargado con el aval de la Sala Constitucional, realizase actos de campaña política a favor de su candidatura, antes incluso del inicio de la campaña electoral. Esta campaña estuvo signada por este ejercicio abusivo del poder, lo que convirtió a la contienda electoral en una disputa entre el candidato Capriles y el Estado, personificado en la persona de Nicolás Maduro, Presidente Encargado por decisión de la Sala Constitucional y candidato presidencial. El propio día de las elecciones, el abuso de poder se hizo sentir en distintas irregularidades. Abuso de poder que en modo alguno fue corregido por el CNE, quien no se encargó de garantizar –como corresponde por Ley– la existencia de elecciones libres, transparentes y equitativas.

Quizás por eso, el CNE centró la campaña divulgativa del sistema electoral en la confiabilidad del sistema automatizado. Empero, como la propia Rectora y Presidente del CNE reconoció al proclamar apresuradamente al candidato Maduro como Presidente, ese sistema requiere de personas, sujetos en fin que toman decisiones y también, dejan de tomar decisiones sin las cuales, las elecciones se convierten en un mero instrumento a favor del Gobierno. El CNE, y más en específico, cuatro de sus cinco Rectores, se abstuvieron de ejercer las potestades que, por Ley, le hubiesen permitido rectificar estos abusos.

Todos esos abusos tenían un claro propósito: favorecer la candidatura de Nicolás Maduro, propósito que según los resultados oficiales del CNE fue alcanzado, con un escaso margen de 1,4%.

Precisamente, hechos posteriores al 14 de abril, y que todavía están en pleno desarrollo, permiten corroborar esa tesis, es decir, que los abusos cometidos tuvieron como objetivo claro favorecer la candidatura de Nicolás Maduro. Por ello, esos hechos posteriores deben ser tenidos en cuenta, no como elementos que incidieron en la voluntad del elector, aclaramos, sino como indicios que permiten concluir que, desde el mismo 9 de diciembre de 2012, un conjunto de acciones abusivas fueron realizadas y promovidas desde el Gobierno con un propósito claro: posicionar al entonces Vicepresidente Maduro y favorecer luego su candidatura presidencial, usando al Gobierno como una gran maquinaria electoral.

(Omissis)

2. DE LA SOLICITUD DE AUDITORÍA POR PARTE DEL CANDIDATO HENRIQUE CAPRILES Y LA CONSECUENTE ACTITUD DE LOS DISTINTOS ÓRGANOS DEL PODER PÚBLICO VIOLATORIAS *DEL PRINCIPIO DEMOCRÁTICO Y LA LEGÍTIMA EXPRESIÓN DEL DERECHO A LA MANIFESTACIÓN PACÍFICA*

(Omissis)

3. RECAPITULACIÓN:

Los abusos cometidos desde el 9 de diciembre de 2012 por el actual Presidente – proclamado así por el CNE– Nicolás Maduro, respondieron a una clara línea: afectar sensiblemente el clima electoral a favor de su candidatura, mediante un conjunto de abusos que, con el aval, colaboración o tolerancia de otros órganos del Poder Público, como el CNE, continuaron después del 14 de abril.

Precisamente, en esta sección se aluden a los distintos indicios que permiten corroborar la existencia de una línea continua de acción, que afectó los resultados electorales ante los evidentes hechos de "corrupción electoral" que aquí se denuncian. Al tratarse de una acción unitaria y continua, la "corrupción electoral" se ha extendido incluso a los días posteriores al 14 de abril.

IV
DE LA RECUSACIÓN DE MAGISTRADOS DE LA SALA ELECTORAL

(Omissis)

VIII
PETITORIO

En virtud de lo precedentemente expuesto, solicitamos a esa Sala Electoral:

1.– **ADMITA** el presente recurso contencioso electoral contra la elección presidencial del 14 de abril de 2013, con fundamento en el artículo 215.2 de la LOPRE.

2.– **DECLARE CON LUGAR** la presente demanda de nulidad, y en consecuencia:

2.1.– **ANULE** la elección presidencial del 14 de abril de 2013, de acuerdo al artículo 215.2 de la LOPRE;

2.2.– **ORDENE AL CNE PROCEDER A CONVOCAR A NUEVAS ELECCIONES**, garantizando que el nuevo proceso comicial se realice en condiciones objetivas y transparentes, lo que implica depurar todos los vicios que, aquí denunciados, degeneraron en hechos de "corrupción electoral". A tal fin, solicitamos que en la sentencia definitiva, esa SALA ELECTORAL ordene la realización de todas las actuaciones necesarias para depurar al proceso electoral de los vicios aquí denunciados, entre otros, relacionados con (i) el REP; (ii) la composición y funcionamiento de los centros y mesas electorales, incluyendo la ESTACIÓN DE INFORMACIÓN y el SAI; (iii) la campaña electoral, en la cual deberá asegurarse el recto cumplimiento de las limitaciones legales y reglamentarias aplicables; (iv) la objetividad y transparencia en la realización del acto de votación y actuaciones posteriores. En especial, requerimos que en la sentencia definitiva se tomen las medidas necesarias para asegurar que el funcionamiento del CNE y demás órganos del Poder Electoral, cumpla con los postulados de imparcialidad, objetividad y transparencia aplicables.

A los fines legales pertinentes, indicamos la siguiente dirección: Avenida Principal de Colinas de Bello Monte, Edificio VIVEL, Piso 3, Oficina 3–B, Municipio Baruta, estado Bolivariano de Miranda, República Bolivariana de Venezuela.

Caracas, a la fecha de su presentación.

Texto completo:
http://untinternacional.org/wp–content/uploads/RecursoTSJ.pdf

Verba volant, scripta manent

49. CRÓNICA SOBRE LAS VICISITUDES DE LA IMPUGNACIÓN DE LA ELECCIÓN PRESIDENCIAL DE 14 DE ABRIL DE 2013 ANTE LA SALA ELECTORAL, EL AVOCAMIENTO DE LAS CAUSAS POR LA SALA CONSTITUCIONAL, Y LA ILEGÍTIMA DECLARATORIA DE LA "LEGITIMIDAD" DE LA ELECCIÓN DE NICOLÁS MADURO MEDIANTE UNA "NOTA DE PRENSA" DEL TRIBUNAL SUPREMO

Allan R. Brewer-Carías
New York, 11-8-2013

Después de la Sentencia de la Sala Constitucional del Tribunal Supremo N° 141 de 8 de marzo de 2013, (1) lo que siguió fue lo que había sido políticamente decidido y avalado por el Tribunal Supremo de Justicia, de manera que una vez juramentado el Vicepresidente Ejecutivo Nicolás Maduro ante la Asamblea Nacional como Presidente encargado de la República el día 8 de marzo de 2013, él mismo nombró un Vicepresidente Encargado, (2) y al día siguiente, el día 9 de marzo de 2013, la Presidenta del Consejo Nacional Electoral convocó las elecciones presidenciales para elegir a quien debía completar el período 2013-2019 para el cual había sido electo el fallecido Presidente Chávez, fijando el 14 de abril de 2013 para su realización. (3) El 11 de marzo de 2013, el "Presidente encargado" inscribió su candidatura para dichas elecciones; (4) y el mismo día dictó el Decreto N° 9.402 delegando en el Vicepresidente recién nombrado un conjunto de atribuciones presidenciales, (5) con lo cual quedaba más libre para participar en la campaña presidencial. (6) Como la misma Sala Constitucional lo resumiría en sentencia No. 1.116 de 7 de agosto de 2013, el "régimen constitucional de la transición presidencial con ocasión de la muerte del Presidente Hugo Rafael Chávez Frías" que estableció en la mencionada sentencia N° 141 de 8 de marzo de 2013, en definitiva se desenvolvió en la forma siguiente:

"a) Ocurrido el supuesto de hecho de la muerte del Presidente de la República en funciones, el Vicepresidente Ejecutivo deviene Presidente Encargado y cesa en el ejercicio de su cargo anterior. En su condición de

Presidente Encargado, ejerce todas las atribuciones constitucionales y legales como Jefe del Estado, Jefe de Gobierno y Comandante en Jefe de la Fuerza Armada Nacional Bolivariana;

b) Verificada la falta absoluta indicada debe convocarse a una elección universal, directa y secreta;

c) El órgano electoral competente, siempre que se cumpla con los requisitos establecidos en la normativa electoral, puede admitir la postulación del Presidente Encargado para participar en el proceso para elegir al Presidente de la República por no estar comprendido en los supuestos de incompatibilidad previstos en el artículo 229 constitucional;

d) Durante el proceso electoral para la elección del Presidente de la República, el Presidente Encargado no está obligado a separarse del cargo." (6)

De acuerdo con esto, quién había sido designado Presidente Encargado de la República por el Tribunal Supremo, sin legitimidad alguna para ello, delegó en un Vicepresidente que él mismo nombro sin competencia alguna para ello, una serie de atribuciones presidenciales, pero sin en realidad delegarlas, pues como supuesto funcionario delegante seguía apareciendo encabezando el texto de los decretos dictados por el funcionario delegado. (7)

Esos actos, por tanto, no fueron dictados en ejercicio de una real delegación de atribuciones. A partir de entonces, en todo caso, se desarrolló una singular campaña electoral en medio del extraordinario legado de odio y resentimiento políticos que había dejado el recién fallecido Presidente Hugo Chávez, para elegir a la persona que debía completar el período constitucional 2013-2019 que no pudo iniciar, por imposibilidad física, no sólo porque como se informó, estaba ausente del país postrado en una cama de hospital en La Habana, sino porque como también se informó, estaba totalmente incapacitado para juramentarse el 10 de enero. En dicha campaña electoral, el candidato de la oposición democrática, Henrique Capriles Radonski se enfrentó al Vicepresidente Ejecutivo Nicolás Maduro, tornado en "Presidente encargado" de la República, actuando como candidato del Estado y alegando ser el "hijo" de Chávez, para lo cual contó con todo el soporte de todos los órganos del poder público.

El Consejo Nacional Electoral luego de una larga espera ya casi a la media noche del mismo día 14 de abril de 2013, anunció mediante un boletín informativo los resultados obtenidos después de escrutados el 92 % (14,775,741) de los votos emitidos en el país, en el cual dio como ganador al candidato del Estado y del gobierno, quien además estaba en ejercicio de la Presidencia, Nicolás Maduro por un margen del 1.59 %, en relación a la votación obtenida por el candidato de la oposición, Henrique Capriles Radonski. (8)

Con ello concluía el régimen que Hugo Chávez había iniciado en 1999, y comenzaba un régimen de un gobierno ilegítimo, conducido por un gobernante que había sido impuesto a los venezolanos por el Juez Constitucional violando la Constitución que estaba llamado a garantizar.

Este resultado, y las dudas existentes sobre la limpieza del proceso electoral en su conjunto, incluido su manejo electrónico luego de saberse antes de las elecciones que miembros del partido de gobierno tenían las claves de acceso al mismo, llevó al candidato de la oposición, como era lo esperado, a cuestionar el resultado ofrecido, razón por la cual a los pocos días de las elecciones se presentaron diversos recursos contencioso electorales de nulidad con el propósito de impugnar los resultados del proceso comicial celebrado el 14 de abril de 2013 ante la Sala Electoral del Tribunal Supremo de Justicia, que era la Sala competente conforme a la Constitución para conocer de los mismos, (9) no sin antes haberse producido varios pronunciamientos públicos de la Presidenta del Tribunal Supremo, negado la posibilidad de revisiones, auditorias o cuestionamiento de las elecciones. (10)

Dos meses después, el 20 de junio de 2013, la Sala Constitucional del Tribunal Supremo, mediante sentencia No. 795, (11) de oficio, y sólo por notoriedad judicial, constató que ante la Sala Electoral se encontraban en sustanciación siete procesos contencioso electorales contra el proceso electoral del 14 de abril de 2013, procediendo a secuestrar la competencia de la Sala Electoral arrebatándole los procesos.

Para ello, la Sala Constitucional procedió, de oficio, es decir sin que nadie se lo solicitara, y sin tener competencia para ello, a avocarse al conocimiento de dichas causas, para lo cual se limitó a analizar en el capítulo "Único" de la sentencia, el artículo 25.16 de la Ley Orgánica del Tribunal Supremo de Justicia de 2010, en el cual se había definido el avocamiento, como "competencia privativa de esta Sala Constitucional, la de "Avocar las causas en las que se presuma violación al orden público constitucional, tanto de las otras Salas como de los demás tribunales de la República, siempre que no haya recaído sentencia definitivamente firme."

Se trata, como lo identificó la Sala en la sentencia, de una "extraordinaria potestad, consecuente con las altas funciones que como máximo garante de la constitucionalidad y último intérprete del Texto Fundamental" que se han asignado a esta Sala Constitucional, reconociendo que

> "el avocamiento es una figura de superlativo carácter extraordinario, toda vez que afecta las garantías del juez natural y, por ello, debe ser ejercida con suma prudencia y sólo en aquellos casos en los que pueda verse comprometido el orden público constitucional (vid. sentencias números 845/2005 y 1350/2006)."

La doctrina y la norma que autoriza el avocamiento era, sin duda clara, y de aplicación estricta por la excepcionalidad de la potestad, al exigir como motivo para la avocación que "se presuma violación al orden público constitucional" para lo cual, lo mínimo que se requería era que la Sala hubiera tenido previamente conocimiento del expediente de la causa para poder deducir una presunción de violación del orden público constitucional. Por lo demás, efectivamente tiene que tratarse de que del estudio de los expedientes resulte dicha presunción de "violación al orden público constitucional" y no de cualquier otro motivo, ni siquiera que el tema debatido tenga importancia nacional

Pero por lo visto del texto de la sentencia, esta limitación legal no tuvo importancia alguna para La Sala Constitucional, la cual simplemente anunció que:

> "no sólo hará uso de esta facultad en los casos de posible transgresión del orden público constitucional, ante la ocurrencia de acciones de diversa índole en las cuales se podría estar haciendo uso indebido de los medios jurisdiccionales para la resolución de conflictos o con el fin de evitar el posible desorden procesal que se podría generar en los correspondientes juicios, sino también cuando el asunto que subyace al caso particular tenga especial trascendencia nacional, esté vinculado con los valores superiores del ordenamiento jurídico, guarde relación con los intereses públicos y el funcionamiento de las instituciones o que las pretensiones que han generado dichos procesos incidan sobre la institucionalidad democrática o el ejercicio de los derechos fundamentales de los ciudadanos, particularmente sus derechos políticos."

Es decir, para la Sala Constitucional, su poder de avocación podría ejercerse ilimitadamente, por cualquier motivo de interés general, como (i) la "posible transgresión del orden público constitucional," (ii) "la ocurrencia de acciones de diversa índole en las cuales se podría estar haciendo uso indebido de los medios jurisdiccionales para la resolución de conflictos," (iii) "con el fin de evitar el posible desorden procesal que se podría generar en los correspondientes juicios," (iv) "cuando el asunto que subyace al caso particular tenga especial trascendencia nacional," (v) cuando dicho asunto "esté vinculado con los valores superiores del ordenamiento jurídico, guarde relación con los intereses públicos y el funcionamiento de las instituciones" o (vi) "que las pretensiones que han generado dichos procesos incidan sobre la institucionalidad democrática o el ejercicio de los derechos fundamentales de los ciudadanos, particularmente sus derechos políticos."

Todo ello era esencialmente contrario a lo que disponía la norma atributiva de competencia, la cual no autorizaba en forma alguna a que mediante avocamiento, la Sala pretendiera fundamentar una potestad universal para "aclarar las dudas y agenciar los procesos previstos para darle respuesta a los planteamientos de los ciudadanos y garantizar el ejercicio de sus derechos." Ello no estaba autorizado en norma alguna, por lo que los párrafos siguientes de la sentencia no pasaron de ser pura retórica vacía, que:

> "Así pues, la jurisdicción constitucional en la oportunidad respectiva debe atender al caso concreto y realizar un análisis en cuanto al contrapeso de los intereses involucrados y a la posible afectación de los requisitos de procedencia establecidos para la avocación, en los términos expuestos, con la finalidad de atender prontamente a las posibles

vulneraciones de los principios jurídicos y los derechos constitucionales de los justiciables.

De esta manera, la competencia de la Sala establecida en la referida disposición viene determinada, como se expuso, en función de la situación de especial relevancia que afecte de una manera grave al colectivo, en cuyo caso, la Sala podría uniformar un criterio jurisprudencial, en aras de salvaguardar la supremacía del Texto Fundamental y, así, el interés general."

Luego la Sala Constitucional, para seguir buscando cómo justificar un avocamiento que era a todas luces improcedente, apeló a un supuesto "criterio consolidado" citando las sentencias números 373/2012 y 451/2012; criterio supuestamente relativo, especialmente, a "los asuntos litigiosos relacionados con los derechos de participación y postulación, (que) se encuentra vinculado el orden público constitucional," razón por la cual, al decir de la Sala, "en el caso de autos," es decir de la impugnación de las elecciones del 14 de abril de 2013:

"con mayor razón, existen méritos suficientes para que esta Sala estime justificado el ejercicio de la señalada potestad, pues ha sido cuestionada la trasparencia de un proceso comicial de la mayor envergadura, como el destinado a la elección del máximo representante del Poder Ejecutivo, así como la actuación de órganos del Poder Público en el ejercicio de sus atribuciones constitucionales, de lo que se deduce la altísima trascendencia para la preservación de la paz pública que reviste cualquier juzgamiento que pueda emitirse en esta causa."

O sea que la Sala Electoral podrá ser despojada de su competencia por la Sala Constitucional, a su arbitrio, cada vez que se impugne unas elecciones.

Con base en lo antes indicado, y sólo con base en ello, entonces, mediante la mencionada sentencia No. 795 de 20 de junio de 2013, la Sala Constitucional "de oficio, en tutela de los derechos políticos de los ciudadanos y ciudadanas, del interés público, la paz institucional y el orden público constitucional, así como por la trascendencia nacional e internacional de las resultas del proceso instaurado," se avocó al conocimiento de las siete antes identificadas causas contencioso electorales:

"así como cualquier otra que curse ante la Sala Electoral de este Máximo Juzgado y cuyo objeto sea la impugnación de los actos, actuaciones u omisiones del Consejo Nacional Electoral como máximo órgano del Poder Electoral, así como sus organismos subordinados, relacionados con el proceso comicial celebrado el 14 de abril de 2013."

Como consecuencia de ello, la Sala Constitucional entonces ordenó a la Sala Electoral, que le remitiera todas y cada de las actuaciones correspondientes, no antes de avocarse como lo exige la Ley Orgánica, sino después de ello.

Esta decisión de la Sala Constitucional, implicó, entre otros aspectos, lo siguiente:

Primero, que la Sala Constitucional, materialmente vació de competencias a la Sala Electoral, violando la Constitución, al avocarse en este caso para conocer de impugnaciones a un proceso electoral presidencial. Cualquiera impugnación que se haga en el futuro, implicará el mismo interés general alegado por la Sala, y podrá ser avocado por esta. (12)

En segundo lugar, la Sala Constitucional tenía que comenzar decidiendo sobre la admisibilidad de los recursos contenciosos electorales, ninguno de los cuales había llegado a ser admitido judicialmente.

En tercer lugar, para ello, los Magistrados de la Sala Constitucional que participaron en las decisiones N° 2 del 9 de enero de 2013 y N° 141 del 8 de marzo de 2013 mediante las cuales ante la ausencia del Presidente Chávez del país, y su posterior fallecimiento, se instaló en el ejercicio de la Presidencia de la República a Nicolás Maduro, a quien además se autorizó a ser candidato a la Presidencia sin separarse del cargo de Vicepresidente; debían inhibirse de decidir sobre los procesos pues los recursos cuestionaban la forma cómo se había instalado a Nicolás Maduro en la Presidencia y ésta se había ejercido desde el 8 de diciembre de 2012 hasta el 14 de abril de 2013,(13) razón por la cual fueron recusados por los apoderados de Henrique Capriles Radonski, uno de los impugnantes del proceso electoral. Consideraron, para ello, con razón, que los Magistrados evidentemente tenían "comprometida su imparcialidad y su capacidad subjetiva de resolver el asunto conforme a derecho" pues "manifestaron su opinión al suscribir y publicar" las sentencias No. 2 de enero de 2013 y N° 141 de marzo de 2013, mediante las cuales la Sala Constitucional había establecido el régimen constitucional de transición ante la falta del Presidente Electo Hugo Chávez.

Pero como era previsible, nada de ello ocurrió: los recursos de nulidad ni siquiera fueron admitidos, no hubo inhibición alguna, y las recusaciones fueron declaradas "inadmisibles," (14) de manera que desde que se decidió el avocamiento ya se sabía cómo se decidirían las causas.(15)

Por ello, en realidad, la sentencia de avocamiento de la Sala Constitucional no fue sino una muestra más de la actuación de un órgano del Estado, no sujeto a control alguno, que se ha colocado por encima de la Constitución y la ley, que muta y reforma la Constitución a su antojo y libremente; que reforma las leyes sin limite; que las interpreta *contra legem*; que se inventa poderes por encima de la propia Constitución, como el de controlar ilimitadamente a las otras Salas del Tribunal Supremo; que confisca bienes; que impone Presidentes sin legitimidad democrática; y que hasta controla la actuación de los tribunales internacionales declarando sus sentencias inejecutables y hasta "inconstitucionales." Con esta sentencia de avocamiento, se podía decir abiertamente, que todo en Venezuela dependía de la Sala Constitucional, y que todo ella lo controla, y además, dirige.

Lo antes dicho, en todo caso, quedó confirmado con las sentencias dictadas por la Sala Constitucional en 7 de agosto de 2013, todas las cuales declararon inadmisibles los recursos contencioso electorales respecto de los cuales se había avocado; y con la "decisión" contenida en la "Nota de prensa" difundida por el Tribunal Supremo el mismo día, que fue realmente la "decisión de fondo" en todos los casos, proclamando la "legitimidad" de la elección del Sr. Maduro.

En efecto, mediante la sentencia N° 1.111 de 7 de agosto de 2013,(16) la Sala Constitucional declaró inadmisible un recurso contencioso electoral de anulación intentado contra el Acto de Votación, de Escrutinio, de Totalización y de Proclamación del ganador de las elecciones celebradas el 14 de abril de 2013, (Caso: *María Soledad Sarría Pietri* y otros) quienes alegaron que estaban "viciados de nulidad absoluta, en virtud de que según se denunció, fueron producto de actuaciones y omisiones imputables al Consejo Nacional Electoral, y que en su conjunto constituían un fraude estructural y masivo que afectaba al sistema electoral venezolano." Entre los argumentos esgrimidos se indicó que el candidato Nicolás Maduro no había sido seleccionado en elecciones internas como lo exige la Constitución; que como la condición para ser Presidente era tener la nacionalidad venezolana por nacimiento se solicitó de la Sala que instara al Consejo Supremo Electoral para que se pronunciara sobre ello; y que la elección había sido nula por fraude en la formación del Registro Electoral y por el control que el poder central ejercía sobre el sistema electoral.

Para declarar la inadmisibilidad del recurso, la Sala consideró que en demandas de ese tipo era necesario que las denuncias fueran "debidamente planteadas," particularmente por la preeminencia del principio de "conservación de la voluntad expresada del Cuerpo Electoral, o, más brevemente, principio de conservación del acto electoral;" afirmando que para desvirtuar la presunción de validez del acto electoral, los vicios denunciados no sólo debían estar fundados sino que debían suponer "una modificación de los resultados comiciales."

Así, a pesar de que supuestamente se trataba de una sentencia de inadmisibilidad, la base del argumento de la Sala fue que lo alegado debía estar "soportado por las pruebas necesarias y pertinentes para lograr convencer al juez de lo que la parte actora afirmó en su escrito," razonamiento que era más propiamente de una decisión de fondo. Por ello, la Sala, sin más, consideró que el juzgador también podía "examinar lo sostenido por la parte demandante, en la fase de examinar los requisitos de admisibilidad." Y fue así, por ejemplo, que en relación con el alegato de que el candidato Maduro no había sido seleccionado en elecciones internas, simplemente dijo la Sala que ya se había decidido en otros casos electorales que "ello no excluye otras formas de participación distintas a las elecciones abiertas o primarias;" agregando, sin embargo, que en el caso concreto no se habían acompañado los documentos indispensables para verificar la admisibilidad. En relación con el alegato de que el Consejo Nacional Electoral no se había pronunciado sobre el tema de la nacionalidad del candidato Maduro, la Sala lo que decidió fue que los "demandantes no impugnan ningún un acto, ni señalan ninguna actuación, abstención u omisión imputables al Consejo Nacional Electoral." En relación con la denuncia del fraude masivo en el proceso electoral, la Sala recurrió a lo previsto en el artículo 206 de la Ley Orgánica de Procesos Electorales, según el cual "si se impugnan las actuaciones materiales o vías de hecho, deberán narrarse los hechos e indicarse los elementos de prueba que serán evacuados en el procedimiento administrativo," lo que a pesar de ser un tema de fondo, juzgó que sin embargo, debía examinarse en la fase de admisión de la acción, concluyendo que las denuncias sobre fraude "no son claras, ni precisas, ni completas, y no han sido enmarcadas en una narración circunstanciada de las mismas, ni enlazadas racionalmente con el resultado que se supone provocaron." Y todo ello para, en definitiva, después de analizar el tema de fondo al considerar que la causal de nulidad de las elecciones por comisión de un fraude en la formación del Registro Electoral, en las votaciones o en los escrutinios (art. 215.2 Ley Orgánica de los procesos Electorales), "debe ser interpretada en un sentido que garantice el principio de mínima afectación del resultado a que dio lugar la expresión de la voluntad del Cuerpo Electoral, al cual se ha llamado en este fallo principio de conservación del acto electoral;" terminar declarando inadmisible la acción.

Repitiendo básicamente los mismos argumentos, la Sala Constitucional mediante sentencia 1.113 también de 7 de agosto de 2013, (17) igualmente declaró inadmisible el recurso contencioso electoral contra el Acto de Votación, de Escrutinio, de Totalización y de Proclamación del ganador de las elecciones celebradas el 14 de abril del año en curso (Caso: *Adriana Vigilanza García y otros*).

Mediante la sentencia N° 1.112 igualmente de 7 de agosto de 2013, (18) la Sala Constitucional también decidió declarar inadmisible el recurso contencioso electoral interpuesto un grupo de personas (Caso: *Iván Rogelio Ramos Barnola y otros*), contra el Acto de proclamación de Nicolás Maduro como Presidente Electo, alegando fraude, en particular, por no haberse abierto mesas de votación en la ciudad de Miami; por haberse permitido indiscriminadamente el "voto asistido," y haberse expulsado a testigos de mesa durante el proceso electoral. En esta sentencia la Sala lo que hizo fue ratificar la decisión de inadmisibilidad que ya había resuelto el Juzgado de Sustanciación de la Sala Electoral en el caso, antes de que se decidiera el avocamiento, por considerar que en el caso, en relación con los hechos que dieron lugar a la infracción alegada, no hubo "la indicación de los vicios de que padece el acto recurrido, en orden a plantear los elementos objetivos necesarios para un pronunciamiento sobre la admisibilidad o no de los recursos para la cual es competente la jurisdicción contencioso electoral."

En la misma línea de inadmisibilidad se dictó la sentencia N° 1.114 de 7 de agosto de 2013 (19) en el recurso contencioso electoral contra el acto de votación que tuvo lugar el 14 de abril de 2013 (Caso: *Adolfo Márquez López*), en el cual el recurrente había cuestionado el Registro Electoral Permanente utilizado por haber sido elaborado con fraude; la asignación de votos del partido "Podemos" al candidato Maduro; y la nacionalidad misma de dicho candidato por no ostentar las condiciones de elegibilidad para ser Presidente de la República. La Sala, para decidir la inadmisibilidad, sobre el primer alegato, consideró que el mismo no constituía "un recurso por fraude, sino relativas a la inscripción o actualización del referido Registro Electoral" cuya impugnación estimó ya era extemporánea; sobre el segundo alegato, consideró que se trataba de un tema de impugnación del acto de postulación, lo cual también consideró extemporáneo; y sobre el tercer alegato, consideró que en la demanda basada en el cuestionamiento de la nacionalidad de Nicolás Maduro, no había elementos de convicción, "hechos o vicios mas allá de opiniones particulares y la exposición de posiciones políticas del recurrente."

En otro caso, la Sala Constitucional mediante sentencia N° 1.116 de 7 de agosto de 2013, también declaró inadmisible un recurso contencioso electoral mediante el cual se solicitó la nulidad de "las "Elecciones 7 de Octubre de 2012" (sic); b) el "acto Proclamación Presidente Ejecutivo de la República Sr Nicolás Maduro Moros en fecha 14 de Abril 2013" (sic); y c) las "Elecciones 14 de Abril 2013" (sic)," (Caso: *Gilberto Rúa*), para lo cual la Sala argumentó que en relación al primer acto, el lapso de impugnación de dicha elección ya había caducado; y en relación con los otros dos actos objeto del recurso, eran inadmisibles pues el recurrente no señaló los vicios concretos ni contra "el acto de proclamación y el evento electoral del 14 de abril de 2013," considerando que se había omitido "un requisito esencial para la tramitación de la demanda, lo cual acarrea su inadmisibilidad." La Sala consideró, además, que el recurrente había desconocido "el contenido de la sentencia de esta Sala Constitucional signada con el N° 141 de 8 de marzo de 2013, en la cual se dirimió cuál era el régimen constitucional de la transición presidencial con ocasión de la muerte del Presidente Hugo Rafael Chávez Frías." Finalmente, en este caso, el recurrente fue multado por haber afirmado que la acción de amparo constitucional que había interpuesto desde 6 de marzo de 2013 en contra del Consejo Nacional Electoral, había sido "aguantado" por la Sala Constitucional," expresión que ésta consideró "como irrespetuosa […] pues sugiere que los criterios decisorios y la gerencia judicial de este órgano jurisdiccional no obedecen a parámetros objetivos."

La Sala Constitucional en otra sentencia N° 1.118 de 7 de agosto de 2013 (20) también declaró inadmisible el recurso contencioso electoral interpuesto contra la negativa tácita del Consejo Nacional Electoral en dar respuesta a un recurso jerárquico que se había intentado el 15 de mayo de 2013, contra una decisión de una Comisión del Consejo en relación con una denuncia de violaciones de los artículos 75, 76, 85 y 86 de la Ley Orgánica de Procesos Electorales solicitando se ordenase a dicho Consejo que iniciara la correspondiente "averiguación administrativa para establecer las responsabilidades relativas a la colocación de propaganda indebida y uso de recursos públicos para beneficio de una parcialidad política en las instituciones mencionadas." (Caso: *Transparencia Venezuela*) La Sala Constitucional declaró inadmisible la acción por considerar que conforme a los estatutos de la Asociación Civil recurrente, solo el Directorio de la misma podía otorgar poder para ser representada, no pudiendo hacerlo la Directora Ejecutiva, como había ocurrido en ese caso.

La Sala Constitucional, igualmente, mediante sentencia N° 1.119 de 7 de agosto de 2013 (21) también declaró inadmisible la acción popular de inconstitucionalidad contra la "aceptación por parte del Consejo Nacional Electoral de las postulaciones de candidatos a los cargos de elección popular correspondiente a las elecciones presidenciales del 14 de abril de 2013" (Caso: *Antonio José Varela*), en el cual se alegó que los postulados no habían sido electos mediante el mecanismo de elecciones internas, y en especial, en relación con el candidato Nicolás Maduro, que no había presentado programa electoral propio, además de no poder postularse por ser inelegible por estar en ejercicio del cargo de Presidente de la República. Para decidir la inadmisibilidad del recurso en este caso, la Sala argumentó que el recurso de nulidad fue "planteado en términos genéricos e indeterminados, con la inclusión de apreciaciones particulares o valorativas de orden personal del recurrente, sin que, al menos, se hayan señalado con precisión los datos que permitan identificar con exactitud el acto emanado del Consejo Nacional Electoral cuya nulidad peticionó, así como tampoco se acompañó copia del mismo, ni fueron revelados los supuestos vicios concretos de que adolecería este acto del Poder Electoral atinente a las elecciones presidenciales celebradas en abril del presente año." La Sala para concluir, recordó que había sido ella misma la que mediante la sentencia N° 141 de marzo de 2013, había resuelto que la candidatura de Nicolás Maduro como Presidente Encargado sí se podía admitir "para participar en las elecciones presidenciales, por no estar comprendido en los supuestos de incompatibilidad del artículo 229 Constitucional." Y sobre el tema de la falta de selección de los candidatos en "elecciones internas con la participación de los integrantes de los partidos políticos" que exige la Constitución, la Sala ratificó su criterio de que "ello no excluye otras formas de participación de elecciones distintas a las elecciones abiertas o primarias." La Sala, finalmente, consideró que nada de lo dicho en el escrito del recurso sobre las infracciones denunciadas, evidencia "ni tan siquiera los datos que permitan identificar con fidelidad o exactitud, el acto del Poder Electoral cuya nulidad pretende, menos aún acompañó copia del mismo, así como tampoco relató los vicios que estarían presentes en aquel, ni su fundamentación argumentativa," declarando inadmisible la acción.

En otra sentencia N° 1.117 de 7 de agosto de 2013, (22) la Sala Constitucional declaró inadmisible una acción de inconstitucionalidad por omisión que había intentado Henrique Capriles Radonski contra el Consejo Nacional Electoral por no haberse pronunciado sobre las solicitudes que le fueron formuladas los días 17 y 22 de abril de 2013 respecto a la auditoría del proceso electoral, (Caso: *Henrique Capriles Radonski*) porque el petitorio del mismo, según consideró la Sala, era contradictorio "pues constituye un absurdo pretender a través del recurso por abstención, una respuesta; y por medio del mismo recurso, indicar el desacuerdo con los términos de la respuesta recibida." La Sala consideró que se trataba de "pretensiones evidentemente excluyentes, por lo que conforme al marco normativo señalado es procedente declarar inadmisible el recurso contencioso electoral ejercido."

La Sala Constitucional mediante sentencia N° 1.120 de 7 de agosto de 2013, (23) también declaró inadmisible el recurso contencioso electoral de nulidad intentado contra "(i) las votaciones" efectuadas en 5.729 mesas electorales; (ii) 21.562 Actas de Escrutinio automatizadas y 1 Acta de Escrutinio de Contingencia, y (iii) los Actos de Totalización, Adjudicación y Proclamación, con ocasión del proceso comicial celebrado el 14 de abril de 2013," (Caso: Mesa de la Unidad Democrática) considerando la recurrente que dichos hechos tenían incidencia en los resultados de las votaciones. Para declarar la inadmisibilidad del recurso en este caso, la Sala también partió del principio de la necesaria conservación del acto electoral, que exigen del recurrente que: "(i) desvirtúe la presunción de validez y legitimidad del acto electoral; (ii) demuestre la gravedad de un vicio que altere la esencia del acto electoral, no de una mera irregularidad no invalidante; y (iii) ponga en evidencia, además, que el vicio altera de tal modo los resultados electorales que resulte imposible su convalidación." Y con base en ello consideró la Sala que en el recurso hubo "falta de especificidad," de manera que en el mismo no se "puso en evidencia, como le correspondía, no sólo suponer la ocurrencia de una supuesta irregularidad, sino dejar claro que su magnitud influyó definitivamente en los resultados comiciales." Agregó además la Sala que en estos casos "No basta, entonces, que exista una anomalía: ella debe ser decisiva para comprometer la voluntad del cuerpo electoral y ninguna razón se blandió en ese sentido," lo cual sin duda, era un razonamiento de una decisión de fondo, y no de inadmisibilidad.

Por último, mediante sentencia N° 1.115 de 7 de agosto de 2013 (24) la Sala Constitucional también declaró inadmisible el recurso contencioso electoral de nulidad del proceso electoral para la elección presidencial del 14 de abril de 2013, que había intentado el candidato de la oposición democrática a dicha elección, Henrique Capriles Radonski, y en la cual como lo resumió la Sala, éste había denunciado contra el mismo una serie de vicios que se "produjeron: (i) previas a los comicios, (ii) durante la jornada electoral propiamente dicha y (iii) una vez concluida la participación de los electores en las urnas" (Caso: *Henrique Capriles Radonski*). La Sala, para decidir, destacó en cuanto a los vicios de la primera categoría, en particular:

"las acusaciones dirigidas contra esta Sala Constitucional como integrante del Máximo Tribunal de la República, cuya actuación fue calificada sin soslayo como parcializada en favor de la candidatura del ciudadano Nicolás Maduro Moros. En este sentido, el escrito libelar pretendió delatar, desde el principio, que el ejercicio de la Vicepresidencia por parte de dicho ciudadano fue producto de una sesgada interpretación efectuada por esta Máxima Juzgadora a través de sus sentencias nros. 02/2013 (caso: *Marelys D'Arpino*) y 141/2013 (caso: *Otoniel Pautt*)."

La declaración de inadmisibilidad de la demanda lo fundamentó la Sala en el hecho de que la misma contenía "conceptos ofensivos e irrespetuosos en contra de esta Sala y otros órganos del Poder Público;" es decir, como se afirmó en la sentencia, porque la Sala consideró que los representantes del actor en el libelo de la demanda incurrieron en supuestas "falta a la majestad del Poder Judicial" al haber "en diversas oportunidades y a través de distintos medios ha acusado expresa y radicalmente a la judicatura y, en particular, a esta Sala Constitucional, como un órgano completamente parcializado y llegó incluso a afirmar que este Máximo Juzgado obedecía la línea del partido de gobierno."

Con esta decisión, la Sala, evidentemente decidió en causa propia, pues la inadmisibilidad fue motivada por los conceptos que había emitido el accionante o sus representantes contra ella misma, motivo por el cual, precisamente, en el proceso se había recusado a todos sus Magistrados por haber firmado las mencionadas sentencias N° 2 y N° 141 de enero y marzo de 2013. Pero en lugar de inhibirse los magistrados como correspondía, o de haber declarado con lugar la recusación como era obligado, la Presidenta de la Sala lo que hizo fue declararla sin lugar mediante la sentencia N° 1000 de 17 de julio de 2013, para proceder luego todos los Magistrados "ofendidos" a decidir la inadmisibilidad de la acción, no por razones sustanciales del proceso, sino por los conceptos críticos emitidos contra la Sala, que ésta consideró ofensivos e irrespetuosos, a tal punto que multó al accionante y remitió al Ministerio Público, copia del fallo y del escrito del libelo "con el objeto de que realice un análisis detallado de dichos documentos e inicie las investigaciones que estime necesarias a fin de determinar la responsabilidad penal a que haya lugar;" iniciándose así una nueva línea de persecución en contra de Capriles.(25)

Luego la Sala, después de haber resuelto la inadmisibilidad de la acción, en un *Orbiter dictum*, pasó a referirse a lo que denominó "otras falencias del escrito" del recurso, que a su juicio impedían "que la causa sea abierta a trámite," como que el libelo "se limitó a narrar supuestos abusos cometidos por los órganos del Poder Público, pero en modo alguno señala con certeza el impacto que lo que ella caracteriza como mera "corrupción electoral" afectó la voluntad del electorado manifestada el día de los comicios, o llanamente acusa la colusión de los órganos del Poder Público para favorecer la candidatura del ciudadano Nicolás Maduro Moros en supuesto perjuicio del actor, especialmente de esta Máxima Juzgadora Constitucional," cuando la Sala supuestamente había actuado "de conformidad con las atribuciones que la propia Carta Magna le encomienda y en total consonancia con los precedentes jurisprudenciales que ha instituido."

La Sala, al decidir el fondo de algunas denuncias, como la relativa al cuestionamiento de la postulación de Nicolás Maduro efectuada por el partido "Podemos," a pesar de que hubiera aclarado que lo hizo "sin entrar a analizar el mérito del asunto," afirmó, sin duda refiriéndose al fondo, que "-en una elección unipersonal como la celebrada- los supuestos vicios formales mal podrían conducir a la anulación arbitraria de los votos obtenidos por el representante electo."

Además, otra "falencia" que destacó la Sala en su sentencia fue que el actor refirió que su Comando de Campaña había recibido "más de cinco mil denuncias" de irregularidades "sin relatar con amplitud suficiente en qué consistieron las irregularidades y su concatenación con los vicios electorales contenidos en los artículos 215 del 220 de la Ley Orgánica de Procesos Electorales." Todos estos argumentos adicionales, por supuesto, no correspondían a cuestión alguna de admisibilidad, sino de fondo o mérito que debieron ser decididos en la sentencia definitiva que la Sala sin embargo se negó a dictar.

De todas las anteriores sentencias se informó oficialmente por el Tribunal Supremo de Justicia en una *Nota de Prensa* del mismo día 7 de agosto de 2013, (26) en la cual puede decirse que el Tribunal Supremo, utilizando una vía irregular de "decidir mediante notas de prensa" (27) resolvió el fondo de todas las demandas que cuestionaban el proceso electoral del 14 de abril de 2013 y sus resultados.

En dicha *Nota de Prens*a, en efecto, se comenzó informando que el Tribunal Supremo de Justicia, en Sala Constitucional, con ponencia conjunta, había declarado

"inadmisibles los recursos contencioso electorales contra la elección presidencial realizada el pasado 14 de abril de 2013, los cuales fueron incoados por los ciudadanos María Soledad Sarría Pietri, Sonia Hercilia Guanipa Rodríguez y otros; Iván Rogelio Ramos Barnola, Oscar Eduardo Ganem Arenas y otros; Adriana Vigilanza García, Theresly Malavé y otros; Adolfo Márquez López; Henrique Capriles Radonski; Gilberto Rúa; María de las Mercedes de Freitas Sánchez, representante de la Asociación Civil Transparencia Venezuela; Antonio José Varela; así como Carlos Guillermo Arocha y Fernando Alberto Alban, representantes de la organización política "Mesa de la Unidad Democrática (MUD)".

Aclaró la Sala Constitucional, que todos los mencionados recursos contencioso electorales habían sido originalmente intentados ante la Sala Electoral del Máximo Tribunal, a cuyo conocimiento se avocó la Sala Constitucional mediante la sentencia n° 795 de 20 de junio de 2013,

"en tutela de los derechos políticos de la ciudadanía, del interés público, la paz institucional y el orden público constitucional, así como por la trascendencia nacional e internacional de las resultas del proceso instaurado, sustentando que había sido cuestionada la transparencia de un proceso comicial de la mayor envergadura, como el destinado a la elección del máximo representante del Poder Ejecutivo, así como la actuación de órganos del Poder Público en el ejercicio de sus atribuciones constitucionales, de lo que se deducía la altísima trascendencia para la preservación de la paz pública que revestía cualquier juzgamiento relativo a estas causas."

Según la *Nota de Prensa*, la Sala procedió a examinar que los recursos intentados cumplieran con los requisitos de admisibilidad que ordenan los artículos 133 y 180 de la Ley Orgánica del Tribunal Supremo de Justicia, al igual que el artículo 206 de la Ley Orgánica de Procesos Electorales, y constató "que los mismos no observaron tales requisitos, los cuales son indispensables para la tramitación de las demandas contra actos de naturaleza electoral," pasando así a hacer el siguiente resumen de las sentencias:

"Refieren las sentencias que en el proceso contencioso electoral corresponde realizar un acucioso examen para estimar la procedencia de esta clase de demandas y, por ello, se exige a los reclamantes la carga de exponer de manera clara, precisa y completa las circunstancias cuyo acaecimiento encuadre en los supuestos específicos de nulidad que prevé la ley; no sólo con el propósito de que el órgano administrativo o judicial establezca sin ambages los límites de la controversia, sino porque resulta indispensable la preservación de la voluntad del pueblo expresada en comicios libres, conjugada con la necesidad de brindar garantías institucionales de paz, estabilidad y seguridad, al evitar el cuestionamiento ligero y trivial de la función pública ejercida por un representante elegido por el pueblo.

Los demandantes acaso indicaron la comisión de supuestas irregularidades en diversos centros electorales, sin identificar en forma precisa el cómo los eventos puntuales a los que aludieron produjeron vicios apreciables, capaces de alterar los resultados definitivos que se produjeron en los comicios celebrados el 14 de abril de este año para la elección del Presidente de la República.

De esta manera, queda en evidencia que no fueron alegados motivos suficientes que pongan en duda la voluntad popular expresada en las pasadas elecciones presidenciales."

Adicionalmente, narra la *Nota de Prensa* que

"determinados recursos esgrimieron alegatos contra la majestad del Tribunal Supremo de Justicia, lo que mereció algunos apuntes en las respectivas sentencias, entre los que destacan que ello no puede ser tenido a la ligera, no sólo porque revela el desconocimiento sobre las competencias de la Sala sino porque se pretende empañar el ejercicio de una garantía como el derecho de acceso a la justicia. Estos cuestionamientos contra las autoridades judiciales, no sólo deben ser desechados porque desconocen la función garantista de la Sala Constitucional, sino porque con su afrenta trivializa el debate democrático. Se evidencia, por tanto, que no se acude a los tribunales con el ánimo de resolver una disputa, sino para acusar al árbitro por no someterse a sus designios y voluntades. Así, por lo que respecta a tales señalamientos, se impuso la inadmisibilidad según el artículo 133, numeral 5, de la Ley Orgánica del Tribunal Supremo de Justicia."

En general, concluyó la *Nota de Prensa* que "las decisiones estatuyen que los alegatos esgrimidos por las partes recurrentes, son argumentos genéricos e imprecisos que conducen también a declarar inadmisibles las pretensiones, según el artículo 181 de la Ley Orgánica del Tribunal Supremo de Justicia, en concatenación del artículo 180 *eiusdem*."

Como se puede colegir de la reseña que hemos efectuado al analizar las sentencias del 7 de agosto de 2013, todas las demandas que fueron intentadas contra el proceso electoral del 14 de abril de 2013 y sus resultados tuvieron por objeto buscar del Tribunal Supremo que en definitiva se pronunciara definitivamente sobre la legitimidad o ilegitimidad de dicho proceso de votación y, más que todo, sobre la legitimidad o la ilegitimidad de la postulación y la elección declarada del candidato Nicolás Maduro. Eso fue lo que los recurrentes persistieron al acudir ante el "máximo y último garante de la Constitución" como suele autocalificarse la Sala Constitucional del Tribunal Supremo. Como sentencias formales dictadas en sus recursos, sin embargo, no obtuvieron la decisión en justicia que esperaban, y más bien lo que obtuvieron fue la decisión de que sus peticiones eran inadmisibles, es decir, que no reunían los requisitos legales para ser siquiera consideradas y juzgadas, por lo que formalmente en ninguno de los casos se produjo pronunciamiento de fondo alguno – salvo veladamente, como antes se ha advertido – y en ningún caso sobre el tema de la legitimidad electoral que se buscaba, y que sin duda necesitaba el país.

La decisión de fondo, en realidad, se dictó en la *Nota de Prensa* del Tribunal Supremo de Justicia del 7 de agosto de 2013, en la cual, desechadas las impugnaciones por inadmisibles, en definitiva se "decidió" que el proceso electoral de abril de 2013 fue legítimo y que el Presidente Electo Maduro está amparado por una legitimidad "plena y de derecho." Ello lo "decidió" el Tribunal Supremo de Justicia en la *Nota de Prensa* antes mencionada en la cual concluyó afirmando:

Primero, sobre las impugnaciones incoadas ante el Supremo Tribunal, que:

"no consiguieron alegar ninguna irregularidad que significase una diferencia con los resultados que emanaron del Poder Electoral, se evidencia que los mismos fueron **completamente legítimos**."

Y segundo, que en ese sentido, para el Tribunal Supremo también fue posible colegir de los fallos que:

"la **legitimidad** del Presidente de la República Bolivariana de Venezuela Nicolás Maduro Moros, quien obtuvo la mayoría de los votos escrutados en ese proceso**, es plena y de derecho a tenor de las leyes**."

Quizás era a esa "justicia," dada a través de "Notas de Prensa," a lo que el Tribunal Supremo de Justicia se refería al final de su *Nota de Prensa*, cuando en la misma quiso reiterar a la ciudadanía que podía contar "con un Poder Judicial fortalecido, que aplica en cada una de sus actuaciones, los mandatos que el Texto Fundamental señala," pidiéndole además al pueblo "puede confiar en la solidez del elenco institucional que impera en nuestro país."

Notas:

(1)   Véase el texto de la sentencia de interpretación del artículo 233 de la Constitución en **http://www.tsj.gov.ve.decisioes/scon/Marzo/141-9313-2013-13-0196.html**

(2)   Véase en *El Universal*, 9-3-2013, en **http://www.eluniversal.com/nacional-y-politica/hugo-chavez-1954-2013/130308/juramentado-jorge-arreaza-como-vicepresidente-de-la-republica**. Véase Decreto N° 9401 de 8-3-2013 en *Gaceta Oficial* N° 40.126 de 11-3-2013.

(3)   Véase la reseña de Alicia de la Rosa, "CNE convoca elecciones presidenciales para el 14 de abril,"en *E Universal*, Caracas 9-3-2013, en http://www.eluniversal.com/nacional-y-politica/130309/cne-convocaelecciones-presidenciales-para-el-14-de-abril

(4)   Véase   en   **http://www.eluniversal.com/nacional-y-politica/elecciones-2013/130311/nicolas-maduroformaliza-inscripcion-de-su-candidatura-ante-el-cne**

(5)   En el artículo 1 de dicho decreto se enumeraron las siguientes atribuciones que se delegaron: 1. Traspasos de partidas presupuestarias; 2. Rectificaciones al presupuesto; 3. Prórroga para la liquidación de órganos o entes públicos; 4. Nombramiento de algunos altos funcionarios públicos; 5. Afectación para expropiación; 6. Reforma organizacional de entes descentralizados; 7. Puntos de cuenta ministeriales sobre las anteriores materias; 8. Dictar decretos y actos autorizados por el Presidente de la República y el Consejo de Ministros; 9. Las actuaciones presidenciales como parte de cuerpos colegiados; 10. Jubilaciones especiales a funcionarios; 11. Puntos de cuenta ministeriales sobre adquisición de divisas; 12. Puntos de cuentas sobre presupuestos de los entes descentralizados; 13. Insubsistencias presupuestarias; 14. Exoneraciones del Impuesto al Valor Agregado;

(6)   Véase   en   **http://www.tsj.gov.ve/decisiones/scon/agosto/1116-7813-2013-13-0566.html**

(7)   Véase en *Gaceta Oficial* N° 40.143 del 9 de abril de 2013

(8)   Los resultados ofrecidos fueron los siguientes: Henrique Capriles: 7,270,403 con 49.20%; Nicolás Maduro: 7,505,338 con 50.80%

(9)   Recursos presentados por María Soledad Sarría Pietri, Sonia Hercilia Guanipa Rodríguez y otros; Iván Rogelio Ramos Barnola, Oscar Eduardo Ganem Arenas y otros; Adriana Vigilanza García, Theresly Malavé y otros; Adolfo Márquez López; Henrique Capriles Radonski; Gilberto Rúa; María de las Mercedes de Freitas Sánchez, representante de la Asociación Civil Transparencia Venezuela; Antonio José Varela; así como Carlos Guillermo Arocha y Fernando Alberto Alban, representantes de la organización política "Mesa de la Unidad Democrática (MUD), Expedientes Nos: AA70-E-2013-000025, AA70-E-2013-000026, AA70-E-2013-000027, AA70-E-2013-000028,   AA70-E-2013-000029, AA70-E-2013-000031 y AA70-E-2013-000033.

(10)   Véase   por   ejemplo   en   **http://www.eluniversal.com/nacional-y-politica/elecciones-2013/130417/para-la-presidenta-del-tsj-no-existe-el-conteo-manual**; y en **http://globovision.com/articulo/presidenta-del-tsj-en-venezuela-el-sistema-manual-no-existe-se-ha-enganado-a-la-poblacion**.

(11) Véase en http://www.tsj.gov.ve/decisiones/scon/Junio/795-20613-2013-13-0538.html

(12) Como lo dijo la profesora Cecilia Sosa Gómez, ex Presidenta de la antigua Corte Suprema de Justicia: "La Sala Constitucional por sentencia de 20 de junio de 2013 borró el artículo constitucional 297 al resolver que esa Sala no estaba en condiciones para sentenciar las demandas de nulidad de las elecciones celebradas el 14 de abril de 2013," en "La auto implosión de un Tribunal," publicado en *Panorama.com.ve*, 28 de junio de 2013, en http://m.panorama.com.ve/not.php?id=72067

(13) Véase José Ignacio Hernández G., "¿Por qué la Sala Constitucional le quitó a la Sala Electoral las impugnaciones?," en http://www.venetubo.com/noticias/%BFPorqu%E9-la-Sala-Constitucional-le-quit%F3-a-la-Sala-Electoral-las-impugnaciones-R34977.html

(14) La Presidente de la Sala declaró "inadmisible" las recusaciones contra todos los Magistrados de la misma porque supuestamente carecían de fundamentación, ya que "las sentencias que pronunció la Sala Constitucional a las que hacen referencia los recusantes, tuvieron como objeto, la resolución de circunstancias claramente distintas a las planteadas por los recusantes en la causa instaurada originalmente ante la Sala Electoral de este Supremo Tribunal, la cual esta Sala Constitucional resolvió avocar mediante la decisión n° 795 del 20 de junio de 2013." La Presidente incluso consideró que resultaba "patente la inverosimilitud de que se suponga un adelanto de opinión por parte de la Magistrada Presidenta de la Sala Constitucional, en unos fallos en los que se examinaron supuestos de hecho y de derecho disímiles de las pretensiones esgrimidas por los recusantes en el recurso contencioso electoral intentado contra la elección presidencial efectuada el 14 de abril de 2013." Véase sentencia N° 1000 de 17 de julio de 2013 en http://www.tsj.gov.ve/decisiones/scon/julio/1000-17713-2013-13-0565.html

(15) Como también lo dijo la profesora Cecilia Sosa G., ex Presidenta de la antigua Corte Suprema de Justicia: "Estos expedientes ya están sentenciados, y no hay nada que esperar de la Sala Constitucional," en "La auto implosión de un Tribunal," publicado en *Panorama.com.ve*, 28 de junio de 2013, en http://m.panorama.com.ve/not.php?id=72067

(16) Véase **http://www.tsj.gov.ve/decisiones/scon/agosto/1111-7813-2013-13-0561.html**

(17) Véase **http://www.tsj.gov.ve/decisiones/scon/agosto/1113-7813-2013-13-0563.html**

(18) Véase **http://www.tsj.gov.ve/decisiones/scon/agosto/1112-7813-2013-13-0562.html**

(19) Véase en **http://www.tsj.gov.ve/decisiones/scon/agosto/1114-7813-2013-13-0564.html**

(20) Véase en **http://www.tsj.gov.ve/decisiones/scon/agosto/1118-7813-2013-13-0568.html**

(21) Véase en **http://www.tsj.gov.ve/decisiones/scon/agosto/1119-7813-2013-13-0569.html**

(22) Véase en **http://www.tsj.gov.ve/decisiones/scon/agosto/1117-7813-2013-13-0567.html**

(23) Véase ***http://www.tsj.gov.ve/decisiones/scon/agosto/1120-7813-2013-13-0570.html***

(24) Véase en **http://www.tsj.gov.ve/decisiones/scon/agosto/1115-7813-2013-13-0565.html**

(25) Véase por ejemplo, José de Córdova and Ezequiel Minaya, "Venezuelan Opposition Comes Under Siege," *The Wall Street Journal*, New York, Sunday, August 10-11, 2013, p. A6.

(26) Véase en **http://www.tsj.gov.ve/informacion/notasdeprensa/notasdeprensa.asp?codigo=11423**

(27) Véase por ejemplo, Allan R. Brewer-Carías, "Comentarios sobre el 'Caso: Consolidación de la inmunidad de jurisdicción del Estado frente a tribunales extranjeros,' o de cómo el Tribunal Supremo adopta decisiones interpretativas de sus sentencias, de oficio, sin proceso ni partes, mediante 'Boletines de Prensa,'" en *Revista de Derecho Público*, N°. 118, (abril-junio 2009), Editorial Jurídica Venezolana, Caracas 2009, pp. 319-330.

Verba volant, scripta manent

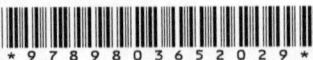